浙江省社科规划"高校思想政治工作"专项课题

（21GXSZ059YB）成果

浙江省社科联社科普及课题

（23KPD01YB）成果

敢为天下先的他们

浙江名人与浙江精神

张满东　熊　蕾◎著

Dare to be
the First of Them

Zhejiang Celebrities and
Zhejiang Spirit

ZHEJIANG UNIVERSITY PRESS
浙江大学出版社
·杭州·

图书在版编目（CIP）数据

敢为天下先的他们：浙江名人与浙江精神 / 张满东，
熊蕾著. —杭州：浙江大学出版社，2024.6
ISBN 978-7-308-24628-6

Ⅰ.①敢… Ⅱ.①张… ②熊… Ⅲ.①名人—先进事
迹—浙江—近现代②社会主义精神文明建设—研究—浙江
Ⅳ.①K820.855②D648.3

中国国家版本馆 CIP 数据核字（2024）第 035179 号

敢为天下先的他们:浙江名人与浙江精神

张满东　熊　蕾　著

策划编辑	吴伟伟
责任编辑	马一萍
责任校对	陈逸行
封面设计	雷建军
出版发行	浙江大学出版社
	（杭州市天目山路 148 号　邮政编码 310007）
	（网址:http://www.zjupress.com）
排　　版	杭州好友排版工作室
印　　刷	广东虎彩云印刷有限公司绍兴分公司
开　　本	710mm×1000mm　1/16
印　　张	14.75
字　　数	244 千
版 印 次	2024 年 6 月第 1 版　2024 年 6 月第 1 次印刷
书　　号	ISBN 978-7-308-24628-6
定　　价	78.00 元

目　录

导　　论

"敢为人先"是中华文明的独特精神标识,为中华民族兴旺发达提供了不竭动力。敢为人先以"敢"字打头,体现不畏挫折的冒险精神;以"为"字随其后,彰显勇于担当的责任意识;以"人"字为本,体现开拓进取的群众观点;以"先"字压轴,凸显革故鼎新的变革思维。回首过往,还看今朝,生活于浙江这片热土上的浙江人世代以"敢为人先"不断激励自我、踔厉奋发。

一、勇立潮头的浙江

位于东南沿海地区的浙江,东临东海,北接沪苏,西连皖赣,南依福建,地理位置优越。浙江历史悠久,文化璀璨,是江南文化与吴越文化的重要发源地,是中华文明的发祥地之一,是中国革命红船起航地,是改革开放先行地,是高质量发展建设共同富裕示范区。

（一）中华文明的发祥地之一

"中华文明起源与早期发展综合研究"及浙江"启明星"计划考古研究都已证实:浙江地区是展现我国百万年人类史、1万年文化史、5000年文明史重要实证地,是除黄河流域以外的中华文明重要发祥地之一。湖州长兴七里亭遗址将浙江乃至中国人类史追溯到100万年前,杭州建德乌龟洞中晚期智人牙齿化石印证5万年前浙江大地上出现了"现代人"。新石器时代,浙江境内诞生了上山文化、跨湖桥文化、河姆渡文化、马家浜文化、东太湖文化、崧泽文化、良渚文化等。当中原地区进入到夏商青铜时期,浙江大地世代生息着的百越部族,他们"断发文身,错臂左衽",形成了质朴悍勇的民风民俗、勇于拼搏的精神气质、"精勤耕战"的文化品格。春秋时期,浙江境内出现吴越两国,两国文化不断碰撞与交融,逐渐形成独具江南特色的吴越文化。随着秦朝郡县制推广,浙江古越文化逐渐与中原文化融合。西晋"永嘉之乱"后,北方世族和普通民众渡江南下浙江,北方先进文化促进了本地风气从尚武向崇文的转变,吴越文化吸收消化并融入中原文化,成为中华文化重要组成部分。隋唐时期,浙北地区经济逐渐兴旺发达,文化教育事业也蓬勃发展,出现了"物盛人聚"的繁荣景象。五代十国时期,钱镠在治理浙江过程中,采取"保境安民"政策,让浙江成为富甲一方的地区。随着宋室南迁,定都临安,又有曲阜孔庙南迁浙江衢州,在接受儒家文化洗礼后,浙江在政治、经济、文化、科技与社会发展上达到了前所未有的高度,逐渐形成了以"经世致用"为学术取向的"浙东学派"。元朝时期,浙江曲艺艺人创作了《拜月亭》《杀狗记》《琵琶记》等南戏创新剧目,浙江也成为当时的中国戏曲中心。明清时期,浙江文化领域呈现"繁庶"景象。在哲学方面,被称为"中国五百年来唯一圣人"的王守仁创立了阳明心学;在文学领域,先后涌现出"江右三大家"与"西泠十子"等。随着西学东渐与新学的兴起,传统知识分子开始不断反思中国传统文化,先后涌现出俞樾、章太炎、王国维等国学大师。浙籍知识分子以"兴国""救浙"为目标,通过出国留学力求变革与图强,创造出声势浩大的"浙江潮",在中国近现代文学史上留下了不朽的印迹。

（二）中国革命红船起航地

1921年8月初,中国共产党第一次全国代表大会在浙江嘉兴南湖一艘画舫上顺利闭幕,这艘画舫就是彪炳史册的"红船",而这艘"红船"所承载的敢为天下先的"红船精神",也成为中国革命的精神之源。浙江成为中国革命红船起航地并非偶然事件,而是历史必然。一是革命思想较早传播为浙江成为中国革命红船起航地奠定思想基础。浙江绍兴人马一浮是将《资本论》引进中国的第一人,浙江东阳人邵飘萍是以专著形式系统介绍"十月革命"与苏维埃俄国的第一人,浙江金华人陈望道是国内中文全译《共产党宣言》的第一人。浙籍先进知识分子通过深入研究马克思主义理论,积极宣传革命思想,为马克思主义革命思想传播与党的创立准备理论条件。二是浙籍先进知识分子为浙江成为中国革命红船起航地提供人才支撑。中共一大召开之际,全国共有58名中国共产党党员,其中浙江7人,党员数量在各省中名列前茅。俞秀松、陈望道、邵力子、沈雁冰、沈泽民与施存统等人大力宣传与传播马克思主义思想,积极创建中共早期组织,组织与发动早期工农运动,为党的创建贡献了浙江力量。三是工农革命运动为浙江成为中国革命红船起航地提供革命实践。在中国共产党领导下,浙江大地先后爆发了杭州理发工人罢工、宁波织绸业工人罢工、庵东的"七二三"盐民暴动、萧山衙前农民运动等,这些工农革命运动是中国共产党人的革命尝试,为以后充分发动工农阶级革命奠定了实践基础。

(三)改革开放的先行地

改革开放后,浙江以时不我待的紧迫感、敢为人先的使命感、舍我其谁的责任感,一心一意谋发展,聚精会神搞建设,实现追赶式、赶超式、跨越式经济社会发展。首先,改革开放最早从"浙"里开始。1979年下半年,湖州长兴长城公社狄家斗村迈出了浙江农村包产到户的第一步。紧接着,浙江开展了农产品统购派购制度改革,为搞活农村商品经济发展提供条件。在政策允许情况下,浙江先后诞生了全国第一批拥有营业执照的个体工商户、第一批乡镇企业、第一家股份合作制企业、第一家乡镇企业集团。1979年,宁波与温州成为中国改革开放以来最早对外开放的沿海港口城市之一。1978—2001年,浙江年均经济增速达到13.3%,经济排名从1978年的第十四名到1994年第四名,实现"省强"与"民富",这与敢为人先精神有着不可分割的关系。其次,改革开放下民营经济从"浙"里起步。浙江经济以民营为主,浙江民营企业从"前店后厂"的家庭作坊开始,经历了由小变大与由弱变强的发展过程。浙江民营经济以产品为龙头,以协作为纽带,逐渐形成"一村一品、一乡一业"的产业发展格局,构建起分工细致的协作生产体系。民营经济发达与浙江敢为人先的作风、干劲密不可分。最后,改革开放的经验从"浙"里总结。在改革开放过程中,浙江各级党政领导尊重群众、科学施政,能够正确处理好"有所为"与"有所不为"关系,成为浙江经济稳中求进与持续向好的根本保障。浙江始终以敢为人先的精神大胆尝试与突破,在体制机制上革新,在经济发展方式上革新,在城乡统筹协调上革新,敢于革新成为浙江源源不竭的发展动力。

(四)高质量发展建设共同富裕示范区

2021年5月20日,中共中央、国务院印发《关于支持浙江高质量发展建设共同富裕示范区的意见》,要求浙江先行先试,做出示范,为全国推进共同富裕提供省域范例。浙江省迅速制定《浙江高质量发展建设共同富裕示范区实施方案(2021—2025年)》,以满足人民群众美好生活需要为根本目标,努力成为共同富裕改革探索、经济高质量发展、三大差距缩小、共建共享品质生活、精神普遍富足以及社会和睦团结向上等方面的省域范例,并提出了52项具体举措。几年来,浙江在高质量发展建设共同富裕示范区中,涌现出许多优秀的实践模式,例如:以生态产品价值实现机制的丽水模式推动经济高质量发展;以"飞地抱团,山海协作"的平湖青田模式缩小区域差距;以"无差别城乡"的湖州模式缩小城乡差距;以"我们的幸福计划"的磐安模式缩小收入差距;以"全生命周期公共服务优质共享"的杭州富阳模式推动公共服务优质共享;以"新时代文明实践'亮丽之窗'"的绍兴诸暨模式打造精神文明高地;以"数字乡村一张图"的德清县五四村未来乡村模式建设共同富裕现代化基本单元。这些优秀模式是浙江人民敢闯敢试、努力探索实践的成果,为浙江建设共同富裕示范区提供了示范,积累了经验,探索了路径。

二、敢为人先的浙江名人

纵观历史的浩荡川流,浙江这块钟灵毓秀之地,历经沧桑岁月的洗礼,在各行各业中涌现出了一大批杰出英才。他们在时代的舞台上各展风采,以其非凡的才华和卓越的成就,在各自的领域里产生了深远的影响,成为后人仰望的星辰。

关于优秀浙江人物,习近平总书记曾有这样一段论述:"在漫长的历史实践过程中，从大禹的因势利导、敬业治水，到勾践的卧薪尝胆、励精图治；从钱氏的保境安民、纳土归宋，到胡则的为官一任、造福一方；从岳飞、于谦的精忠报国、清白一生，到方孝孺、张苍水的刚正不阿、以身殉国；从沈括的博学多识、精研深究，到竺可桢的科学救国、求是一生；无论是陈亮、叶适的经世致用，还是黄宗羲的工商皆本；无论是王充、王阳明的批判、自觉，还是龚自珍、蔡元培的开明、开放；无论是百年老店胡庆余堂的戒欺、诚信，还是宁波、湖州商人的勤勉、善举；等等，都给浙江精神奠定了深厚的文化底蕴。"①

（一）浙江名人分类

1. 古代浙江名人

浙江自古名人辈出，东汉王充，唐朝骆宾王，宋代沈括、宗泽、陈亮、叶适，元朝王冕，明朝宋濂、于谦、王守仁，明末清初黄宗羲，清朝全祖望等浙江籍文化名人，涵盖了政治、军事、科技、哲学、史学、文学、艺术、教育等各个领域。浙江籍的文化大师可谓灿若星河，数不胜数。

2. 近现代浙江名人

清末民初，中华民族恰逢"三千年未有之变局"，之江大地迅速涌现出一大批为国为民敢于抛头颅洒热血的仁人志士，他们游学欧美及日本，学习先进知识，带回进步思想，推翻行将就木的清廷，抗议凡尔赛不公待遇，以笔代刀针砭时弊，在近代中国救亡图存中留下了浓墨重彩的浙江色彩。近现代的浙江，名人可谓是群星云集，星光熠熠。从立宪名流到革命志士，再到博古通今的大师，其中诸多人物，无不声名彰显，青史留名。从章太炎、鲁迅、蔡元培、王国维等学界巨擘到陶成章、徐锡麟、秋瑾等革命先驱，都深刻地影响了 20 世纪的中国。

3. 现当代优秀浙江名人

中华人民共和国成立后，各行各业各个领域涌现出大量浙江名流。在文化领

---

①　习近平：《与时俱进的浙江精神》，《哲学研究》2006 年第 4 期，第 3—4 页。

域,先后涌现出蒋风、夏钦瀚、渠川等文化名人,他们毕其一生以浙江为创作萌发地,高擎文学火炬,用纸笔为人民呐喊,为时代讴歌,在时间的坐标上镌刻下浙江文学的高度。浙江涌现出一大批科学家,例如钱学森、钱三强、童第周、竺可桢、路甬祥、陈省身、苏步青、屠呦呦、陈薇等,他们不仅勇攀科学高峰,更以其奉献精神和不懈努力,为国家的繁荣昌盛做出了重大贡献。浙江涌现出一大批教书育人的楷模,例如陈立群、徐维祥、陈杰诚、丁菁等,他们播撒下爱的种子,点亮教育改变未来的希望。浙江大地还涌现出一大批道德模范,例如吴斌、吴菊萍、钱海军、崔译文、刘婷等,他们用实际行动引领新时代中国道德风尚,为全社会树立了学习的榜样。

(二)浙江名人特质

1. 胸怀"国之大者",常思家国之强

古往今来,浙江地区有浓厚的爱国主义传统,岳飞抗金、戚继光俞大猷抗倭、于谦抗蒙(古瓦剌部)、张苍水抗清、葛云飞定海抗英、全体浙江人民抗击日本帝国主义……在一次次抵抗外来入侵中,浙江名人作为浙江人民的卓越代表,始终以家国天下为己任,展现出不屈不挠的民族气节和反抗强权的坚定决心,彰显了中华民族自强不息、坚韧不拔的精神风貌。

2. 践行"厚德载物",兼济天下苍生

求真务实、团结共进、乐善好施是优秀浙江人民的精神标识。浙江文学名家绝大多数是现实主义者,他们坚持用文学映照现实,以批判的眼光审视社会弊端,用充满人文关怀的笔触触动读者的心灵,引领公众思考与进步。例如:鲁迅塑造的闰土、祥林嫂、阿Q都是朴素的旧时农民,他们的麻木行为与悲惨命运揭示了丑陋的人吃人的旧社会的面貌。浙江自古以来就有施粥布善、接济穷人的行善行为。进入新时代,浙江籍商人与普通民众在慈善公益事业上积极作为,共同绘就了一幅"最美现象"的生动图景,崇德向善俨然渐成风尚,有力彰显了有温度与高度的浙江精神。

3. 成事"智勇兼全"，共赴美好生活

优秀浙江人物做事讲究技巧且富有胆识。在革命战争中讲究"智谋"，在经商创业中讲究"智取"，在现代政府管理迭代升级中追求"智能"……聪明才智全部为了追求美好生活与共同富裕。

三、浙江精神溯源、形成与理论阐释

极具区域特色和辨识度的浙江精神是中华民族精神的重要组成部分，是浙江文化世代传承、历久弥新的精神内核，是浙江人民凝聚磅礴力量、积蓄干事创业能量的动力源泉。

（一）提出浙江精神原因

1. 浙江现象需要本质解构

1978 年改革开放后，浙江逐渐从一个资源短缺、经济欠发达的资源小省，跃迁为高质量发展的经济大省，浙江依靠转变自身发展方式，实现社会经济短时间迅猛发展，这一现象被学界称为"浙江现象"。进入新时代，浙江仍然坚持先行先试与引领改革创新的发展方式，在全国范围第一个率先开展"最多跑一次"行政改革，第一个开展"河长制"，第一个在全省范围内推广县域医共体建设，第一个提出建设"文化礼堂"……聚焦创新驱动，实现多点开花。浙江工商大学党委书记郁建兴把这些现象级的行为概括为"新浙江现象"①。"浙江现象"与"新浙江现象"的出现必然有底层逻辑与精神支撑，这还需要学者进一步探讨与研究。

2. 浙江模式需要核心动力

从资源小省发展到经济大省，关键在于探索出了一种自我创造与自我革新，进而以小博大的民本型、内源型区域经济发展模式。改革开放后，浙江以"穷则思变，主动求变"实现思想解放，全面激发和释放大众创业的热情，走出了一条内源式的

---

① 浙江干部培训教材编审指导委员会：《新浙江现象案例选》，浙江人民出版社 2020 年版，第 1 页。

发展路子，学界将这种发展路子称为"浙江模式"。学者刘吉瑞认为："小企业、大市场"是"浙江模式"的精髓所在①。也有学者提出"浙江模式"最基本的特征是："小商品、大市场""小企业、大协作""小区块、大产业""小资源、大制造""小资本、大经营"，进而实现以小博大。浙江民营经济始终遵循市场规律，了解市场需求，敢于从小做起，体现"求真务实"精神；浙江民营经济生产者、经营者以及市场维护者始终将诚信为本、和谐为上视为安身立命的圭臬，体现了"诚信和谐"精神；浙江民营经济以海纳百川的开放胸襟，参与到国内国际双循环中，既积极开拓国际市场，又主动融入国家创新驱动发展战略，体现"开放图强"精神。

3. 浙江经验需要高度凝练

改革开放以来，浙江取得了令人瞩目的成就，也总结出了富民优先、富民强省的宝贵经验，学术界称之为"浙江经验"。该经验大致有三条：一是敢闯敢试、勇于改革是浙江发展的根本动力；二是群众首创、区域协同是浙江发展的根本路径；三是党政有为、科学施政是浙江发展的根本保证。"浙江经验"生动提炼的过程，更是浙江精神的诠释与佐证的过程，与此同时，浙江经验也在不断地动态调整，将持续有效地指导浙江发展。

(二)浙江精神生成过程

1. 浙江精神首次表达

1999 年 12 月，时任浙江省委书记张德江在浙江省社科联第四次代表大会上提出提炼"浙江精神"的要求，并从精神层面解构"浙江现象"与"浙江模式"。2000年 7 月，浙江省委十届四次全体(扩大)会议总结和概括了改革开放以来在实践中创造的浙江经验和富有时代特征的浙江精神，对浙江发展作出了全局性、战略性、前瞻性的思考，具有很强的思想性、政治性和操作性②。会议将浙江精神概括为

---

① 刘吉瑞：《"小企业、大市场"(上)——对浙江经济体制运行特征的描述》，《浙江学刊》1996 年第 6 期。

② 《一次跨世纪战略性思考的会议——省委十届四次全体(扩大)会议简述》，《今日浙江》2000 年第14 期。

"自强不息、坚韧不拔、勇于创新、讲求实效"。这一版本的浙江精神体现浙江人民不向命运低头、不畏艰难险阻、自力更生、艰苦奋斗的精神状态,也是改革开放后浙江人民抓住市场经济跨越式发展窗口期干事创业的思想指南。

2. 浙江精神深度阐释

2006年2月,时任浙江省委书记习近平在《浙江日报》上发表了题为《与时俱进的浙江精神》的署名文章,他在文中强调:"浙江精神作为中华民族精神的重要组成部分,是以爱国主义为核心的民族精神、以改革创新为核心的时代精神在浙江的生动体现,是浙江人民在千百年来的奋斗发展中孕育出来的宝贵财富。"①并将浙江精神重新界定为"求真务实、诚信和谐、开放图强"。"十六字"浙江精神是对过去成熟浙江文化的高度概括与凝练,而"十二字"浙江精神则是在"十六字"浙江精神基础上提出浙江一以贯之的精神诉求,具有与时俱进的理论属性与时代属性。

3. 浙江精神持续深化

进入新时代以来,浙江始终以"排头兵"的姿态与"模范生"的标准继续沿着"八八战略"指引的路子走下去,各项事业取得长足发展。党中央对浙江争先创优、探索共富提出"秉持浙江精神,干在实处、走在前列、勇立潮头"的更高要求。"干在实处"强调方法途径,"走在前列"强调目标追求,"勇立潮头"强调境界状态,三者与浙江精神相辅相成,浙江精神正是通过对这三者的实践与追求,推动着浙江各项事业不断前进、不断超越,创造更加辉煌的未来。

(三)浙江精神理论阐释

1. 求真与务实的精神

所谓"求真",就是追求真理,遵循规律,崇尚科学。浙江人民自古以来就有"求真"文化基因,如治水成功的大禹强调"因势利导",撰写《论衡》的王充强调"唯物求真",龙场悟道的王阳明强调"知行合一",浙江大学老校长竺可桢强调"科学救国"。

---

① 习近平:《与时俱进的浙江精神》,《浙江日报》2006年2月5日。

这些浙江先贤都以崇尚严谨的科学态度,认识与遵循大千世界中的规律,不断追求世间万物的真理。所谓"务实",就是尊重事实,注重实干,讲求实效。2012 年 12月 18 日,浙江省委召开全委扩大会议,时任省委书记夏宝龙发表了履新感言,对浙江人性格进行描述:"浙江人低调务实的一贯做法,不空谈、不张扬,言必信、行必果,用心想事、专心谋事、真心成事。"①优秀的浙商群体就是务实精神的典范,他们始终秉承吃苦实干的"两板"精神,瞄准只有毫厘利润的小小纽扣与吸管市场精耕细作,做成了全球最大的纽扣与吸管生产基地。浙江各级政府与普通民众都注重时间效率、产品效率、成本效率,并将其运用到极致。

2. 诚信与和谐的精神

所谓诚信就是重规则、守契约、讲信用、言必信、行必果。舟车辐辏、商贾云集的浙江,历来重视"利"与"义"的辩证关系,龙游商人讲究"财自道生,利缘义取",宁波商人信奉"诚招天下客,义聚八方财",义乌商人笃信"诚实守信、让利共赢",历代浙商都将诚信视为安身立命之本,在共同努力下构建起"以利和义"的朴素诚信观。改革开放后,温商三次在杭州武林广场点燃"诚信之火",用实际行动擦亮浙江诚信的"金字招牌"。所谓"和谐",就是民主法治、公平正义、诚信友爱、充满活力、安定有序、人与自然和谐相处。浙江人讲求"身心和谐",对待他人讲求"与人为善",对待社会讲求"和衷共济",对待世界讲求"和合共美",对待自然界讲求"天人合一","绿水青山就是金山银山""两富两美"等理念更是反映了人与自然和谐相伴的生态文明思想。

3. 开放与图强的精神

所谓"开放",就是要有全球视野和世界胸襟,具备海纳百川、兼容并蓄的精神。浙江陆域面积 10.55 万平方公里,是中国面积较小的省份之一。浙江海域面积 26万平方公里,是全国岛屿最多的省份。陆域发展短板倒逼浙江向海洋进军,海洋经济也为浙江提供了全新的发展空间,浙江积极接轨并立足长三角区域经济圈,开展世界级的人文交流,推进全球高水平经济贸易发展。在不断开拓进取的过程中,浙

---

① 夏宝龙:《发扬浙江人低调务实一贯做法 不空谈不张扬》,《浙江日报》2012 年 12 月 19 日。

江人民逐渐养成了海纳百川的全球意识与世界胸襟。所谓"图强"，是勇于拼搏、奔竞不息，更是奋发进取、走在前列。弘扬"图强"精神，就要树立忧患"兢慎"的意识。浙江民营经济创始人展现出强烈的图强精神，他们绝大多数都是文化程度不高的"苦出身"，例如：打铁匠出身的鲁冠球、挑粪起家的徐文荣、裁缝转型的胡成中……他们依靠补皮鞋、弹棉花、卖杂货等赚取创业第一桶金。凭借这种不卑不亢的图强精神，他们以时不我待、只争朝夕的干劲，书写了属于浙商的商业传奇。

四、浙江名人与浙江精神之间的逻辑关系

人无精神则不立，省无精神则不强。千百年来，浙江人民敢为人先，励精图治，开拓进取，孕育出辨识度极高的浙江精神。浙江精神也在浙江人民心中世代传衍，历久弥新，为浙江创造更加辉煌的未来提供不竭动力。

（一）浙江名人是浙江精神的赓续载体

改革开放以来，浙江人民在党中央的正确领导下，在历届省委省政府的带领下，不断解放思想，大胆改革探索，走出了一条具有浙江特色的经济社会发展路子，创造了令人瞩目的发展奇迹，其中最耀眼的莫过于浙江民营经济，始终处于领跑地位，起着示范作用。全国工商联公布的"中国民企500强"名单中，浙江上榜企业数量连续二十多年位列全国首位，始终占据五分之一左右席位。浙江发达的民营经济得益于千万优秀浙商艰苦奋斗、不懈努力，更得益于他们对浙江精神的不断继承与持续发扬。在浙江精神感召下，无数以优秀浙商为代表的浙江名人成为浙江精神的赓续载体，他们不仅是经济发展的推动者，更是文化传承者，将浙江精神火种传递到世界各个角落，成为连接古今、沟通中外的精神桥梁。

（二）浙江精神是浙江名人的追求目标

浙江精神是浙江的"根"和"魂"，是推动浙江发展进步的"精神支柱"，蕴含着浙

江人民追求美好生活、建设美好家园的初心愿望。浙江精神是对浙江名人品行的高度凝练。浙江精神是浙江在千百年的发展中孕育出来的宝贵财富，始终激励着浙江人民励精图治、开拓创新，显示出强大的生命力和创造力。浙江名人凭借着敢想敢试、敢闯敢拼、奋勇争先、时不我待的精神，在党和政府的英明指导下，与全省人民一起努力，成功实现了从"地理、人口、经济小省"到"开放、市场、经济大省"的历史性跨越，书写了改革、发展的诸多的首创和第一。浙江名人在知行合一中追寻与弘扬浙江精神，不仅提升了自身的精神境界和价值追求，更以其独特的魅力和影响力，成为引领时代的典范。他们以浙江精神为灵魂，不断开拓创新，追求卓越，不仅在各自的领域取得辉煌的成就，更为浙江乃至全国的发展注入强大的精神动力。

当前浙江大地上正在如火如荼地高质量建设共同富裕示范区，更需要以浙江名人为代表的优秀浙江儿女运用好浙江精神，以斗争精神磨砺担当品格，提高攻坚克难本领，将重大风险挑战转化为重要发展契机。

（三）浙江名人与浙江精神互为表里，相得益彰

浙江精神是浙江名人的主体意识的强烈体现。浙江精神是对浙江优良传统文化的淬炼，凝聚着历代先贤的思想、观念、胸襟、情怀、品行、气节和志向；是对以红船精神为源头的革命精神的传承弘扬，与"红船精神""浙西南革命精神""大陈岛垦荒精神""海霞精神"等形成内在契合；是对伟大改革开放精神的集中彰显，与"四千"精神、"三板"精神、新"四千"精神、新时代浙商精神等相融相通；是浙江人民对浙江名人精神追求的最新概括，是浙江在精神思想领域传承和研究的集大成者，具有跨越时空的思想穿透力。

浙江名人是浙江精神的继承者与创造者。浙江精神承载着浙江人高度的价值认同、文化认同和情感认同，是全体浙江人共同的精神标识。这一精神不仅是历史的积淀，更是未来的种子，它孕育于浙江这片富饶的土地，经过时间的淬炼和实践的检验，形成了一种独特的地域文化品格和社会行为模式。浙江名人不仅是浙江精神的传承者，更是其创新者和实践者。他们以自己的实际行动和创造性成果，不断赋予浙江精神新的时代内涵和社会价值，使其成为引领现代文明进步的重要力

量。在未来的发展中,浙江精神将在浙江名人的榜样引领下,焕发出更加璀璨的光芒,激励一代又一代浙江优秀儿女为构建更加繁荣、和谐、可持续的社会而不懈奋斗。

第一章　浙江爱国名贤与浙江精神

爱国主义是中华民族的灵魂,浙江精神则是这一灵魂的浙江篇章。自古以来,浙江孕育了无数杰出的爱国名贤。诸如精忠报国的岳飞、忠心义烈的于谦、铁骨铮铮的方孝孺,以及坚贞不屈的张煌言等古人;近现代则有舍生取义的葛云飞、忧国忧民的章太炎、铁肩担道义的邵飘萍、临危不惧的钱壮飞等人;当代更有矢志不渝的钱三强、爱国爱港的王宽诚、赤子之心的邵逸夫、英勇无畏的王伟等。无数爱国名贤都以国为重,以民为本,他们的事迹,诠释了爱国主义的真谛,展现了浙江精神的魅力。在新时代,我们更应传承这份精神,为实现中华民族复兴贡献爱国力量。

第一节　浙江爱国名贤与浙江精神的逻辑关系

浙江之所以能涌现出如此众多的爱国名贤,不仅得益于其深厚的文化底蕴、优越的地理位置和雄厚的经济基础,更为关键的是浙江精神的指引作用。

一、浙江爱国名贤是浙江精神的集中体现与传承载体

浙江爱国名贤是浙江人民深厚的爱国情怀和民族自豪感的重要代表,他们努力践行与传承浙江精神,成为引领社会风尚、凝聚民族力量的重要符号。

（一）浙江爱国名贤求真务实的态度彰显浙江精神的实践本质

浙江爱国名贤始终秉持求真务实的态度，追求真理之光，不畏艰难险阻，以拳拳爱国之情推动社会之舟破浪前行。这种精神，正是浙江人民脚踏实地、勇于探索的实践品格的集中体现，也为浙江乃至整个国家的蓬勃发展注入了源源不断的动力。以经济学家马寅初为例，面对错综复杂的经济形势和人口问题，他敢于直面挑战，坚持真理，提出"新人口论"，对我国人口政策制定与实施产生深远影响。他的求真务实做派与浙江精神的本质相得益彰。

（二）浙江爱国名贤的诚信和谐品质体现浙江精神的社会价值

浙江爱国名贤以诚信为基石，构筑和谐社会之网，彰显浙江人民重信守诺、团结互助的崇高品质。这种品质，如细雨润物，既促进了社会的和谐稳定，又为浙江精神赋予了深厚的道德底蕴和鲜明的时代价值。例如，浙商叶澄衷少年拾金不昧，一生仗义疏财、兴教办学，诚信经营，倡导和谐共赢，为商业文明的繁荣发展树立了典范。

（三）浙江爱国名贤的开放图强行为为浙江精神注入不竭动力

爱国名贤肩负民族解放、国家繁荣、社会进步与人民幸福之重任，将个人理想与国家命运紧密相连，彰显出深厚的家国情怀与图强精神。浙江爱国名贤以开放胸襟了解并吸收世界其他文明的优点与长处，以图强精神投身于国家、民族与人民的神圣事业。这种行为也为浙江精神注入了不竭动力，展现了浙江人民对国家的忠诚与热爱。当代科学家潘建伟便是其中的杰出代表，他以开放态度拥抱全球创新技术资源，以图强的决心攀登量子信息与科技创新研究高峰，他敢于挑战未知，勇于突破限制，用实际行动诠释了开放图强的浙江精神。

二、浙江精神是培育浙江爱国名贤的沃土与滋养源泉

浙江精神,作为一种地域性的文化现象,承载着深厚的历史底蕴并在历史演进中,成为塑造和滋养浙江爱国名贤的沃土与源泉。

(一)浙江精神孕育浙江爱国名贤的品格特质

浙江精神中的求真、务实、诚信、和谐、开放、图强六大要素,共同锤炼了浙籍爱国名贤的品格特质。他们以真理为追求,践行爱国情怀;以务实为基石,为国家和民族利益不懈奋斗;以诚信为本,赢得人民信任与尊重;以和谐为旨,促进民族团结与社会稳定;以开放为怀,吸纳外来先进文化,注入发展活力;以图强为志,面对挑战自强不息,为国家和民族繁荣富强贡献力量。

(二)浙江精神激发浙江爱国名贤自觉地做出爱国为民行为

浙江精神的核心在于鼓励人们积极投身社会实践,为国家和人民做出贡献。这种精神能够有效激发爱国名贤的自觉行为,使他们能够主动将个人理想与国家和人民的利益相结合,为国家和人民的福祉付出努力。例如:鸦片战争后,大多数国人尚未意识到危机到来,但善于捕捉社会变革细节的浙江爱国名贤们迅速做出反应。龚自珍通过直接上书的形式表达政见,鲁迅通过著书写文唤醒民众,秋瑾、徐锡麟通过直接革命推翻腐朽不堪的清廷,他们的所作所为展现了浙江精神在指导爱国实践中的卓越贡献。

(三)浙江精神促进浙江爱国名贤的社会责任担当

浙江精神,内涵深邃,融汇开放包容与自强不息之特质,是浙籍爱国名贤担当社会责任的不竭动力。深受浙江精神熏陶,浙江的爱国名贤在决定国家与民族命运的关键时刻,能挺身而出,勇担时代重任。抗战时期,众多浙籍名贤迅速投身抗日救亡运动,相继涌现出被誉为"浙东刘胡兰"的镇海人李敏、发出"国不保,家何能

存？"之问的富阳人孙晓梅等。他们的事迹彰显着浙江精神的光芒，激励着无数浙江儿女以更坚定的信念和执着的追求，肩负起民族复兴的时代重任。

三、浙江爱国名贤与浙江精神相互依存、共同升华

一方面，浙江精神对爱国名贤起到了重要的滋养与塑造作用。浙江精神，作为深厚的地域文化积淀，为爱国名贤提供了坚实的精神支撑；另一方面，爱国名贤对浙江精神有深刻的传承与弘扬。爱国名贤作为浙江精神的杰出代表，他们的事迹和精神不仅体现了浙江精神的时代价值，更为后人树立了光辉的榜样。他们的事迹和精神，成为浙江精神传承与发扬的"鲜活载体"，使得浙江精神得以生生不息、历久弥新。

第二节　"三百年来第一流"的龚自珍

龚自珍是浙江精神在爱国方面杰出的先行者与弘扬者，尤以维新改革、救国图存等为甚。他用"但开风气不为师"来概括自己的一生，开晚清时期政治批判、尊重人才与改良社会风气之先。龚自珍认为："与其赠来者以劲改革，孰若自改革？"并提出"自改革"的维新举措，用实际行动诠释了浙江精神的开放图强。龚自珍虽出身官宦世家，父母长辈皆是饱读诗书之人，却仍向常州学派的刘逢禄学习，只为实现"凭借经义以讥弹时政"的治学目的，展现出浙江精神的求真务实。

一、愿做贤良不得志

龚自珍虽出身优渥，受过良好教育，有贵人相助，却因科举制度桎梏而未能充分施展其才华。纵有贤良之才不得志，揭示了时代和社会局限性。

（一）书香门第家教好

明永乐年间龚潮从山阴县（今属绍兴市）迁入杭州①，龚氏家族世代繁衍生息，逐渐成为杭州名门望族，先后涌现龚敬身、龚澡身、龚禔身等多名进士。龚自珍祖父龚禔身与其兄龚敬身同在内阁中书当差，后官至军机处行走。龚自珍父亲龚丽正先后出任军机章京、江南苏松太兵备道兼江苏按察使等职务。龚自珍的外祖父是晚清著名文字训诂学家段玉裁，曾师从乾嘉学派集大成者戴震，在经学训诂方面造诣颇深。段玉裁教诲龚自珍"为学嗜琐固所讥，若恶琐而肆意阔略，亦非积小以高大之义"②，将来要努力"成名臣，为名儒，勿为名士"③。这对龚自珍的"三观"构建产生了重大影响。

（二）格物致知贵人助

1. 父母长辈重视启蒙教育

龚自珍的启蒙老师是母亲段驯，段驯常以吴伟业的《梅村集》、方舟的《方百川遗文》和宋大樽的《学古集》中的诗作为启蒙教材教育龚自珍。龚自珍曾回忆道："慈母帐外灯前诵之，吴诗出口授，故尤缠绵于心。"④父亲龚丽正曾亲自教授龚自珍《昭明文选》与《登科录》。龚自珍12岁时，外公段玉裁也以《说文解字》为教材亲自教他。多年后，龚自珍曾以"导河积石归东海，一字源流莫万譁"高度评价"以经说字、以字说经"的段氏教育法。徐世昌也曾评价道："定庵天性敦挚，学出外家……家置一编，竟事模拟。"⑤可见段氏对龚自珍成长的重要性。

2. 良师与益友帮助成长

龚自珍一生中最重要的良师有两位。一位是宋璠。嘉庆七年（1802年），父亲

---

① 《龚氏家谱》，清同治十二年（1873）刻本。
② 张祖廉：《定盦先生年谱外纪》，民国九年（1920）铅印本。
③ 段玉裁：《经韵楼集·与外孙龚自珍札》，上海古籍出版社2007年版，第20页。
④ 周和平：《北京图书馆藏珍本年谱丛刊》（第145册），北京图书馆出版社1999年版，第256页。
⑤ 徐世昌：《晚晴簃诗汇》，中华书局1990年版，第20页。

龚丽正为 10 岁的龚自珍挑选来自浙江严州的进京赶考的拔贡生宋璠为师。宋璠为龚自珍授业达 8 年之久。龚自珍曾作词《水调歌头·风雨飒然至》,并写文章《宋先生述》悼念英年早逝的恩师。另一位是刘逢禄。嘉庆二十四年(1819 年),龚自珍在京拜师于刘逢禄,刘逢禄主要向龚自珍传授《公羊春秋》。在成长的过程中,龚自珍也有不少益友与诤友。益友中的代表是宋翔凤。宋翔凤与刘逢禄同为常州经学大家庄绍祖之外甥,又从学于龚自珍外祖父段玉裁,较龚自珍行辈为长。龚自珍时常向宋翔凤讨教问题,由衷敬佩其学识,双方相互欣赏,两人成为忘年交。诤友代表是魏源。1819 年,会试失利的龚自珍认识同样科举不顺的魏源,两人因政见相投,声誉相当,人称"龚魏"。龚自珍与魏源曾有约定,后过世者为前者编修文集。龚自珍去世后,1842 年,其子龚公襄(龚橙)将父亲龚自珍书信与作品带到扬州交给魏源,魏源认真对待此事,精心校对,最终编辑了《定盦文录》和《定盦外录》各 12 卷,并撰写序言。

(三)少年英才科考舛

1. 天赋异禀善文辞

10 岁的龚自珍已能创作诗歌,甚至可以与母亲即兴唱和①。13 岁的龚自珍创作《辨知觉》,成为他文学创作的处女作。15 岁的龚自珍创作编年体诗集。19 岁的龚自珍能够倚声填词。21 岁的龚自珍刊印个人词集《怀人馆词》与《红禅词》。此外,龚自珍在经学注解、文字训诂、金石考据等方面也表现出异于常人的禀赋。

2. 科考坎坷怒气盛

嘉庆十五年(1810 年),19 岁的龚自珍以监生身份参加顺天乡试,考中乡试副榜第 28 名。嘉庆二十三年(1818 年),27 岁的龚自珍回原籍浙江参加乡试,高中第五名。龚自珍从嘉庆二十四年(1819 年)开始先后参加五次会试,每次都名落孙山。龚自珍满腹牢骚,用诗词与书信的方式表达愤懑、狂躁与戾气。道光九年(1829 年),38 岁的龚自珍第六次参加会试,终于考中进士,在殿试对策中,撰写出

---

① 张强:《龚自珍生平事迹及文学成就简论》,《徐州师范大学学报(哲学社会科学版)》2010 年第 3 期。

名篇《御试安边抚远疏》，文章立意高远，直陈时弊，阅卷考官无不啧啧称赞，拍手叫好，但因考卷字体丑陋，主考官大学士曹振镛以"楷法不中程"为由，只给予三甲第十九名的名次，不列入翰林院名单。

二、剑气箫心施展抱负

21 岁的龚自珍曾用"怨去吹箫，狂来说剑，两样销魂味"[①]来表达个人抱负。在风雨如晦、波谲云诡的晚清社会，"剑气箫心"的伟大志向彰显了他内心的倔强与抗争。

（一）从政之旅刚正不阿

1. 在京为官十余载

龚自珍先后在晚清三大部门工作过，一是在内阁中书当差。嘉庆二十五年（1820 年），会试落选的龚自珍以举人身份被遴选到内阁中书。龚自珍在内阁中书当差兼国史馆校对十余年，主要负责两项工作。一是保管和校对典籍，龚自珍曾参与编修《会典》等，在阅读内阁典藏与钩索旧闻中探讨历史兴亡交替的规律与得失。二是编纂官书，龚自珍曾数年参与修纂《大清一统志》《蒙古图志》等。在别人眼中"闲曹冗员"的内阁中书，龚自珍却在时刻充电蓄能，厚积薄发。二是担任宗人府主事。道光十六年（1836 年），44 岁的龚自珍担任宗人府主事，在贝勒爱新觉罗·奕绘手下当差，主要负责掌管皇室宗族名册，并开展皇家玉牒动态编修等工作。三是担任礼部主事。道光十七年（1837 年），龚自珍升迁为礼部主客与祠祭双主事，主客主事主要负责外交事务，祠祭主事则主管皇家凶礼与吉礼，皇帝与朝廷重视礼部祠祭之事，"祠祭主事地位甲于诸司主事"[②]。因地位重要且便于升迁，朝廷内部钩心斗角，恶意竞争，结党营私等龌龊之事时有发生，龚自珍深恶痛绝，这成为其辞官回家的重要原因。

---

① 龚自珍：《龚自珍全集·湘月》，上海古籍出版社 1999 年版，第 565 页。
② 龚自珍：《龚自珍全集·在礼曹日与堂上官论事书》，上海古籍出版社 1999 年版，第 329 页。

2. 结交志同道合的政治盟友

在北京为官十余年，刚正不阿的龚自珍结识了与他志同道合的政治盟友。除性格相左却又政见相投的魏源外，龚自珍还与林则徐、黄爵滋、王鼎、吴虹生、包世臣、张维屏、梁章钜等人都有很深的交情。道光十八年（1838），道光敕令林则徐担任钦差大臣到广东查禁鸦片。龚自珍撰写《送钦差大臣侯官林公序》，再次强调鸦片的危害是"病魂魄""逆昼夜"，对付吸食鸦片者应"缳首诛"，对付贩卖、制造鸦片者应"刎脰诛"，提出"刑乱邦用重典""使夷人徙澳门""修整军器"①等举措，供林则徐参考，受到林则徐的高度赞扬。

（二）维新变法政论思想

嘉庆、道光年间，皇帝平庸无能，官吏贪污腐败，土地兼并严重，农民起义此起彼伏，积重难返的社会问题接踵而至。"举国醉梦于承平，而定盦忧之，儳然若不可终日"②，龚自珍开始对这个"衰世"担忧，开始批判时政，反思因果，寻求维新求变之法。

1. "仿古式"政治体制改革

一是论述政治改革的缘由。嘉庆、道光两朝为官者"朝见长跪，心奄无生气"，百姓"狼艰狈蹶"、民不聊生，读书人只知"著书都为稻粱谋"③，整个国家出现"不士、不农、不工、不商之人，十将五六；又或飨烟草，习邪教，取诛戮，或冻馁以死"④的悲惨景象。龚自珍认为深层根源在于皇帝"乾纲独断"，大兴"琐屑牵制之术"，行政办事的群臣被"约束之""羁縻之"，要想彻底改变现状、扭转乾坤唯有政治改革。二是论述怎样进行政治改革。龚自珍倡议仿照古法君臣"议政"治天下，提出"药方只贩古时丹""仿古法以行之，正以救今日束缚之病"⑤，其政治改革的核心便是"仿

---

① 龚自珍：《龚自珍全集·送钦差大臣侯官林公序》，上海古籍出版社1999年版，第170页。
② 梁启超：《论中国学术思想变迁之大势》，上海古籍出版社2006年版，第103页。
③ 龚自珍：《龚自珍全集·咏史》，上海古籍出版社1999年版，第471页。
④ 龚自珍：《龚自珍全集·西域置行省议》，上海古籍出版社1999年版，第106页。
⑤ 龚自珍：《龚自珍全集·明良论四》，上海古籍出版社1999年版，第34页。

古"，皇帝要像古代贤明圣君那样礼贤下士，听劝纳谏，与臣共治。臣子们也应有"参政议政"的权力和机会。龚自珍政治改革主张虽然披着"仿古"外衣，却提出了具体的边防、刑狱、水利、农业、职官、人才等具体意见与措施，这种做法表面上不激烈，更容易被世人接受，便于推行实施。

2. "农宗论"经济改革

针对晚清嘉庆、道光年间土地兼并严重，阶级矛盾尖锐，农民起义频仍等问题，1823 年，龚自珍延续"上古之法"撰写出著名的《农宗》一文，依据西周时期宗法制度，将社会成员划分为大宗、小宗、群宗、闲民四个等级群体，并依据等级授予大小优劣不等的土地。土地实行长子继承制，其他人则向国家申请授田，并以"佃户"身份租种土地，还规定种植"稻、麦、百谷……使相当"①，提倡物物交换，并以"皆不得以赡泉货"的方式抑制商业往来。龚自珍试图以宗族关系为强韧纽带，推行土地分配，解决土地兼并严重的问题，保障封建机器正常运行。但是，腐朽僵死的封建宗法解决不了土地兼并问题，反而加剧了对农民的束缚，也不利于社会向前发展。

3. "宾宾论"的人才改革

龚自珍是较早探讨人才与国运之间关系的维新学者。他曾提出："书契以降，世有三等，三等之世，皆观其才；才之差，治世为一等，乱世为一等，衰世别为一等。"②他认为：整个晚清时期属于"衰世"，天下读书人"心术坏而义理锢"③，朝廷中却又存在不合理的论资排辈的晋级制度、难以养家的官俸待遇制度与消磨意志的管人制度，对此龚自珍独树一帜地提出"宾宾"人才观。首先，君主要依礼待臣，摆正君臣关系。龚自珍提出"凡常朝之仪有三：一曰主坐，二曰主立臣亦立，三曰主坐臣立"④，"给予臣子平等人格尊严"⑤，从而实现"士气申则朝廷益尊"⑥。龚自珍提

---

① 龚自珍：《龚自珍全集·对策》，上海古籍出版社 1999 年版，第 115 页。
② 龚自珍：《龚自珍全集·乙丙之际箸议九》，上海古籍出版社 1999 年版，第 10 页。
③ 龚自珍：《龚自珍全集·述思古子议》，上海古籍出版社 1999 年版，第 123 页。
④ 龚自珍：《龚自珍全集·尊史》，上海古籍出版社 1999 年版，第 81 页。
⑤ 冯天瑜、黄长义：《晚清经世实学》，上海社会科学院出版社 2002 年版，第 142 页。
⑥ 龚自珍：《龚自珍全集·乙丙之际箸议二十五》，上海古籍出版社 1999 年版，第 12 页。

出"但责之以治天下之效,不必问其若之何而以为治"①,只要有利国家之治,君主便应适当放权。其次,改革科举制度,经世致用选拔人才。龚自珍认为:要想"江山代有才人出",首要任务是改革科举人才选拔制度,他提倡废除八股取士,采取汉代"讽书射策"的考试方法,考试内容应侧重于"研经""研史"②,通过"上书乞改功令",才能够选拔出经世致用的"真才"③。最后,打破官场旧习,重用有才学之人。针对朝廷论资排辈的弊习,提出"不拘一格"选拔人才。提倡增加官员俸禄,提出"德成而教尊,教尊而官正,官正而国治矣"④的廉政教育。鼓励有真才实学的读书人为官。龚自珍所提出的一系列"宾宾"人才观念,只为"不拘一格降人才",这种人才改革观也被后来维新派吸收与采纳。

4."防范型"边疆国防改革

一是论述边疆管理策略。首先,提出"国朝边情、边势,与前史异"⑤观点。他认为英吉利与俄国对我国西北地区虎视眈眈,觊觎已久。其次,提出建立新疆行省制度构想。龚自珍在《西域置行省议》一文中,提出在北疆南疆两路设立 11 个府,20 个县,并配布政使、按察使、巡道、提督等官员编制⑥,加强中央对边疆的管辖。再次,提出"以边安边,足食足兵"的御边政策。龚自珍提出吸引大量的流民对西北边疆地区进行开垦屯田,使"公田变为私田,客丁变为编户,戍卒变为土著"⑦。编户居民变成守边民兵,农时耕种,闲时兵训。最后,提出构建和谐稳定团结的边疆民族关系。他提倡重用少数民族官员,便于协调汉回民族关系,维护民族稳定。尽管龚自珍以上治理边疆的政治设想没有被道光采纳,但到光绪年间,清廷基本上还是在按照他的设想进行边疆治理。洋务运动的代表人物李鸿章曾发出感慨:"龚氏自珍议西域置行省于道光朝,而卒大设施于今日"⑧,可见龚自珍具有穿透历史的

① 龚自珍:《龚自珍全集·明良论四》,上海古籍出版社 1999 年版,第 34 页。
② 龚自珍:《龚自珍全集·对策》,上海古籍出版社 1999 年版,第 114 页。
③ 龚自珍:《龚自珍全集·与人笺》,上海古籍出版社 1999 年版,第 344 页。
④ 龚自珍:《龚自珍全集·五经大义终始论》,上海古籍出版社 1999 年版,第 130 页。
⑤ 龚自珍:《龚自珍全集·御试安边绥远疏》,上海古籍出版社 1999 年版,第 112 页。
⑥ 李敖:《龚自珍全集·盛世危言》,天津古籍出版社 2016 年版,第 115 页。
⑦ 龚自珍:《龚自珍全集·西域置行省议》,上海古籍出版社 1999 年版,第 106 页。
⑧ 吴昌绶:《定盦先生年谱》,清光绪三十四年刻本。

眼光与超前的意识。三是论述国防治理策略。龚自珍很准确地预判出最有侵略性的西方资本主义国家是英国与沙皇俄国，应该加强国防，东南重点提防英吉利，而西北边境要注重防俄，提出在西北实行行省制度，把新疆建设成可独当一面的作战体系。①

（三）创作惊世华章诗文

龚自珍的诗文创作堪称卓越，其议论有力、情感真挚；其杂文则敏锐而深刻地揭示了社会弊病。这些作品不仅展现了他的才华，更彰显了他深邃的思考和强烈的责任感。

1. 龚诗议论纵横，荡气回肠

龚自珍从 10 岁开始作诗，到 49 岁生命终结，共留下上百首诗。龚自珍擅长以诗咏志，常用"风雷""箫剑""落花"等为诗歌意象，善于运用比兴、反语与典故，夹杂人生经历与神话传说，寄托情感。龚自珍敏感捕捉晚清"衰世"景象，试图改变士大夫精神面貌，激发仁人志士救国图存，具有较强的启蒙色彩，呈现出清壮瑰奇、悲怨深沉的风格特色。最为出名的诗歌多出自《己亥杂诗》，该组诗集共有 315 篇七言绝句，其中 101 首政论诗、65 首怀旧诗、57 首爱情诗、36 首生活随笔、34 首赠别诗、22 首咏佛诗②。后世传诵度最高的政论诗，展现出诗人敏锐的批判精神、凛冽的反封建精神、强烈的爱国精神。

2. 龚词感情细腻，直抒胸臆

龚自珍从 19 岁开始填词，21 岁刊印个人词集《怀人馆词》与《红禅词》。32 岁时，个人又编写并付刊 19 卷《定盦初集》、3 卷《定盦文集》、1 卷《定盦余集》等。龚词现存 150 首，全部收入《龚自珍全集》中。龚词按照题材内容可以分为恋情词、咏物词、题画词、酬赠词与唱和词五大类。龚自珍词风时而艳丽纤巧、情语迷离，时而旷达豪迈、荡气回肠。其反差极大的词风与词人"剑气箫心"志向有很大关系，他的

① 龚自珍：《龚自珍全集·对策》，上海古籍出版社 1999 年版，第 114 页。
② 陈莉莉：《龚自珍〈己亥杂诗〉研究》，绍兴文理学院 2017 年硕士学位论文。

"剑气箫心"志向赋予其词作深沉的思想内涵和强烈的社会责任感,而其反差极大的词风则进一步彰显了他的内心世界和思想情感。

3. 龚自珍杂文针砭时弊,鞭辟入里

龚自珍是近现代政论杂文运动的开路人[①]。龚自珍政论杂文名篇有:《乙丙之际箸议》《明良论》《古史钩沉论》等。龚自珍政论杂文有三个特点:一是梁启超概括的"以经术作政论",借助研究经学来阐述个人政治主张。二是擅长将政论杂文上升到哲学层面进行讨论,激发读者深思。三是将"史"与"诗"写法夹杂到政论杂文中,既有理有据,又充满感情色彩,让读者惊叹兴奋。

三、浙江精神视域下的龚自珍形象

龚自珍是浙江精神在救国图存与维新改革方面最有力的推动者与弘扬者。他擅长政治批判,注重尊重人才,提倡改良社会风尚,提出"自改革"维新举措,无不体现开放图强的浙江精神。他积极向常州学派刘逢禄学习,达到"凭借经义以讥弹时政"的目的,体现求真务实的浙江精神。他用富有魅力的诗、词与文章影响一代代中国人为信念奋斗,为革命献身,体现出勇立潮头的浙江精神。

（一）开放图强:但开风气不为师

龚自珍曾对自己一生表述为"一事平生无齮龁,但开风气不为师"(《己亥杂诗》第 104 首),谦卑之中透露出些许自豪。在风雨如晦的晚清社会,龚自珍在多个不同领域也的确是开"风气之先"。

1. 开政治批判风气之先

为加强统治巩固皇权,清廷制造了惨无人道的吕留良案、庄廷鑨案、戴名世案等多起文字狱,导致天下读书人避席畏闻,著书只为谋生,传统知识分子"为往圣继绝学,为万世开太平"的伟大志向都被抹杀。为官者结党营私,奴颜媚主;军队腐朽

---

① 杨昌江:《龚自珍政论杂文的独创性》,《学习与探索》1994 年第 5 期。

不堪，不修武备；地主阶级为富不仁，兼并土地；穷苦百姓饥寒交迫，生灵涂炭。龚自珍以殿试文章、朝廷奏本、政论杂文、同僚信札、文学诗词等多种途径向皇帝、大臣、士大夫与普通民众传递危机意识，批判社会腐朽。他也成为晚清社会最早开展社会批判的先进知识分子之一。

2. 开尊重人才风气之先

龚自珍清醒认识到：要想改变晚清"衰世"唯有"代有人才出"，要想人才辈出必须从惜才、爱才、育才、选才、用才着手。惜才爱才应从皇帝率先垂范发轫，先从坐立礼仪制度改起。皇帝礼贤下士必然产生连锁反应，天下能人贤才必将积极"入世"报效国家。育才选才应从改革科举取士制开始，让天下士大夫多学经世致用的《公羊春秋》，废除八股取士。改革论资排辈的官场流弊，提高官员俸禄，进行廉政教育，重用有才学之人。

3. 开社会改良风气之先

在传统农耕社会，社会改良最难啃的骨头莫过于土地关系。嘉庆、道光年间相继爆发了多场农民起义，其中，最为出名的是白莲教起义、天理教暴动。龚自珍提出"农宗论"经济改革设想，这一经济改革措施看似开历史倒车，不能很好地缓解当时紧张的土地关系，但它开启了近代知识分子殚思极虑、勇于发表观点解决现实问题的先河。

（二）求真务实：经世致用经作论

清朝为稳固政权，禁锢与钳制知识分子思想，大兴文字狱。不敢随意谈论时政的广大知识分子，开始将学术重点转移到文字训诂、经学注解、校勘掌故等方面，逐渐发展了汉学、朴学、实学、金石学等学说。会试失利的魏源与龚自珍就曾拜刘逢禄为师，潜心研读《公羊春秋》。龚自珍在继承常州学派今文经学学脉基础上，又将经学与时政两者有机融合，实现了"凭借经义以讥弹时政"①的目的，为后来康梁托古改制提供了哲学与史学依据。

---

① 周予同：《中国历史文选》，上海古籍出版社 1979 年版，第 271 页。

（三）自我改革：维新变法以自强

面对"旧之将夕，悲风骤至"的"衰世"，预感"将萎之华，惨于槁木"的局面，龚自珍没有选择苟且与沉默，而是选择揭露、唤醒与改革，并预言未来这些维新思想的涌现并非为了徒然变革，而是为了追求自强之道。

1. 揭露与唤醒皆是维新

嘉道年间，举国呈现承平之势，但虚渺繁荣下已经隐藏着巨大危机，龚自珍觉察到皇帝只想要"一夫为刚，万夫为柔"政治独裁景象，用思想钳制读书人，用"乐籍鼎盛"来腐蚀读书人，实际上是对人性的束缚，对思想的禁锢，对人才的戕害，最终会呈现出"一瞪人才海内空"的人才匮乏景象，与世间毕露"豺踞而鸮视，蔓引而蝇孳"[①]的社会堕落景象，这些景象的背后深藏着封建专制统治的残暴，封建官场的黑暗。于是，他疾呼"不拘一格降人才"，旨在唤起社会对于人才的重视。他深信，揭露与唤醒是维新的必由之路，只有如此，社会才能迎来真正的变革，才能实现维新自强。

2. 成功的维新预言

龚自珍超前的思想与言论大多数在历史中得到应验，例如：他在《西域置行省议》文章中提出为防止少数民族暴乱和沙俄侵略，朝廷必须在西北地区实行行省制度。1884 年 11 月 17 日，清朝政府正式批准新疆设省，就印证了他的观点。对待鸦片贸易，龚自珍分别撰《送广西巡抚梁公序》《送钦差大臣侯官林公序》，阐明了鸦片危害，揭露英国人进行鸦片贸易背后的政治与军事目的，以及可采取的相应措施，并大胆预言如果不改变现状，清廷与英吉利必有一战，果然时隔两年鸦片战争爆发。龚自珍敢于发表自己的政治主张，仗义执言，是性格使然，更是内心深处浙江精神中求真务实精神品质的驱使。

---

① 龚自珍：《龚自珍全集·乙丙之际箸议三》，上海古籍出版社 1999 年版，第 3 页。

（四）文以咏志：以文惠人名垂史

龚自珍革故鼎新的维新见解、独树一帜的人格魅力都在他的诗词与文章中展现得淋漓尽致，其诗文先后被维新运动参与者、辛亥革命支持者、五四运动的健将们、国民党与共产党领导人所喜爱。沈尹默追忆鲁迅时写道："少时喜学定盦诗，我亦离居玩此奇。血荐轩辕荃不察，鸡鸣风雨已多时。"柳亚子称龚自珍是"三百年来第一流"。毛泽东主席曾多次引用龚自珍所写《己亥杂诗·九州生气恃风雷》，也能看出毛主席对龚自珍诗歌的喜爱，对龚自珍人格的敬佩。龚自珍身上无不体现出浙江精神中的开放图强的精神品质，其思想之深远，影响之巨大，必将感召更多浙江儿女竞相学习与效仿。

第三节 "千载碑铭辛亥史"的秋瑾

秋瑾是浙江精神在民族解放与民主革命中最有力的实证先锋、实践斗士与精神传承者。她提出反抗清朝腐朽统治，建立"大光明世界"，无不透露出浙江精神中的图强性。她自费赴日留学只为求得革命真理，有力印证了浙江精神的求真性。她积极推广白话文，并认为白话文符合当时国情，契合了浙江精神的务实性。她被捕后坚决不透露革命信息，不出卖革命同志，只留下"秋风秋雨愁煞人"的绝唱，表现了浙江精神的诚信性。她反对缠足，反对封建包办婚姻，提倡男女同校等，印证了浙江精神的和谐性。她带头穿着男装，以女性身份参加革命组织等，实证了浙江精神的开放性。

一、文韬武略奇女子

秋瑾，作为"文韬武略奇女子"代表，深诸维新与革命理论，主张男女平等。多重身份与卓越才华使她成为时代女性的杰出领袖，展现出巾帼不让须眉般的独特风采。

（一）家学渊薮婚姻殇

秋瑾的家族渊薮彰显了书香门第的儒风雅望，然而嫁给湖南富商非其本愿，她以诗歌表达愤懑，突显个人意志与封建礼教冲突，深刻反映传统价值观与个体抉择的矛盾。

1. 书香门第才辈出

江南秋氏"乃为越中右族"[①]，代代皆读书治学，科举为官。秋瑾高祖秋学礼官至秀水教谕，并著有《仪礼节读》与《补斋集》。秋瑾曾祖秋家丞曾做青浦与南汇知县、邳州知州，著有《八一编》。秋瑾祖父秋嘉禾曾任厦门海防厅同知等职务。秋瑾父亲秋寿南曾担任湖南湘潭厘金局总办与桂阳知州等职务。秋瑾的外祖父家是浙江萧山名门望族，母亲单氏作为大家闺秀，知书达理，满腹才情，对幼年秋瑾的启蒙教育做出重要贡献，可谓"盖慈母而兼师保焉"[②]。秋瑾曾多次提及儿时母亲给她讲孟母三迁、岳飞抗金等故事，还教她书法习字与作诗填词等[③]，对秋瑾后来的诗词造诣及从事革命活动影响颇深。

2. 敏而好学蓄才干

清光绪元年（1875），秋瑾出生于福建省云霄县城。秋瑾自幼接受良好的家庭教育。胞弟秋宗章称秋瑾是："天资颖慧，过目成诵，为先君所钟爱。教以吟咏，偶成小诗，清丽可诵。"[④]此外，少年秋瑾喜好杜甫诗、辛弃疾词，更喜欢拜读英雄事迹，这也为她将来投身革命奠定了基础。

3. 道不相谋燕分飞

在湘潭厘金局工作的秋寿南与湖南富商王黻臣存在业务往来，双方志同道合，并有结亲之意。应双方父母之命，1896年，秋瑾与王黻臣之子王廷钧结婚。秋瑾

---

① 秋宗章：《六六私乘》，秋瑾研究会编，《秋瑾史集》，华文出版社1989年版，第29页。
② 秋宗章：《六六私乘》，秋瑾研究会编，《秋瑾史集》，华文出版社1989年版，第29页。
③ 秋瑾：《临江仙·题秋灯课诗图》，郭长海、郭居兮辑注：《秋瑾全集笺注》，吉林文史出版社2003年版，第321页。
④ 秋宗章：《六六私乘》，秋瑾研究会编，《秋瑾史集》，华文出版社1989年版，第30页。

对这段婚姻曾表述为："以父命，非本愿。"①1903 年，王廷钧通过捐纳的方式得到户部主事一职，并携家眷进京赴任，居住在北京绳匠胡同。进京后的王廷钧展现出纨绔子弟不学无术、不务正业的德行。秋瑾在自己的诗歌《谢道韫》《赠曾筱石》，弹词《精卫石》以及书信《致秋誉章书》中都表达出对丈夫人品行为的极度不满。秋瑾在北京结识了改变人生走向的女界维新名流吴芝瑛。在吴芝瑛推荐与引导下，秋瑾参加了"妇女谈话会"，并结识了陶狄子、服部繁子（京师大学堂日语教员服部宇之吉之妻）等思想进步妇女。她开始大量阅读《事务报》《大公报》等进步报刊，研习梁启超《新民说》、陈天华《猛回头》、邹容《革命军》等维新派与革命派的书籍。随着思想开放与视野开阔，秋瑾创作出了脍炙人口的《宝刀歌》等进步诗歌，后来更是走出家庭，走向社会，成为革命斗士。

（二）习来诗词九分魄

秋瑾"自幼即好翰墨"②，擅长诗词文章。流传于世的秋瑾诗词篇篇精彩，无一不反映其人品与志向，值得细品。

1. 长歌慷慨莫徘徊

根据生前好友徐双韵描述，秋瑾"11 岁已会作诗，常捧着杜少陵、辛稼轩等诗词集，吟哦不已"③。在秋瑾创作的诗中最具有标识度的莫过于"宝刀宝剑"革命题材诗，此类诗歌创作始终秉持"耿耿丹心昭日月，凛凛正气贯长虹"的爱国豪情，时常发出"炎帝世系伤中绝，芒芒国恨何时雪"的爱国疑问，为了"一洗数千百年国史之奇羞"，向全体中华儿女发出"自强在人不在器，区区一刀焉足豪"的爱国倡议，提出"他年成败利钝不计较，但恃铁血主义报祖国"的爱国良方，诗风慷慨激昂，诗韵气势磅礴，诗情催人奋进，给予千百万苦苦挣扎、苦苦寻觅的中国人以无限的爱国勇气与动力。

---

① 冯自由：《鉴湖女侠秋瑾》，《革命逸史》初集，中华书局 1981 年版，第 164 页。

② 郭延礼：《解读秋瑾》（上册），山东教育出版社 2013 年版，第 64 页。

③ 郭延礼：《解读秋瑾》（上册），山东教育出版社 2013 年版，第 70 页。

2. 魂化精卫豪作词

秋瑾自幼喜爱苏轼与辛弃疾等豪放派词人,也尝试模仿辛弃疾作词,逐渐形成了"燕赵雄风凝铁铗,越湘奇气铸婵娟"的词风,该词风既有豪放词派的雄风放阔,又有婉约派的柔婉之美。长篇自传性弹词《精卫石》是秋瑾词作中的经典代表,主要借助"精卫填海"典故,表达两万万妇女同胞都应化身"精卫石",渺小的个体日复一日地"填海",终会将"吃人"的封建礼教的"大海"填平,意在鼓励中华全体妇女不畏艰险,英勇斗争。

3. 诗词分段有千秋

在人生不同阶段,秋瑾的诗词创作的内容与风格也显现出不同的特点。少女时期,她的诗词主要写风花雪月与离情别绪,与多数大家闺秀身羁幽闺吟风弄月与歌花咏草有所不同,她的诗词充满对人生的哲学思考与咏物抒怀,呈现出婉约中带有刚强傲视的诗词风格。"官宦少妇"时期,她的诗词题材集中在关注国家命运与政治时局上,多是针砭时弊、咏史怀古与援古刺今之类,诗词风格变为忧国忧民,感时忧伤。"投身革命"时期,她的诗词创作题材主要集中于民族解放、妇女运动与反抗侵略等方面,这与她留学日本的经历、所见所闻所学所想有着直接关联,创作风格慷慨激昂,深沉悲壮。

(三)不爱红装爱武装

秋瑾的偶像有花木兰、秦良玉、沈云英等女杰,她们非凡的英雄气概和为国英勇杀敌的本领对秋瑾产生了深远的影响,秋瑾也曾表露出"儒士思投笔,闺人欲负戈"[①]的伟大志向。1891年,15周岁的秋瑾回萧山外公家省亲时,时常跟随其舅父单锡麟与表兄单应勖学习武艺,让她接触到"拳术、剑术及骑术"[②]。1895年,随父来到湖南湘潭,秋瑾特意拜名师学习巫家拳,早有功底且勤学苦练的她竟然掌握了11套巫家拳拳术。在日本期间,秋瑾还接触到日本柔道、剑术与射击等技能。

---

① 秋瑾:《秋瑾选集》,人民文学出版社 2004 年版,第 61 页。
② 郑云山:《鉴湖女侠秋瑾》,上海人民出版社 1984 年版,第 8 页。

1906年,秋瑾还向上海拳王蔡桂勤请教少林华拳和剑术。[①] 为了便于发动革命,她还向专业人员请教如何制造雷管与炸药等爆破装置,还学会了伏击与游击等战术,这些军事技能让革命同仁徐锡麟、王金发格外敬慕,也让同盟会主要领导孙中山、黄兴刮目相看,并委以重任。[②]

二、巾帼不让须眉

秋瑾为挽救民族之危亡,拯救民众于水火,自费留学日本,创办爱国社团,兴办进步报刊,参加革命组织,结交革命同仁,专注妇女解放与民族光复运动,这让无数须眉竞折腰。

(一)为求革命真理赴日本

1904年,秋瑾在参加北京"妇女谈话会"中认识服部繁子,并通过她了解到日本明治维新的历史与日本的崛起,于是萌生了留学日本的想法。同年6月,秋瑾决定跟随即将启程回国的服部繁子东渡留学,丈夫王廷钧坚决反对,甚至中断秋瑾的一切经济来源。然而,秋瑾并没有因此放弃,她变卖个人的首饰等贵重物品,筹集留学经费后,便踏上了赴日留学的旅程。

1. 加入与创办留日生社团,联合在日华人

为寻求救国图存的革命真理,大量中国学生选择留学日本,仅1904—1905年就有将近8000人到日本求学,在日留学生先后成立各种等进步社团。1904年秋,秋瑾主办了面向在日留学生的"演说练习会",她认为演讲有"唤醒国民,开化知识"[③]的功能。同年10月,秋瑾和陈撷芬等人重组共爱会,她被推选为该团体的"招待"(主管外联事宜)。秋瑾利用该社团广泛宣传女权思想,对留日女学生开展

---

① 王炜常:《秋瑾与萧山》,《秋瑾革命史研究》,团结出版社1997年版,第144—145页。

② 张楠:《女革命家·女作家·女性形象——三个视角看秋瑾》,《盐城师范学院学报(人文社会科学版)》2004年第3期。

③ 秋瑾:《演说的好处》,郭长海、郭君兮辑注:《秋瑾全集笺注》,吉林文史出版社2003年版,第361页。

互助活动,并致力于妇女解放运动。

2. 创办《白话》报刊,宣传进步思想

1904 年 8 月 15 日,作为"演说练习会"会长的秋瑾创办社团机关月报《白话》,并出版了第一期,该刊前后共出刊 6 期。孙中山对该刊物提出"依据此特长,利用宣传工具,报告时事,解决时事,效果越直接越迅速越好"的要求,这也成为了《白话》办报的指导思想。秋瑾以"鉴湖女侠秋瑾"为名先后在前 4 期发表署名文章,其中比较著名的有:第 1 期的《演说的好处》,第 2 期的《敬告中国二万万女同胞》,以及第 3、4 期的《敬告我同胞》。这些文章起到了揭露与抨击封建制度丑恶,宣传与声援女权运动等作用,社会反响强烈。

3. 参加革命组织,广交朋友

秋瑾在日期间参加各类革命组织,广交志同道合的革命同仁。1904 年秋,经冯自由之妻李自平介绍推荐,秋瑾加入"三合会"(三合即合天合地合人之意),隶属于洪门,主要成员有陈撷芬、廖翼朋、胡毅生等十余人。1904 年底,以蔡元培为会长的光复会在上海成立,次年 6 月,秋瑾经徐锡麟介绍,加入光复会,也成为该会核心成员之一。1905 年 8 月 7 日,秋瑾完成同盟会入会宣誓,成为第二个加入同盟会的浙江人。8 月 20 日,中国革命同盟会成立大会上,秋瑾被任命为浙江分会主盟人。此外,秋瑾在日本期间,经常参加浙江和湖南两省同乡会,[①]认识了鲁迅、陈天华、冯自由等一大批志同道合的爱国同仁。

4. 参加留学抗议活动,争取人权

1905 年 11 月,日本文部省颁布《关于准许清国学生入学之公私立学校之规程》,其中规定赴日留学生须持有驻日大使介绍信,中国留学生就读学校与住所都受到严格规定,并要求对留学生进行严格约束管教等。广大留学生认为此举严重剥夺其受教育权利与人身自由,引发了留学生大规模罢课,日本政府趁机驱逐学生。秋瑾也参加此次抗议活动,并与妥协派进行激烈交锋,但海外留学生内耗严重,最终导致该抗议活动失败,秋瑾也选择回国。

---

① 王时泽:《回忆秋瑾》,郭延礼:《秋瑾研究资料》,山东教育出版社 1987 年版,第 199 页。

（二）为妇女解放奋斗

马克思、恩格斯曾高度评价妇女解放的重要性,认为"妇女解放的程度是衡量普遍解放的天然标准"①。资本主义天赋人权与妇女解放思想经由西方传教士带到中国后得到广泛传播,秋瑾深受影响,并在弹词《精卫石》中说道:"近日得观欧美风,许多书说自由权。并言男女皆平等,天赋无偏利与权。"②

1. 反缠足穿男装,挑战封建糟粕

清朝统治阶级的畸形审美、"畏惧而亟变"③与"玩好之目的"④是促成"三寸金莲"缠足现象产生的主要原因。秋瑾在《敬告中国二万万女同胞》中描述了缠足的过程,一双雪白粉嫩的天然足被多层白布缠绕,睡觉也不能松绑,直到脚趾肉皮腐烂与骨折变形才算完成,只赚亲朋好友与邻居们一句"某人家姑娘脚小"罢了⑤。秋瑾等进步人士发出"算弓鞋三寸太无为,宜改革"⑥的时代呼声。她东渡日本后,带领广大留日女学生放足,扔掉三寸弓鞋,穿上男式皮鞋。秋瑾带头女扮男装的行为,这在特定历史条件下是一种身份立场的表达,借助外在服饰的变化,她努力挣脱传统女性规范和约束的枷锁。这种装扮不仅彰显了她对男女平等的执着追求,更展现了她反抗民族压迫和性别压迫的坚定决心。

2. 反对封建婚姻,追求男女平等

包办婚姻制是封建礼法迫害妇女的重要表现⑦。梁启超极力反对这种早婚行

----

① 马克思、恩格斯:《神圣家族,或对批判的批判所做的批判》,《马克思恩格斯全集》(第2卷),人民出版社1962年版,第250页。
② 秋瑾:《精卫石》,郭长海、郭君兮辑注:《秋瑾全集笺注》,吉林文史出版社2003年版,第508页。
③ 谭嗣同:《谭嗣同全集》,中华书局1981年版,第303页。
④ 梁启超:《戒缠足会叙》,《饮冰室合集》(第1册),中华书局1989年版,第121页。
⑤ 秋瑾:《敬告中国二万万女同胞》,郭长海、郭君兮辑注:《秋瑾全集笺注》吉林文史出版社2003年版,第362页。
⑥ 秋瑾:《满江红》,郭长海、郭君兮辑注:《秋瑾全集笺注》,吉林文史出版社2003年版,第325页。
⑦ 秋瑾:《敬告中国二万万女同胞》,郭长海、郭君兮辑注:《秋瑾全集笺注》,吉林文史出版社2003年版,第362页。

为,并撰文《禁早婚议》,提出早婚存在不利于"养生""传种""养蒙""修学""国计"①的五大危害。秋瑾则是用实际行动抗议早婚,在日留学期间,她成功地帮助因早婚成为妾室的湘芬、信芳两人与丈夫陈范解除婚约,并发动在日华人为其募捐,以资助其生活之用。秋瑾还提出"上天生人,男女原没有分别"②"四万万男女无分彼此焉"③等男女平等思想。她认为:广大妇女不应做牛做马,要积累学识与锻炼技能,学会自食其力。这对于强调男尊女卑的旧社会无疑是一剂革新的药方,也为广大妇女解放思想提供了根本思想遵循。

3. 创办女报,启迪妇女解放思想

1907 年 1 月,秋瑾着手创办月刊《中国女报》,其在创刊词上表明了"开通风气,提倡女学,联感情,结团体,并为他日创设中国妇人协会之基础"④。该刊以古今中外女中豪杰或学者作为封面,设有"新闻编译、调查演坛、传记小说、诗词尺素等"⑤栏目。秋瑾身兼数职,既做总编总务,又做印刷发行,可见其革命热情。秋瑾创办《中国女报》最终目的是:"结二万万大团体于一致……使我女子生机活泼,精神奋飞,绝尘而奔,以速进于大光明世界。"⑥此份进步报刊不仅成为宣传妇女解放思想的重要平台,更是向标榜三从四德、男尊女卑的封建礼教发出的战斗檄文,有力痛击了腐朽愚昧的封建文化壁垒。

4. 任教女校,提倡妇女自立自强

秋瑾曾讲道:"女学不兴,种族不强,女权不振,国势必弱。"⑦1906 年 3 月,回国后的秋瑾担任吴兴浔溪女校教员,主要教授日语与理科等科目。其上课方式深受学生喜爱,学生徐双韵曾经描述:"启发同学,无微不至。"⑧在校期间,秋瑾除教授

---

① 梁启超:《梁启超全集》(第 3 册),北京出版社 1999 年版,第 622—624 页。

② 秋瑾:《敬告中国二万万女同胞》,郭长海、郭君兮辑注:《秋瑾全集笺注》,吉林文史出版社 2003 年版,第 363 页。

③ 秋瑾:《精卫石》,郭长海、郭君兮辑注:《秋瑾全集笺注》,吉林文史出版社 2003 年版,第 372 页。

④ 《创刊词》,《中国女报》1907 年 1 月 14 日。

⑤ 秋瑾:《秋瑾集》,上海古籍出版社 1979 年版,第 10—11 页。

⑥ 《创刊词》,《中国女报》1907 年 1 月 14 日。

⑦ 黄季陆:《革命人物志》(第 3 集),"中央文物供应社"1969 年版,第 323 页。

⑧ 徐双韵:《记秋瑾》,郭延礼:《解读秋瑾》上册,山东教育出版社 2013 年版,第 69—71 页。

知识外,还向学生介绍反清复明与民族解放思想,在她的影响下,学生吴惠秋与徐双韵等纷纷走上了革命道路,两人后来分别加入光复会与同盟会。此后,秋瑾还在明道女学、东浦热诚学堂等多所学校任教。任教期间,除向女学生传递"欲脱男子之范围,非自立不可;欲自立,非求学学艺不可"[①]的思想外,她还带领学生创办手工社,参与劳动实践等。

(三)一腔热血染中华

1. 培壅骨干身许国

1905 年 8 月,徐锡麟、陶成章等人在浙江绍兴联合创办大通师范学堂,1907 年 2 月,秋瑾被聘请为该学堂督办。除了开设常规师范科目,秋瑾还创设为期半年的体操专修课,主要教授兵式体操和器械体操,旨在强化学员的身体素质和军事技能。她亲自招收绍兴、金华与处州(丽水)三府会党骨干成员作为学员,学员毕业后直接成为光复会正式成员,为发动武装暴动夺取胜利提供革命人才储备。秋瑾还在绍兴仓桥塊"原诸暨册局"处设立体育会,她亲自担任会长,从嵊州、金华与处州地界招收会员,"前后相至者几百余人"[②]。根据会员朱赞卿回忆:每日拂晓,秋瑾身穿军装,怀藏手枪,腰佩倭刀,骑在马上指挥学员进行军事训练,还强化学生射击训练,"学生群至野外练习开枪,于是二万之籽粒骤减至六七千粒"[③]。秋瑾经常向学员发表痛斥清廷卖国求荣无耻行径的演讲,号召全体成员参与到反清运动中来。

2. 策动起义为苍生

为策应孙中山、黄兴发动的萍浏醴起义,并实现浙江、安徽全境光复,1907 年 1 月,徐锡麟与秋瑾等革命骨干秘密集会,商讨浙皖起义。5 月,徐锡麟与秋瑾决定成立光复军,主要成员是光复会与浙江各地会党成员,光复军以"光复汉族,大振国

---

① 顾明远:《教育大辞典》,上海教育出版社 1998 年版,第 65 页。
② 陶成章:《浙案纪略》,汤志钧:《陶成章集》,中华书局 1986 年版,第 31 页。
③ 陶成章:《浙案纪略》,汤志钧:《陶成章集》,中华书局 1986 年版,第 347—348 页。

权"为番号标记,成立八支队伍,每支队伍分为 16 个军事等级,便于调度与统一指挥,徐锡麟担任光复军总指挥,秋瑾担任副总指挥。秋瑾还亲自起草《光复军军制》《光复军起义檄文》等革命文件。在组建光复军的过程中,秋瑾先后会晤龙华会、双龙会与平阳党等多个革命会党党魁,商讨革命事宜,秋瑾还深入杭州新军军营内部做思想工作。

1907 年 7 月,徐锡麟在安徽安庆密谋起义,后因消息泄露,起义日期被迫提前,徐锡麟试图刺杀前来检阅巡警学堂的安徽巡抚恩铭,率领学生军夺取安庆军械所,与清军激战 4 小时,终因寡不敌众失败被捕,次日慷慨就义。在审讯中起义人员叛变,牵连浙江绍兴大通学堂与秋瑾。安徽方面迅速向浙江巡抚张曾敭通报,张曾敭立刻发电报敕令绍兴知府贵福查办,贵福又派山阴县县令李钟岳火速包围大通学堂,缉拿秋瑾等革命党人。7 月 13 日,大通学堂学生与清军殊死搏斗,秋瑾被捕。清军从大通学堂缴获大量枪支弹药与多份革命文件。审讯中,秋瑾没有任何供词,只留下了"秋风秋雨愁煞人"的绝句。1907 年 7 月 15 日,秋瑾在绍兴轩亭口英勇就义,年仅 32 岁。秋瑾遇害后,全国悲痛,孙中山专门撰写挽联:"江户矢丹忱,感君首赞同盟会;轩亭洒碧血,愧我今招侠女魂。"

三、浙江精神视域下的秋瑾形象

秋瑾是浙江精神在民族解放与民主革命中最有力的实证先锋、实践斗士与精神传承者。她将妇女运动融入民族解放事业之中,她从爱国诗人转变为爱国斗士,她英勇赴死以唤醒四万万国人,更是浙江精神中所延伸出的不屈不挠、舍生取义的集中体现。

(一)爱国图强:须把乾坤力挽回

1. 爱国志向:将妇女运动融入民族解放

秋瑾曾经发出"空有四万万后裔,奴隶根深"[①]的惊世感叹,她总结出唯有开展

---

① 秋瑾:《精卫石》,郭长海、郭君兮辑注,《秋瑾全集笺注》,吉林文史出版社 2003 年版,第 458 页。

民族革命才能够推翻封建统治,彻底改变国人奴性。开展民族革命需要广大妇女支持,因此,她自觉将妇女解放运动归为民族革命的一个重要部分。她鼓励与疾呼广大妇女同胞参与到民族革命中去,广大妇女只有将个人发展与国家兴盛自觉联系起来,为革命献出绵薄之力,整个国家才有希望,民族才有未来。

2. 爱国效能:从英勇就义到薪火相传

郭沫若曾高度评价秋瑾烈士:"她是中华民族觉醒初期的一位前驱人物⋯⋯她在生前和死后都起了很大的推动作用。"[1]生前,秋瑾热情创办报刊、投身教育、进行演说,宣传民主进步思想。在她感召下学生徐双韵等人纷纷加入光复会与同盟会。一大批听过她演讲的、看过她所办报刊的妇女纷纷冲破封建家庭藩篱,加入革命队伍。英勇就义慷慨赴死时,她留下遗言:"中国妇女还没有为革命流过血,请从我秋瑾开始吧!"[2]她也成为第一个用鲜血祭奠民主革命,反抗封建专制统治的杰出女性。在她感召下,民众意识到"人人可以革命,即人人可为秋瑾,是不啻杀一秋瑾,而适以生千百秋瑾。一秋瑾易杀,而千百秋瑾难除也"[3],先后涌现出沈警音的女子光复军,辛素贞的女子国民军,尹氏姊妹的浙江女子军,女子北伐队等女子革命队伍。甚至后来的女子北伐队宣言中也提到:"待到共和局定,聊慰秋瑾幽魂"[4],秋瑾的爱国精神激励着一代又一代的中华儿女为国家繁荣、为民族振兴、为人民幸福而不懈奋斗。

(二)自强不息:休言女子非英物

1. 与封建礼教坚决斗争

秋瑾亲身经历缠足陋习与封建包办婚姻惨剧,深刻领悟封建妇女的悲惨命运。在北京与日本接触进步女性,阅览大量宣扬女权思想的报刊书籍,使秋瑾更加坚定

---

① 郭沫若:《秋瑾史迹·序》,上海古籍出版社 1991 年版,第 1—4 页。
② 范文澜:《女革命家秋瑾》,《中国妇女》1956 年第 8 期。
③ 秋瑾:《敬告中国二万万女同胞》,郭长海、郭君兮辑注:《秋瑾全集笺注》,吉林文史出版社 2003 年版,第 363 页。
④ 谈社英:《中国妇女运动通史》,妇女共鸣社 1936 年版,第 33 页。

地与封建礼教进行艰苦卓绝的斗争。她反对缠足,在日本留学期间带头放足,并穿男士皮鞋。她穿着男士服装,用着装变化挑战传统礼教束缚。她反对封建包办婚姻制度,与和自己志趣不投的丈夫断绝关系,并劝身边的陈撷芬、湘芬、信芳等结束封建父母包办的婚姻。秋瑾以大无畏的斗争精神对抗封建礼教,她也成为追求自由与平等的光辉榜样。

2. 结社办报从教只为自强

受西学东渐与维新派思想的影响,秋瑾创办"演讲练习会"与"实行共爱会",号召广大妇女联合起来。秋瑾也尝试创办《白话》与《中国女报》宣传女权思想,构建宣传妇女解放思想的前沿阵地,有力痛击封建礼教。秋瑾先后在浔溪女校、明道女学、东浦热诚学堂等多所学校任教。在校期间,积极向女学生传递"自立、学艺、合群"的思想,让广大妇女接受文化教育。秋瑾倡导妇女自立,并通过教育赋予她们独立的人格和谋生技能,为民族自强注入新力量,她是妇女自立和民族自强的典范。

(三)务实进取:从教育救国到革命

秋瑾是近代中国第一个女性革命教育家,也是第一位从事近代中国军事体育教育的女性教师。著名学者胡国枢先生认为秋瑾是"近代中国第一个以革命言行感化一代女子的成就卓著的女教师"。自古以来,中国强调身教重于言传这一教育思想。秋瑾从事民族革命与妇女解放的先进事迹足以吸引与感化学生,必然受到学生的爱戴与尊敬。她在教学过程中,向学生传播科学知识,宣传民主革命思想,提倡女性自强的观念也必然被学生内化于心,外化于行。秋瑾在培养革命骨干的过程中无疑打开了我国现代军事体育这一扇大门,在她的带动下,各级各类学校开始重视体育课乃至军事课,这对于我国体育事业与军事事业都有极大帮助。虽然秋瑾从教时间不长,但她对得起"秋先生"这一荣誉称号,配得上"民国一代女圣人"这一殊荣。

第四节　从浪漫作家到"永生战士"的郁达夫

郁达夫是浙江精神在爱国斗争中的创新引领者、刚毅图强者与坚定践行者。他敢于选择"性爱""疾病"与"自我暴露"等中国传统文学忌讳且不敢触碰的审美对象作为文学创作题材，关注与警醒"零余者"个体，在文学创作上是一个不折不扣的创新者。他以文章作为武器攻击敌人最脆弱的部位，他交友结社，参加各类抗日救亡的革命组织，积极营救华人华侨与爱国人士，他用实际行动诠释了自己就是一名坚定的爱国图强者。他还是一个坚定的求真务实派，秉承真实性这一宗旨开展文学创作，敢于仗义执言替民众发声，勇于揭露帝国主义的丑陋嘴脸，用自己真情实感投入革命事业，不惜做出捐躯为国的英雄壮举。

一、从开笔蒙读到负笈游学

从家境贫寒的童年到负笈东瀛的留学生涯，郁达夫始终以不屈不挠的精神，书写着顽强的生命篇章。在坎坷中成长，他以笔墨为剑，刺破重重困境，开辟出属于自己的一片文学天地。

（一）古来贤俊多坎坷

根据《萧邑郁氏宗谱》与《富阳郁氏家谱》考据，富阳郁氏是从萧山地区迁徙而来。郁达夫祖父郁仰高是当地有名的郎中。郁达夫父亲郁企曾先后从事私塾先生、赤脚医生与富阳县衙门房司事等工作以贴补家用，在乡下还有"祖遗薄田十几亩"[①]，畏难苟安。长兄郁华，字曼陀，曾以浙江省首批公费留学生身份留学日本，回国后先后担任辽宁、上海与江苏高院刑庭庭长等职务，1939 年，他遭到伪军特务暗杀而身亡。光绪二十二年（1896 年），郁达夫出生于浙江省杭州府钱塘道富阳县

---

① 于听：《郁达夫风雨说》，浙江文艺出版社 1991 年版，第 48 页。

城满洲弄。郁达夫三岁时，父亲郁企曾积劳成疾最终病逝。"孤儿寡女的正剧的上场"①，平日白天，祖母与母亲沿街摆摊叫卖，晚上挑灯做针线活，赚点微薄的工钱，只能勉强度日。

（二）敏而好学报国志

光绪二十八年（1902年）春，7岁的郁达夫正式进入私塾跟随葛宝哉夫子读书。9岁时，升学到春江书院，郁达夫尝试作诗，竟收到了"九岁题诗四座惊"的效果，展现出惊人的文学禀赋。1908年，13岁的郁达夫成功考入富阳县立高等小学堂。1911年，郁达夫从高等小学堂毕业，得到毕业奖品《吴梅村诗集》，爱不释手，彻夜研究诗词韵律。② 同年，参加杭州府中学堂招生考试并被成功录取。后因学费不敷，转入浙江省立第二中学堂（嘉兴府中学堂）就读，在校期间学习用功刻苦，期末考试成绩列为优等。1912年，郁达夫就读于美国长老会办的之江大学预科，后因告发该校对不信教学生歧视与不公待遇，被学校开除。1913年，郁达夫进入杭州蕙兰中学就读，因该校仍强迫学生信教并做祷告，失望透顶的他选择退学回富阳自学。

（三）留学东瀛开新化

1913年，长兄郁华奉命到日本考察司法制度，便把郁达夫也带到日本学习。1914年7月，郁达夫考取日本帝国大学医科预备班公费留学生名额。在校读书期间，他大量阅读德俄等西方文学。毕业后的郁达夫想转学文学，不想继续学习医学，"改科"风波让郁达夫与长兄郁华发生巨大冲突，最终郁达夫还是听从长兄建议报考名古屋第八高等学校大学预科第三部（医科）。在医学院学习的过程中，他仍然坚持大量浏览西方文学名著，创作《日本谣十二首》等旧体诗，并向中日两国各大报刊投稿，稿费也成了他生活费的重要来源之一。1916年9月，他终于从医学部

---

① 郁达夫：《悲剧的出生》，《郁达夫选集》，山东文艺出版社2006年版，第1036页。
② 郁达夫：《郁达夫全集》（第4卷），浙江大学出版社2018年版，第285页。

转入法学部政治学科就读。1919 年 7 月,从名古屋第八高等学校毕业。11 月,郁达夫进入东京帝国大学经济学部学习,"三年时间阅读俄国、法国、英国、德国和日本等文学作品一千多册"①,其中俄国的屠格涅夫、德国的施笃姆、法国的卢梭三位著名作家对郁达夫影响颇深。1921 年,郁达夫与同在日留学生郭沫若、成仿吾等成立文学社团"创造社",正式开始小说创作。1922 年 5 月,27 岁的郁达夫完成学业,取得东京帝国大学经济学学士学位后,毕业回国。在日求学八载,郁达夫感受到了身为弱国子民所受到的不公待遇与无尽屈辱,正如郭沫若形象的比喻:"我们在日本留学,读的是西洋书,受的是东洋气"②。这个过程是一种"炼狱的历程"③,在日本的所见所闻、所思所想对郁达夫的性格气质、创作思想、文学风格带来巨大且深远的影响。

二、天意似将颁大任

五四新文化运动以来,旧思想旧文化的影响逐渐褪去,新思想新文化尚未构建成熟,郁达夫敏锐地捕捉到进步青年身上的"性苦闷""心里苦闷"等各类苦闷构成的"时代苦闷"。他开出了"性爱""疾病"与"自传"等看似"颓废"的"时代药方",医治国人身心创伤,排解苦闷,回应困惑的进步的青年的时代之问。

(一)"颓废"中开创自传体文学

《辞海》中关于"颓废"的解释是"荒废与坍塌的意思,可引申为萎靡不振,意志消沉"④。19 世纪末兴起的颓废主义文学是以"怀疑""偏激""否定""病态"为关键元素构建的艺术思潮。在新文化运动中新旧文化交替的特殊时刻,恰好被郁达夫敏锐捕捉到并借用这种艺术潮流,开展对性爱、疾病的直接描写,采取隐私暴露的方式表达自我,实现"人的觉醒","使他作品中的浪漫主义除了感伤之外又带上某

---

① [日]小田岳夫、稻叶昭二:《郁达夫传记两种》,浙江文艺出版社 1984 年版,第 8 页。
② 郭沫若:《郭沫若全集·文学编》(第 15 卷),人民文学出版社 1990 年版,第 140 页。
③ [日]伊藤虎丸:《鲁迅、创造社与日本文学》,孙猛等译,北京大学出版社 2005 年版,第 272 页。
④ 《辞海·语词分册》,上海辞书出版社 1988 年版,第 1643 页。

些颓废色彩"①。

1. 直陈性爱主题

分析郁达夫现存 48 部小说可以发现其中不同程度涉及性爱等两性关系的作品多达 41 部,占郁达夫小说总数的 85.4%。他的关于性爱主题的文学作品一经出版发行,进步青年争相购买与传阅,并把他视为"反对封建礼教的坚定斗士"。五四新文化运动后,旧思想旧礼教旧文化遭到彻底批判,新文化新思想新道德仍然处于建构状态,需要广大知识分子勇于探索与试错,性爱主题成为郁达夫小说的一个"独立价值和意义的首要主题"②,他直接且露骨地描写性爱行为与心理,从而宣泄罹患"时代病"的年轻人身上的性苦闷,表达年轻人敢于冲击封建禁欲思想束缚与追求个性解放的强烈诉求。

2. 频现柔弱病躯

英国著名诗人亚历山大·蒲柏形象地比喻疾病是"胜过一千卷哲学家和神学家的著述"③。梁启超先生在其著作《新民说》中发出"呜呼! 其人皆为病夫,其国安得不为病国也"④的时代之问后,近现代文学家们开始将疾病主体隐喻延伸到"国家"上来。鲁迅的《狂人日记》、巴金的《灭亡》、王统照的《山雨》中的主人公皆身患重病。郁达夫流传下来的 48 部小说中,描写人物罹患疾病的作品高达 30 多部。在小说主人公患有的身体疾病中,肺病的比例最大,占到疾病类小说总数的 1/3 以上,其他身体类疾病还有 20 多种。主人公患有心理疾病的作品也不少:《空虚》中的于质夫患有神经衰弱,《沉沦》中的"我"因忧郁症最终选择自杀,《南迁》中主人公伊人患有神经衰弱,郁达夫将每一种疾病刻画得细致入微。郁达夫从小家境贫寒,因而"一生身体也没有强健过"⑤,作者倾向于将亲身体会倾诉到自己的文艺作品中。深受传统文化的影响,中国文人有一种"病态"审美情趣,诸如:宋词中高频词

①　唐弢:《中国现代文学史简编》,人民文学出版社 1984 年版,第 186 页。
②　王富仁:《现代作家新论》,山西教育出版社 1998 年版,第 129 页。
③　[英]亚·蒲柏:《论疾病》,林石:《疾病的隐喻》,花城出版社 2003 年版,第 57—59 页。
④　梁启超:《新民说》,《饮冰室合集》(六),商务印书馆 1936 年版,第 24 页。
⑤　王观泉:《席卷在最后的黑暗中——郁达夫传》,天津人民出版社 1986 年版,第 11 页。

汇的"消魂""人瘦""断肠"等。郁达夫留日期间对英国著名作家中擅长描写"疾病"的道森推崇备至。可以说中西文学病态审美情趣共同影响了郁达夫。苏珊·桑塔格在《疾病的隐喻》中曾讲道:"疾病被看作是情感的表达。"[1]郁达夫也尝试通过描写疾病来传递对封建腐朽国家与社会的不满,抒发心中的沉郁,进而影响更多的进步青年,从而改变国民精神与气质。

3."自叙"题材特色

"自叙"题材文艺作品是一种作者大胆地将身世、经历、情感等个人隐私暴露给读者的文艺作品。在郁达夫的自传体文学作品中,一是自传体小说《郁达夫自传》,篇幅不长,只有九篇自传文章。二是自传体日记。五四新文化运动以来,郁达夫是第一个提出"日记文学"的作者,他还撰写《日记文学》和《再谈日记》文论。1933年,他还创作并发表20多万字的《日记九种》,将一个活脱脱的郁达夫形象展现出来。三是自传体旧体诗。郁达夫还创作出由18首旧体诗组成的《自述诗》,主要描写童年往事、婚丧嫁娶、生活经历与求学生涯等内容,既将个人隐私展露无遗,又具备旧体诗体例之美,参考性与观赏性极高。郁达夫创作"自叙"题材文艺作品的主要原因,一是时代造就的。郁达夫通过直抒胸臆的自传文学笔法,宣泄心中愤愤不平的性苦闷、民族苦闷与时代苦闷,表象是消沉的,实质则是反抗[2]。二是个性特征使然。郁达夫的这种自我暴露式"自传体"文学创作恰恰反映他的自卑心理,这跟他的"天生悲观的性格有关"[3],他勇于自我暴露来弥补心理与社交恐慌,以此获得足够的安全感。三是文学体裁的尝试。郁达夫曾经讲过"文学作品,都是作家的自叙传"[4],他也成功地将自己的生活经历和思想情感融入文学作品中,为现代文学的发展做出了重要贡献。

---

① [美]苏珊·桑塔格:《疾病的隐喻》,程巍译,上海译文出版社2003年版,第20页。

② 许子东:《郁达夫新论》,浙江文艺出版社1984年版,第1页。

③ 李欧梵:《李欧梵自选集》,上海教育出版社2002年版,第72页。

④ 郁达夫:《五六年来创作生活的回顾》,王自立、陈子善:《郁达夫研究资料》(上),天津人民出版社1982年版,第203页。

(二)兼济天下,抗敌报国

1. 创办与参加爱国革命文学社团

1921 年 7 月,郁达夫与其他留日学生郭沫若、成仿吾、张资平等人在日本共同组建革命文学团体创造社,并创办《创造周报》,总共出刊 52 期。郁达夫先后发表《文学上的阶级斗争》等 13 篇文章,成为该刊的主要创作者,后因资方泰东图书局欠薪,以及郁达夫与创造社其他成员关于"革命文学"与"大众文艺"等立场不同,导致郁达夫于 1927 年 8 月宣布退出创造社。1930 年,中国左翼作家联盟在上海成立,在鲁迅强力撮合下,郁达夫也加入左联文学团体。根据郁达夫撰写的《回忆鲁迅》一文,郁达夫在左联工作只有 1 个月,便"宣布辞职",退出左联。虽然离开了左联,但他"在暗中站在超然的地位,为左联及各工作者的帮忙,也着实不少"[①]。郁达夫仍创作带有反抗意识的左翼革命文艺作品,认同无产阶级文学理论,用实际行动传承与发扬了左翼作家联盟精神。

2. 反封建反帝编辑生涯

郁达夫以报刊创办人及编辑身份参与 19 份报刊工作,在自己所创办或者编辑的报刊上共创作发表 350 多篇文章,有力地宣传了反封建反帝国主义思想。1922年 5 月,郁达夫在沪创办《创造》季刊,共出刊 6 期,成为郁达夫主编的最早一份报纸。后郁达夫与郭沫若等创造社成员主编了《创造周报》,有力推进中国文学批评现代化进程。1924 年 8 月,郁达夫以编辑身份参与《洪水》周刊工作,共出刊 32期,此份报纸有力见证了创造社由"文学革命"向"革命文学"的转变。1928 年 9月,在鲁迅的有力扶植下,郁达夫创办了《大众文艺》。该刊主张"文艺是大众的,文艺是为大众的,文艺也须是关于大众的"[②],郁达夫在该报共刊登 53 篇作品,为现代中国文艺探寻到了一种方向。1939 年到 1942 年,郁达夫出国抗日,先后奔走于新加坡、马来西亚等国,先后担任《星洲日报》与《华侨周报》主编,还参与《晨星》《繁

---

① 郁达夫:《炉边独语》,大众文艺出版社 2001 年版,第 14 页。
② 郁达夫:《〈大众文艺〉释名》,《大众文艺》第 1 期,1928 年 9 月 20 日。

星》《文艺》等文艺副刊工作。在异国他乡的岁月里,郁达夫共创作 400 多篇抗日政论与文艺杂论文章,以爱国编辑身份参与抗日救亡运动,有力宣传了抗日爱国思想,坚定了民众抗日的决心,在反法西斯斗争中作出了中国文人应有的贡献。

3. 参加抗日救亡爱国运动

郁达夫是一名积极参加抗日救亡爱国运动的仁人志士。1933 年,郁达夫参加由宋庆龄等知名人士发起成立的中国民权保障同盟,积极致力于反对国民党专制统治与日寇侵略行径。1938 年 3 月,郁达夫赶赴武汉,参加中华全国文艺界抗敌协会成立大会,被推选为常务理事,出任该协会首任研究部主任,兼协会期刊《抗战文艺》编委。1938 年李宗仁领导的台儿庄会战大捷,国民政府军委会政治部成立劳军代表团,郁达夫担任团长,并在《抗战文艺》等期刊刊登了《平汉陇海津浦的一带》《在警报声里》等一大批脍炙人口的报告文学。1938 年 12 月,应新加坡《星洲日报》社长胡昌耀的邀请,郁达夫出国抗日。郁达夫以主编或编辑身份参与 11 份报刊的编辑工作,每日工作长达十几个小时,他认为这是"与祖国取得联络,在星洲建树一文化站,作为抗战建国的一翼,奋向前进的"①。1942 年初,华侨领袖陈嘉庚积极领导并组建"新加坡文化界抗敌联合会",郁达夫被公选为新加坡文化界抗日联合会主席,成为华侨抗日的精神领袖之一。1942 年 2 月,日军攻占新加坡后,郁达夫等人被迫流亡到印尼苏门答腊岛,隐姓埋名担任酒厂老板。1945 年 9 月 17日,他被日本宪兵残忍杀害。1952 年经中央人民政府批准,被追认为革命烈士。

三、浙江精神视域下的郁达夫形象

郁达夫,中国现代文学夜空中的璀璨星辰,以其深沉的文学思考与实践,描绘出一幅幅激荡时代的心灵画卷。浙江之魂融汇其作品之中,展现求真务实之精神。其"另类"之笔触,挑战封建礼教,控诉国家积弱,抒发时代"零余者"之苦闷。其爱国之情,化为文字之力量,挺立时代潮头。

---

① 郁达夫:《〈星洲文艺〉发刊的旨趣》,《星洲日报》第 23 期,1939 年 6 月 1 日。

（一）勇于创新：“另类”的文学家

浙江精神的生成是一个不断创新、与时俱进的提炼过程，这一过程反映了浙江人民充满智慧且心性灵巧的品质，也孕育出一批杰出的文化名人。郁达夫便是其中一个充满魅力，勇于创新，独辟蹊径的“另类”的现代文学家。

1. 用“性爱”文学创作挑战封建礼教

在传统礼教与道德思想双重禁锢下，女人往往跟“无德”“祸水”“小人”等字眼关联，男人必须远离与提防。人类的“性爱”基本需求也被约束、压抑与禁锢，整个封建社会将“性爱”视若洪水猛兽，“性爱”语言被视为淫词秽语，“性爱”文学被视为色情淫书。“性爱”就是传统社会的禁区，甚至出现谈“性”色变现象。封建社会处于“性压抑”与“性禁忌”的状态。五四新文化运动以后，思想进步的青年普遍患上了苦闷与压抑的“时代病”，急需一剂猛药进行医治。精神文化极度匮乏的年代，文学是民众解决精神给养与生活消遣的主要途径之一。深受西方现代文学影响的郁达夫坚持人文主义立场创作文学作品，他追求个性解放，大胆且创新地描写人类性爱心理与行为，向腐朽的封建伦理与封建观念发出了挑战，他成为中国现代文学史上反传统道德戒律的先驱者。

2. 用“疾病”文学创作控诉国家积弱

自古以来，中国古典文学与西方文学中有大量涉及疾病与病人的文学作品，甚至在中国封建传统社会中，士大夫阶层还滋生了一种以病为美的扭曲审美情趣。从近代维新派梁启超开始将疾病适用范围从“人类个体”延伸到“民族国家”后，近现代文学家们开始大量创作带有疾病的主人公与桥段来隐喻民族与国家的孱弱。郁达夫更是其中的佼佼者，甚至是出类拔萃者。他是创作与疾病相关作品最多的作家，他的文学作品中涉及肺病、胃病、黄疸病、伤寒、脑出血、肝癌、神经衰弱、强迫症、抑郁症等 20 多种疾病。他是把疾病描写得最细致入微且又最准确到位的文学家。每一种疾病背后都能够隐喻国家的积弱。例如作家们描写诸多的肺病，鲁迅将其隐喻为国家民族宏大主题，而郁达夫则是用其隐喻具备现代性的自我个体与国家民族现状之间的矛盾与冲突，抒发现代知识分子心中的沉郁，表达了他对国家民族未来的深切忧虑。

3. 用"自传"文学创作抒发时代"零余者"的苦闷

郁达夫的"零余者"是借鉴于俄国作家屠格涅夫的作品《零余者的日记》中的主人公而创作出来的。郁达夫文艺作品中的零余者大致讲的是三类人物：一是弱国留学生，二是时代的隐退者，三是社会上的闲杂人等。这三类人组成的"零余者"群体往往表现为政治上无力、经济上拮据、思想上困惑、感情上坎坷，没有目标没有方向，始终在痛苦与颓废之中苦苦挣扎，这种状态在当时大多数青年人身上都能够或多或少找到对应的表现，使得郁达夫的文学作品很快能够被大众接受。郁达夫通过"自传"的方式把自己也塑造成为时代的"零余者"，在读者心中郁达夫是一个体弱多病，单薄瘦弱，多愁善感，感情复杂且对社会极度不满的"零余者"。这恰恰能够拉近与读者的心灵距离，产生强烈时代共鸣。

（二）发奋图强：魂魄毅兮为鬼雄

夏衍先生曾说："达夫是一个伟大的爱国者，爱国是他毕生的精神支柱"。胡愈之先生曾这样评价郁达夫：他的伟大，就是因为他是一个天才的诗人，一个人文主义者，也是一个真正的爱国主义者[①]。郁达夫以自己的实际行动践行着一个坚定爱国者的责任与义务。在文学作品中他毫无掩饰地表达爱国情感。例如：在他的成名作《沉沦》中多处借主人公表达爱国情感，书中写道："我何苦要到日本来，我何苦要求学问。既然到了日本，那自然不得不被他们日本人轻侮的。中国呀，中国你怎么不富强起来。我不能再隐忍过去了。"[②]再比如：1935年，华北沦陷，郁达夫乘船回到故乡杭州富阳，借景生情写下了旧体诗《过富春江》，发出了"三分天下二分亡，四海何人吊国殇"[③]的不尽感伤，怒斥国民党的"不抵抗"政策。除了文学作品中充满爱国情怀，郁达夫还通过实际行动参与到爱国组织与活动中。例如：郁达夫

---

① 胡愈之：《郁达夫的流亡与失踪》，王自力、陈子善：《郁达夫研究资料》，知识产权出版社2010年版，第72页。

② 郁达夫：《沉沦》，《郁达夫文集》（第1卷），花城出版社、香港三联书店1982年版，第24页。

③ 郁达夫：《达夫游记》，百花文艺出版社2005年版，第72页。

与鲁迅等发起组织"中国自由运动大同盟""中国左翼作家联盟",加入"中国民权保障同盟"和"中国济难会"。他还不断地投入反迫害斗争,为营救被捕的李初梨等革命作家和革命青年,郁达夫做了不少工作。在沦陷的新加坡,他临危受命担任了"华侨抗敌动员委员会"执行委员、"新加坡文化界抗日联合会"主席、"文化界战时工作团"主席等职,创作了大量脍炙人口的文艺作品。郁达夫先后发表《"八一三"抗战两周年纪念》《纪念"九一八"》《抗战周年》等 400 多篇文风犀利政论文章,揭露日本帝国主义野蛮行径,鼓舞普通民众积极支持并且亲身投入伟大的世界反法西斯斗争中来,这充分体现了郁达夫赤诚爱国的"兼葭故国心"。郁达夫还积极从事抗日救亡的工作,保护侨民支持抗战直到以身殉国。

（三）求真务实：作文做人爱国皆是真性情

1. 文学作品讲究真实性

郁达夫曾经在自己的文论文章中多次表明文学需要遵从真实性原则,并探讨文学真实性的价值意义。郁达夫曾经讲道:"小说的生命是在小说中事实的逼真"[①]。他的文学作品中关于疾病描写大多来源于他个人的生病体验与在医学院学习的经历。郁达夫曾经讲道:"艺术的价值,完全在一字'真'上"[②]。文学作品只有真实才能焕发出感染力、创造力与生命力。

2. 敢于讲真话办实事

浙江精神中强调诚信和谐,其中讲真话与办实事都是诚信的重要表现。郁达夫比较敢于讲真话。例如:日本帝国主义最早提出"大东亚共荣",美其名曰资本主义国家的日本可以帮助东亚地区重回荣光,乍一听冠冕堂皇,但是却深藏玄机,居心叵测。郁达夫敏锐地捕捉到日本帝国主义提出该名词的真实意图,并撰写文章《敌军阀的讳言真相》,深度揭露"大东亚共荣"与"东亚新秩序"背后的侵略意图,并指出日本军阀的狼子野心:"大者在侵吞整个中国,小者在掳掠中国的子女玉帛,饱

---

① 郁达夫:《郁达夫全集》(第 5 卷),浙江文艺出版社 1992 年版,第 158 页。

② 郁达夫:《郁达夫文集》(第 5 卷),花城出版社、香港三联书店 1983 年版,第 150 页。

一己之私囊，进个人之爵位"①。鞭辟入里的分析，让普通民众不再迷惑，坚定地站在共同御敌这一边。郁达夫在日记中写过"我若要辞绝虚伪的罪恶，我只好赤裸裸地把我的心境写出来"②，同时，还将为他人、为社会与为国家做的贡献也写在日记本上，郁达夫还曾将指点并帮助年轻人找到理想信念与开展职业生涯等具体事项等都详细地写在"自传体"日记中，这也能反映出他的"真性情"。

3. 敢于用真性情爱国

郁达夫始终秉持"以天下苍生为己任"的读书人气节，胸怀"先天下之忧而忧"的报国之志，利用文学创作这一武器，揭露社会黑暗，谴责贪官污吏，公开同情普通百姓。郁达夫曾讲"以纯粹的学理和严正的言论来批评文艺、政治、经济"③，批评并非嘲讽贬低，而是鞭策激励，敢于表达既是个人勇气，更是其爱国心理与行为使然。

①　郁达夫：《敌军阀的讳言真象》，《星洲日报·晨星》1940年2月10日。

②　郁达夫：《郁达夫文集》（第4卷），花城出版社、香港三联书店1983年版，第155页。

③　郁达夫：《郁达夫文集》（第5卷），花城出版社、香港三联书店1983年版，第286页。

第二章　浙商名士与浙江精神

2023 年中国民营企业 500 强榜单揭晓,浙江省以 108 家企业成功入围,连续 24 年保持领先地位。在浙江精神的指引下,民营经济蓬勃发展,培育出众多杰出的浙商。他们为浙江经济的高质量发展贡献了重要力量,展现了浙江商界的卓越风采。

第一节　浙商名士、浙商精神与浙江精神的逻辑关系

浙江人自古以来就擅长经商,尤其是两宋以后最为兴盛,先后涌现出以经营珠宝业、纸业、木材业居多的龙游商帮,以经营药堂、钱庄、缝纫遍及各大城市的宁波商帮,以经营纸张、绸缎、青瓷为主的绍兴商帮,以丝商团体组建的湖州商帮。上海开埠后,40 多万以"三刀"(剪刀、菜刀、剃头刀)为谋生手段的宁波人来沪讨生活,抢滩上海,围阆而歌。先后涌现出叶澄衷、朱葆三、严信厚、刘鸿生等近代浙商名士。自改革开放以后,浙江民营经济更是领跑全国,造就了一大批专业市场,涌现出众多浙商名士,例如:杭州的鲁冠球,徐冠巨、宗庆后、冯根生;宁波的徐立华、李如成、茅理翔;温州的南存辉、胡成中,王振韬,等等。1999 年,浙江省浙商研究会执行会长杨轶清首次提出"浙商"①这一学术概念。学界普遍认为,浙商群体具备

---

① 杨轶清:《财富与未来——走近浙商》,浙江人民出版社 2000 年版,第 1 页。

吃苦耐劳、艰苦创业的奋斗精神，精诚团结、同舟共济的团结精神，以诚立业、义利双行的诚信精神，敢为人先、不懈创新的开创精神，关心国事、兴业报国的担当精神，聚沙成塔、蚂蚁商人的务实精神，以上精神元素的集合总称就是浙商精神。

浙商名士以实践典范之姿，展现浙商精神的商道灵魂，同时也是浙江精神的时代诠释者。浙商精神作为商业实践的智慧结晶，创新演绎了浙江精神。浙江精神则为浙商名士与浙商精神提供精神归因与发展动力，三者互为支撑，共同推进浙江经济社会的繁荣。

一、浙商名士：浙商精神的实践典范与浙江精神的时代表达

浙商名士，作为浙商精神的典范，凭借坚韧毅力、敏锐的市场洞察力和积极的社会责任感，诠释并传承了浙江精神的时代价值。

（一）浙商名士是演绎浙商精神的典范

浙商名士，作为浙商精神的卓越践行者，以非凡成就和前瞻性布局诠释着其深厚内涵。他们凭借坚韧不拔的毅力与对市场的敏锐洞察，在传统产业与新兴领域取得了辉煌成就，展现出浙商精神的广泛适用性与时代创新性。同时，他们积极承担社会责任，用实际行动彰显着浙商的社会责任感与人文情怀。传化集团的徐冠巨便是其中的杰出代表，他坚守实业，专注化工领域，将一家小企业发展成为行业巨头。面对市场的风云变幻，他引领企业不断创新、转型升级，不仅彰显了浙商精神的魅力，也为后来者树立了光辉的榜样。

（二）浙商名士是浙江精神的时代表达者

浙商名士以求真务实为根基，以诚信和谐为灵魂，以开放图强为动力，在商业实践中展现了卓越成就。他们坚持市场导向，注重信誉建设，积极参与国际竞争，不仅推动了企业发展，更传承和弘扬了浙江精神的时代价值，他们是浙江精神的时代表达者。以南存辉为例，他凭借敏锐的市场洞察力和求真务实的品质，引领正泰

集团成为行业领军者,他自己也荣获"改革先锋"称号。在开放图强的战略指导下,正泰集团的产品和服务遍布全球,为中国制造业赢得国际声誉。南存辉不仅是浙江精神的时代表达者,更是其坚定践行者。

二、浙商精神:浙江名士的商道灵魂与浙江精神的创新演绎

浙商精神,作为浙江精神在商业领域的体现展现出独特魅力和竞争优势,也为经济社会发展注入新活力。

(一)浙商精神是浙江名士的商道灵魂

浙商精神,作为地域文化的独特印记,闪耀着时代精神的熠熠光辉。它汇集了坚韧不拔的奋斗意志、团结协作的理念精髓、诚信为本的道德基石、敢闯敢试的创新魄力、国家情怀的担当精神以及务实笃行的作风典范。这种精神,不仅引领浙商在商业领域锐意进取、持续超越,更成为推动现代商业文明进步的重要力量。在全球化的浪潮中,浙商精神如璀璨明珠,照亮浙商走向世界的征途,为中国商业文化的繁荣与进步贡献卓越力量。

(二)浙商精神是浙江精神的创新演绎

浙商精神与浙江精神,在文化传承上具有明显的同源性,在承载主体上具有高度的重合性,在内涵要素上具有一定同质性,在发展态势上具有双向的互动性[①]。浙商精神,作为浙江人民在商业实践中独特的精神风貌,不仅深深植根于浙江精神的丰富土壤,更在此基础上进行了具象诠释、深度挖掘与创新演绎。浙商在商海中诚信为本、注重实效,凸显了浙江精神中的务实底色;他们团结协作、同舟共济,彰显了浙江人民的和谐精神。而浙商精神中的敢为人先、创新不懈,则是对浙江精神中开放图强内涵的深化与拓展,展现了浙商在商业领域的独特魅力和竞争优势。

---

① 林吕建:《论浙商精神与浙江精神的内在统一》,《浙江日报》,2011 年 7 月 26 日第 8 版。

浙商精神，不仅是浙江精神在商业领域的生动体现，更是其在新时代的深化与创新，展现了浙江人民在商业领域的卓越风采和时代担当。

三、浙江精神：浙商名士与浙商精神的精神内核与发展引擎

浙江精神作为浙商精神的精髓，以其求真务实、诚信和谐、开放图强的特质，构成稳固的发展引擎，推动浙商名士在商业领域不断取得新突破，实现合作共赢与创新发展。

（一）浙江精神是浙商名士与浙商精神的精髓内核

浙江精神筑牢浙商名士的精神根基。浙江精神的核心价值理念，如求真务实、诚信和谐等，为浙商名士提供了明确的价值坐标。这些理念不仅是浙商名士行动的指南，更是他们在商业实践中坚守的信仰。通过传承这些精神内核，浙商名士在商业领域展现出了独特的魅力和优势。浙商精神作为浙江精神在商业领域的具体体现，其背后所蕴含的创新精神、奋斗精神等特质，都源于浙江精神的深厚滋养。

（二）浙江精神是浙商名士与浙商精神的发展引擎

一是求真务实是浙商名士与浙商精神的稳固发展动力。从 20 世纪初顺应国货潮流的民族资本家到改革开放后投身市场经济的草根创业者，浙商名士始终保持着对市场的敏锐洞察和务实态度，他们在激烈的市场竞争中稳扎稳打，实现了持续稳健的增长。务实求真使浙商精神具有稳定性、适应性、责任感和使命感，为浙商名士在商业领域的持续发展提供了强大的支持。二是诚信和谐是浙商名士与浙商精神的合作共赢动力。诚信和谐是浙商名士在商业合作中坚持的原则，也是浙商精神发展创新的动力源泉。例如：奥康董事长王振滔亲手剪毁 180 多双商标贴歪的高档出口皮鞋，温州商人在杭州武林广场点燃三把"诚信之火"，不仅塑造了浙商名士的良好形象，为浙商赢得了广泛的市场空间和发展机遇，也让诚信和谐永远擦亮了浙商精神的底色。三是开放图强是浙商名士与浙商精神的创新发展动力。

在全球化的背景下,开放图强成为浙商名士实现创新发展的关键动力。浙商名士秉持开放图强精神及开放包容的心态,积极吸纳全球先进理念和技术,不断提升自身的创新能力和竞争力。在此过程中,浙商精神也得到创新发展,持续助力浙商走向更为广阔的国际市场,拓展全球化业务。

浙江精神与浙商名士、浙商精神之间的相互联系,形成了一种良性的互动与共生。浙江精神为浙商名士提供了精神的滋养和行动的指南,而浙商名士则通过其商业实践和创新精神不断丰富和发展浙江精神。这种相互作用与影响形成了一种良性的循环,使得浙江精神与浙商名士、浙商精神相互成就、共同繁荣,为浙江乃至中国的经济社会发展注入了强大的动力与活力。

第二节 中国"饮料航母"缔造者宗庆后

宗庆后是浙商中有力体现与贯彻浙江精神的杰出典范与引领先锋。他是求真务实精神的代表者。15 年的知青生涯,铸就他任劳任怨又坚韧不拔的优秀品质,一步一个脚印地将娃哈哈做成民族饮料品牌。他是诚信和谐精神的先行者。他认为:"照章纳税是对政府诚信,产品安全是对消费者诚信,合作共赢是对经销商诚信,共享企业发展成果是对员工的诚信。"宗庆后先后参与到国家西部大开发、希望工程、脱贫攻坚与共同富裕等行动中,为实现社会和谐做出突出贡献。

一、知识青年上山下乡

在艰苦卓绝的知青岁月中,出身名门的宗庆后展现出坚韧不拔的精神和永不服输的斗志。他不仅在劳动中锤炼了意志,更在逆境中汲取智慧,积淀了深厚的文化底蕴。

(一)出身名门宗氏家族

按照族谱记载,宗庆后是两宋时期著名爱国将领宗泽的第二十九世裔孙。宗庆后太祖宗景福曾担任清朝咸丰年间杭州绿营兵把总及千总。宗庆后曾祖父宗承烈曾官至四川省总督府步军统领。宗庆后祖父宗继先早年在广州军政府担任幕僚官，操笔《粤汉铁路章程》。宗庆后父亲宗启騄，毕业于中国大学①，攻读化学专业，早年投靠在江苏宿迁县政府担任秘书长的二哥，后到南京政府邮局系统任文职人员。新中国成立后，宗启騄将家迁回祖籍杭州，先后干过物流与文化补习班，但均以失败告终。宗庆后母亲王树珍毕业于杭州师范学校，后被分配到浙江省工商联主办的柳翠井巷小学担任教师，在丈夫宗启騄处处碰壁仕途不顺的时候，她承担起了家庭经济重任，每月55元的工资成为一家7口人生活的主要来源。母亲的言传身教更是深深影响着宗庆后。

（二）中学生涯与闯荡社会

1945年，宗庆后出生于江苏宿迁，1953年，8岁的宗庆后就读于杭师附小，二年级时转校到杭州新华小学，因组织能力突出，被推选为少先队中队长。1958年，13岁的宗庆后考入杭州市第五中学，被选举为班长与中队长，班主任金秀芳评价他："在同学中有凝聚力，敢负责敢担当……把全班带动起来，独立活动。"②1961年，中学毕业的宗庆后本打算报考师范学校，但因家庭成分不好报考失败，最终结束了求学生涯。毕业后的宗庆后，跟从嵊州师傅修理过自行车，在城市街道上做炒米与烤红薯等工作，赚取微薄收入以贴补家用。

（三）知青上山下乡接受锻炼

1963年，在社会上闯荡两年的宗庆后报名进入舟山马目农场，在农场里主要从事拉土堆石、挖沟修坝等重体力活。要强好胜的他，晚上趁着别人休息的时候，偷偷地拉石头、堆石方，为此，他被评为"上山下乡积极分子"。1964年，舟山马目农场停办，浙江省农业厅将农场人员划归到绍兴茶场。宗庆后在茶场里学会了种

---

① 初名国民大学，1913年由孙中山、宋教仁创办，1917年改名为中国大学，1949年停办，历经36年。
② 迟宇宙：《宗庆后：万有引力原理》，红旗出版社2015年版，第26页。

稻插秧、修剪果树、挖盐烧窑、杀猪做菜,每样都是行家里手。在绍兴农场一干就是14 年,在业余时间,他通过读书与思考的方式排解忧愁,同时也积蓄知识和经验。在 15 年知青岁月中,他读得最多的是《毛泽东选集》,从中汲取了无穷智慧与力量。15 年的上山下乡知青生涯,练就了宗庆后坚韧不拔的沉稳性格与永不服输的奋斗精神。

二、筚路蓝缕艰难创业

在艰苦的创业历程中,宗庆后带领团队披荆斩棘,从一个默默无闻的小纸箱厂逐步发展成为中国饮料行业的巨头。宗庆后以不屈不挠的精神和敏锐的市场洞察力,成功打造了娃哈哈这一家喻户晓的民族品牌。

(一)创业前期的迷茫

1. 回杭就职于纸箱厂

1978 年,中共中央与国务院发布《关于处理当前部分人员要求复职复工回城就业等问题的通知》,同年 11 月,母亲王树珍提前退休,宗庆后以顶替岗位的方式回到杭州,就职于杭州市教育局上城区邮电路小学校办工农纸箱厂。喜欢跟人打交道的宗庆后抗拒终日糊纸箱的枯燥生活,主动要求承担贩卖纸箱的销售工作。1980 年,极具商业头脑的宗庆后不仅琢磨推销纸箱,还用"先赊账后还款"的模式销售重庆白蚕丝,通过赚差价方式让纸箱厂小赚一笔。

2. 纸箱厂中造电表

宗庆后在全国各地跑市场的过程中发现:国家工业正在迅速发展,电表需求量增多,出现供不应求的景象。宗庆后向领导申请兴办电表厂。1981 年,宗庆后主持成立杭州胜利电器仪表厂。他亲自背上十几个电表样品到处跑展览会进行推销。最终因体制机制等原因,又加之生产出的电表没有价格优势,以及坏账难收导致资金链断裂,电表生产业务宣告失败。

(二)收获创业第一桶金

1. 出任校办工厂经销部经理

1987 年,杭州市上城区文教局会议决定改革所属校办企业经销部为承包经营模式。通过推荐与考察,最终决定让宗庆后担任经销部经理。教育局将原先的清泰小学校区 50 平方米的空闲教室作为经销部的办公场所,并给予 18 万元支持,4 万元是开办费,剩下的 14 万元为贷款,需要销售部赚取利润后连本带息全部偿还。宗庆后带领 2 名职工向杭州市上城区各家小学推销与供应各类文具、饮料与日常用品,利润极其微薄。后来与湖州震远同食品厂合作,为其销售冷饮。"一根冰棍 4 分钱,卖一根只赚几厘钱"靠着一根根冰棍的微薄利润,宗庆后竟然在当年超额完成 10 万元的利润硬指标,还将职工扩展到 22 名,并为他们发了"年终奖"。

2. "贴牌生产"口服液

1987 年 7 月,宗庆后在经销部的基础上成立了"杭州保灵儿童营养食品厂",代理生产与销售杭州保灵集团的花粉口服液,成立 6 个月的食品厂竟突破 180 万支口服液的骄人销售业绩。一年后,该厂拥有员工 130 名,300 多平方米生产车间,净资产超过 800 万元。后来坊间有"'花粉'有激素会让小孩子早熟"等传言,宗庆后找到集团高管反映,结果对方坚决不改,宗庆后便萌生了创办有利于学生身体健康的拥有自主产权的少年儿童口服液。

3. 横空出世的"娃哈哈"

宗庆后委托一家科研机构对杭州市城乡各类学校的 3000 多名小学生进行营养调查,其中 44.4% 的学生不同程度地有缺锌、缺钙、缺铁等症状,这一数据坚定了宗庆后研发适合中国儿童体质的口服液的想法。宗庆后找到了浙江医科大学医学营养系教授朱寿民,朱教授以桂圆、红枣、山楂等为材料成功调制出儿童口服液配方。宗庆后聘请胡庆余堂资深药师张宏辉采用"洗衣机离心法"与"蛋清凝聚法"成功提取药物有效成分。宗庆后又邀请到已退休的医药工程师顾馥恩亲自设计与把关生产流程,儿童营养液产品最终成型。1988 年 6 月 16 日,宗庆后在《杭州日报》头条投放一则有奖征集儿童口服液产品名称与商标的广告,吊足了消费者的胃口。最终杭州市上城区少年宫主任苏松林报送的"娃哈哈"成为这款儿童营养液的名称。1988 年 10 月 22 日,"娃哈哈儿童营养液"正式投产并推向市场。实际销售情况超过预期,企业迅速在九溪与三岔村分别创办第二、第三生产基地,将每日产能从 4 万盒提升到 25 万盒,但仍供不应求。1989 年,经过杭州市计委与教委批准,原先的"杭州保灵儿童营养食品厂"正式更名为"杭州市娃哈哈营养食品厂"。宗庆后在主流报刊媒体与当地电视台做广告,让娃哈哈口服液迅速击败各类口服液产品,成功打入上海、天津、北京、广州等 30 多个大中型城市。截至 1990 年,娃哈哈销售纯利润为 9800 万元,上缴纳税为 2639 万元,是名副其实的纳税大户。

(三)娃哈哈"饮料帝国"构建记

1."小鱼吃大鱼"

20 世纪 90 年代,中国国有经济进行重组改制。新华社浙江分社的朱国贤与傅上伦来厂调研后写出了《发生在小学校里的经济奇迹》这篇调查报告,主要讲述建厂三四年的娃哈哈营养食品厂产能增加 60 倍之多,出货单需要等三四个月之久,这一特殊的"娃哈哈现象",也得到了各级领导高度关注。1991 年 8 月 14 日,杭州市委秘书长与市委办公室主任前来调研并提议娃哈哈营养食品厂与杭州罐头厂搞联合,得到杭州市委书记与市长的肯定,但宗庆后需要全部接收杭罐厂的 550 名员工并偿还 8207.94 万元负债与亏损。9 月 4 日,杭州市政府下文正式批准兼并文件,在此基础上成立新的杭州市娃哈哈食品集团公司。建厂三四年的小民营企业将国营老厂兼并的事件在社会上引起轩然大波,宗庆后称之为"小鱼吃大鱼"①。时任浙江省委书记在《浙江日报》上公开表态支持,并称此举是利国利民的大好事。兼并后 28 天内,娃哈哈集团在杭罐厂内果断废弃罐头生产线,迅速上马一条娃哈哈营养液生产线,月产能为 250 万盒,生产效率是原杭罐厂的 3 倍②。兼

---

① 宗庆后:《企业家要沉下心来做实业》,《中国企业家》2021 年第 7 期。
② 宗庆后:《"娃哈哈"的经营和营销谋略》,《商业经济与管理》1994 年第 2 期。

并 3 个月后,杭罐厂扭亏为盈,娃哈哈集团产值突破 2.17 亿元,工人月收入加奖金从 25 元左右直接升到 300 元,涨了 10 多倍。

2. 挺进大西部

1994 年,国家启动三峡水利工程建设,娃哈哈集团积极响应,成立娃哈哈集团公司涪陵有限公司,重点解决 3 家特困企业 1300 多名员工的就业问题。在公司成立一周年时,竟实现 5600 多万元产值,403 万元利润,810 多万元利税,当年公司还挤入"重庆市工业 50 强"。1997 年,娃哈哈为解决三峡宜昌库区群众就业问题,成立了娃哈哈宜昌分公司,分公司成立一年,销售额突破 1 亿元,利税达到 4000 多万元。国务院两次表彰娃哈哈集团,并授予"对口支援三峡工程移民工作先进单位"荣誉称号,宗庆后也被授予"对口支援三峡工程移民工作先进个人"荣誉称号,此后,宗庆后又在江西南昌与吉安、黑龙江双城、吉林延边、新疆石河子、云南大理等地投资建厂。娃哈哈集团在浙江省外的 22 个省市共建设生产基地 30 多个、分公司 40 余家,有效增加人民收入与带动地区经济发展,也让娃哈哈成为广大人民心中的优秀"民族企业"[①]。

3. "非常"家族战"两乐"

改革开放后,"可口"与"百事"两大可乐长期占据中国碳酸饮料市场前两位。"幸福""天府""崂山"等八大中国可乐品牌曾向"两乐"碳酸饮料发起挑战,结果都以失败告终。1997 年,宗庆后宣布娃哈哈集团开发可乐饮料产品,并定名为"非常",寓意非常不同、与众不同。同年 6 月,宗庆后将"非常"可乐对外宣传的时机放在法国世界杯上,先是成为法国世界杯中国赞助商,后又经过中央电视台球赛转播让无数国人看到,内心掀起一股民族爱国情结,自此"非常可乐"深入人心。宗庆后还将"非常可乐"的销售主战场放到农村,价格优势与农村地区强大的销售网络让本土可乐迅速占据农村市场。2002 年,"非常系列"碳酸饮料共销售 62 吨,实现了民族可乐品牌与"两乐"洋品牌"三分天下"的局面。

---

① 石少华、师源:《"娃哈哈"中国少年儿童叫得最响的名字》,《绿色中国》2004 年第 8 期。

4.“达娃之争”获胜,增强国际竞争力

1996 年 3 月 28 日,在浙江省委与杭州市委等各级领导见证下,娃哈哈、达能与百富勤等五家公司共同投资成立合资性质公司,宗庆后仍担任集团董事长与总经理,并承诺品牌不变、员工不变、待遇不变。1998 年,亚洲金融危机导致香港百富勤母体公司倒闭,其将所持的娃哈哈合资股份全部卖给法国达能,法国达能瞬间成为娃哈哈合资企业最大股东。法国达能还通过投资或扶植娃哈哈最强竞争对手乐百氏等企业来打压娃哈哈,导致娃哈哈与达能的矛盾愈发难以弥合。宗庆后秉承“有理走遍天下都不怕”的劲头与达能开始为期三年的国际官司。为了打赢官司,宗庆后甚至自学法律。最终因证据不充分,法国达能败诉。2009 年 9 月 30日,中国娃哈哈与法国达能达成和解协议,法国达能将投资金额全部撤回,宣布退出合资公司。此事也让宗庆后明白:外资是把双刃剑,关键技术与核心部分必须牢牢地掌握在中国人自己手中。

三、浙江精神视域下的宗庆后形象

宗庆后以“求真务实”的态度,精准地把握市场脉搏;以“诚信和谐”的理念,打造卓越的企业文化;在“开放图强”的信念下,不断拓展商业版图。他是浙江精神的践行者和引领者,展现了浙江企业家的高尚品质和远见卓识。

(一)讲求实效的“宗氏管理兵法”

可以用“开明的独裁者”来形容宗庆后企业管理的方式,宗庆后在接受刊物《中国企业家》采访时也承认自己比较独裁①,对企业人事、财务、生产与销售等各个环节全面把控,以减少内耗,增强实效。这也是求真务实的浙江精神在企业管理中的成功运用。

---

① 　谢芸子:《温和鹰派宗庆后》,《中国企业家》2018 年第 18 期。

1. 扁平化管理，实现人企共成长

在娃哈哈企业内部，董事长与总经理都由宗庆后一人兼任，企业不设副总与副经理等职务，避免副职与正职叫板内耗，减少不必要的内部矛盾，每个部门与生产车间设立部长与厂长，行政决策、执行、监管与评估等效率极大提高。关于娃哈哈人才培养，宗庆后曾形象地表达为："用人就像下棋……同样一个子儿，放对位置才能发挥能力。"①当前3万多名娃哈哈员工中，有9000多人是本科以上学历，宗庆后用待遇引人，用制度管人，用感情留人，实现人才与企业共同成长。

2. 亲自撰写每月销售报表

小到办公用品与出差报销，中到公务接待与宴请，大到购买原料与企业生产刚需等，涉及企业所有财务报销最终必须宗庆后亲自签名才可以生效，防止财务造假及滋生贪污腐败。自从娃哈哈成立以来，每月财务报表与销售报表几乎都是宗庆后组织或撰写，为科学准确地写好报表，宗庆后亲自走访车间，跑市场，掌握一手资料，实地指导工作。正是宗庆后始终坚守求真务实，讲求实效的态度，使娃哈哈成为饮料行业的领军企业，并让浙江精神在其中得以充分体现。

3. 参与产品研发，熟悉生产技术流程

娃哈哈现阶段主营乳酸饮品、配方奶粉、碳酸饮料等10余类200多个产品，宗庆后全程参与或者指导每一款产品的研发与设计，同时，还关心全国80个生产基地每个车间生产线的安装调试与投产运行，甚至熟悉核心技术与关键流程。宗庆后亲力亲为，以实效为导向，精确把控产品研发和生产技术，引领娃哈哈集团稳步发展，成为商业领域的卓越典范。

（二）勇于创新用党建引领研销并举

1. 党建引领业务，业务促进党建

1992年，经过上级党组织同意，成立中共杭州市娃哈哈食品集团党委，集团公

---

① 李茜：《娃哈哈的"非常"成功之路》，《经营与管理》2005年第12期。

司董事长、总经理宗庆后兼任党委书记，成为中国民营企业党建史上的重大创新与巨大成就。集团党委以"企业建到哪里，党组织延伸到哪里，党建工作覆盖到哪里"为工作宗旨，从事党务专兼职人员 500 多人，全国范围内共有 75 个基层党组织，集团共有 2000 多名中国共产党党员，通过党建带团建促共建，在党组织带动下，先锋模范作用显著，实现党建引领业务，业务促进党建的效果，"红色引擎"助力企业做大做强[1]。

2. 企业科研创新，充实人才搭建平台

宗庆后制定"跟着做""引来做"与"自主做"企业科研创新"三部曲"。娃哈哈食品集团创业初期，跟随市场主流做产品，买来产品反复对比试验，在此基础上进行创新，例如：饮料市场上流行果奶时，娃哈哈立马组织人员跟进研发，短短几周推出 6 种不同口味的果奶。集团企业发展有一定基础后，引进大量国外产品，从"跟从模仿"到"超越引领"，娃哈哈依靠科研创新实现了质的飞跃。集团成为一线龙头企业后，大量引进食品学、营养学与包装学等专业学科的 100 多名硕士与博士，并与浙江大学食品学院共建"浙江大学馥莉食品研究院"，企业内部拿出专门办公空间，购买国际一流水准的大批实验设备和先进仪器。例如：娃哈哈机电研究院，主要研制码垛、投放料与伺服机器人，其中研究院研制的"高位高速码垛机"获得了中国食品科学技术学会科技创新一等奖[2]。此外，娃哈哈还拥有国家级企业技术中心、中国合格评定国家认可委员会（CNAS）认可实验室与博士后科研工作站等，为娃哈哈牢牢占据国内饮料企业龙头筑牢人才与技术基础。

3. 销售模式创新，联销体增强企地黏性

著名管理专家姜汝祥博士曾总结娃哈哈集团有"三个一"的成功模式：一个极具符号标记的广告销售点、一个覆盖全国的销售网、一个强大的经销团队。其中宗庆后将全国销售网模式称为"联销体"。构建这个模式的初衷是避免"三角债"与"赖账"等不良经济现象。娃哈哈集团将全国销售网点按照等级划分为一级、二级、

---

① 何首乌：《感恩党的政策，感恩伟大时代——记娃哈哈集团董事长宗庆后》，《商业文化》2021 年第 7 期。

② 熊丽、徐达：《"大家长"宗庆后》，《南方企业家》2017 年第 5 期。

三级、四级与终端零售。对每一级的销售商实行差价管理,制定销售额度,每一级销售商上交去年销售额 10％作为保证金,对完成销售额度者,保证金连本带息奉还。这一模式保证娃哈哈集团有充足的资金链,避免"三角债"等坏账的产生,还能有效避免经销商内部恶性竞争与私自串货,保证娃哈哈新品能够迅速占领市场。该模式将全体销售商团结起来,捆绑式销售联体的构建从根本上解决好了厂商与供应商之间的关系①。这种模式也被美国哈佛商学院作为销售案例用于教学与科研。联销体也在不断与时俱进创新,当今电商直播带货异常火爆,娃哈哈也积极参与电商营销,2020 年 3 月,娃哈哈先后在淘宝、京东、拼多多与抖音四大电商平台进行直销②,在电商平台下单后,可以到任何一个娃哈哈零售商处提货,省去了邮寄费用,并且极大缩短了客户等货时间,将供货商、销售商、批发商与电商进行有机结合,实现了联销体的换代升级。

4. 发明"黑板领导",创新干部选拔任用机制

宗庆后在接受采访时强调:娃哈哈集团打造公平竞争环境,提供均等晋级机会,并且制定了一套"能上能下,能出能进"的干部政策③,娃哈哈内部称其为"黑板领导"政策。这个政策制定于 1991 年兼并杭罐厂时,对于原来杭罐厂官本位思想严重、缺少干事创业激情的领导,宗庆后明确表态:"我们要搬走他们的铁饭碗,让他们成为'黑板干部',有能力留下,没能力'擦掉'!"④通过能上能下的"黑板领导"式的干部选拔、任命与考核竞争机制,筛选与培养出一批有理想有抱负、肯干事、高素质的领导,为娃哈哈集团做大做强提供了坚实的组织保障与人才储备。

(三)产业报国:泽被社会看行动

宗庆后有一套评判企业是否有社会责任感的价值标准。首先,企业对待自己

---

① 谢芸子:《温和鹰派宗庆后》,《中国企业家》2018 年第 18 期。

② 何首乌:《感恩党的政策,感恩伟大时代——记娃哈哈集团董事长宗庆后》,《商业文化》2021 年第 7 期。

③ 宗庆后:《"娃哈哈"的经营和营销谋略》,《商业经济与管理》1994 年第 2 期。

④ 迟宇宙:《宗庆后:万有引力原理》,红旗出版社 2015 年,第 137 页。

员工如何。其次,企业是否生产出社会放心、消费者满意的有价值产品。最后,企业是否依法纳税,是否积极参加公益慈善等活动①。

1. 关心员工打造"家文化"

宗庆后建立娃哈哈之初就提出了"凝聚小家、发展大家、报效国家"的"家文化"。其中"小家"就是指的娃哈哈集团的员工之家。在娃哈哈,企业员工有几个特殊优待。一是根据工龄每名员工可享有到 500 至 3000 元不等的旅游津贴,并享有带薪休假疗养旅游的权利。二是每年都为结婚的娃哈哈员工举办集体婚礼。董事长担任证婚人,婚礼全部花销由企业买单。三是每年跟员工集体过春节,董事长从不缺席,并且现场发红包。四是给娃哈哈员工争取福利分房,由于娃哈哈是利税大户,集团积极向杭州市政府申请经济适用房,历年来批准套数也比较多,现已超过 10 万平方米住房总面积。五是探索并运行让员工持股的做法。1999 年,娃哈哈实行股份制改革,让每位娃哈哈成员都成为公司的股东②,让个人与企业融合为利益共同体,企业员工主人翁意识不断增强。六是向员工开设各类提升能力与素养的培训班,通过国培、省培与专业培训,以及联合高校创办娃哈哈培训班等方式,对员工进行文化与专业双重培训,培训科目超过 200 多门,员工培训覆盖率达到 100%。

2. 关心老少边穷地区,赋能共同富裕

从 1994 年娃哈哈集团响应国家西部大开发在重庆涪陵地区开设涪陵有限公司开始,宗庆后积极弘扬企业家精神,致力于带动当地群众实现共同富裕。宗庆后建立分厂优先选择革命老区,他始终坚持"解决当地人民就业问题就是最大的慈善事业"这一理念,现如今 80 多个分厂共计直接解决将近 3 万名当地人员的就业问题,间接拉动 150 万名当地人民的经济收入。在全面脱贫攻坚宣布胜利后,娃哈哈集团又投入支持国家乡村振兴与共同富裕伟大事业中③,用实际行动践行社会责任。

---

① 枞荷:《宗庆后:办企业就要为人民谋福利》,《商业文化》2018 年版第 3 期。

② 《沧海横流显本色——宗庆后与改革开放三十年》,《商品与质量》2008 年第 44 期。

③ 宗庆后:《企业家要沉下心来做实业》,《中国企业家》2021 年第 7 期。

3. 关心教育事业，助力教育强国

在娃哈哈集团的公益慈善事业中，有三分之一的捐赠资金投向教育领域。校办企业时期，宗庆后就成立了上城区文教局红领巾基金会，不仅资助贫困学生，而且教师节还向教师发放慰问金。2003 年，宗庆后捐资 250 万元设立"浙江大学优秀硕士生奖励基金"。2007 年，宗庆后在老少边区先后修建 23 所希望小学，累计投资 635 万元。同年，娃哈哈出资 300 多万元在浙江大学设立娃哈哈奖励基金。2009 年，娃哈哈出资 200 万元，启动支援川、黔地区大型爱心支教公益活动，报名异常踊跃，报名参加支教的志愿者数量达到 3526 人。2012 年，娃哈哈集团联合中国扶贫基金会启动"筑巢行动"，每售出 1 瓶营养快线，娃哈哈向扶贫基金会捐赠 1 分钱。一年中娃哈哈共向基金会捐款 3000 万元，资金全部用于西南五省，并建起 39 所中小学。2014 年，娃哈哈集团斥资 1600 万元兴建杭州娃哈哈双语学校，其设备堪称一流，教师均为名牌大学毕业生。

4. 投身公益慈善，将爱洒遍中国

宗庆后除了资助教育事业外，还积极参与诸如抗震赈灾、扶老助残、救孤济困等其他类型的公益慈善。例如：2008 年汶川大地震、2010 年玉树地震、2013 年雅安地震、2014 年鲁甸地震、2017 年九寨沟地震……宗庆后迅速审批娃哈哈集团向灾区发放的救援物资、矿泉水并踊跃捐款。1998 年，宗庆后领导的娃哈哈企业积极参加杭州市总工会开展的"春风行动"，截至 2021 年底，娃哈哈集团向该项行动共捐资 1.2 亿元，向社会公益慈善事业捐赠资金 7 亿元之多。2013 年，中华慈善总会授予他中华慈善奖"最具爱心捐赠个人"称号。此外，宗庆后还屡获"中国大陆十大慈善家""全国劳动模范""优秀中国特色社会主义事业建设者"等荣誉称号。

第三节 让中国车跑遍世界的李书福

李书福是浙江精神在汽车制造业中的生动实践表率与积极推动楷模。他坚信中华民族汽车品牌有无限可能，正是这份对汽车的"偏执追求"完美诠释了求真务

实的精神内核,也造就了日后的民族品牌——吉利汽车。李书福先后在临海、宁波、上海、湘潭等地开设汽车生产基地,又加速开展海外收购,保证政府与民众利益,处处体现浙江商人诚信与和谐的精神。李书福先后从事过"野照相"、定影液提银,开办过电冰箱厂、开办镁铝曲面板厂、摩托生产厂与汽车集团企业等,每一次创业成功都来之不易,无不透露出他的开放格局与图强胸襟。

一、弄潮儿向涛头立

1963年,李书福出生于台州路桥区。6岁到村小读书,9岁三年级时辍学,在家务农两年后,11岁时再次上三年级,学习成绩一直名列班级前茅。在小学暑假期间,李书福主动联系生产队队长要求有偿地为生产队放牛,每天赚取一角五分,整个暑假下来,李书福竟能获得近10元的劳动报酬,交完1.2元书本费后,还剩下一大笔零花钱,"比其他同学富裕多了"[①],可以看出李书福出色的沟通能力,以及吃苦耐劳与精打细算的能力。中学期间,李书福以全校第三名的成绩考入路桥中学尖子班。高一时李书福又想休学,在老师苦口婆心的劝说下,他最终选择继续学业,因严重偏科与学习成绩不稳定,李书福高考总分距离上大学分数线差了15分,最终结束了求学生涯。

(一)初次创业:走街串巷摄影师

1982年,19岁的李书福向父亲表达了想要经商的意愿后,父亲给了他120元的启动资金。李书福利用这笔钱先后买了一辆二手破自行车和市面上最便宜的"海鸥牌"相机,开启走街串巷的"野照相"事业。他选择到人口流动量大的公园、集市与机关事务大厅门口等待潜在客户。经过一年的努力,他赚到了人生第一桶金——2000元。为了开一家专业照相馆,李书福前往上海摄影器械商店采购设备,因摄影器械过于昂贵,李书福选择回家自组摄像器械。通过薄利多销的营销手段与过硬的摄影技术,这一家照相馆一年净赚8000元左右,比浙江省当时人均工

---

① 李书福:《李书福:从放牛娃到全球汽车王国建立者》,《中国企业家》2018年第11期。

资 740 元多出 10 倍,他的照相馆从一间门头变成了三层影楼。李书福通过客人丢弃的一张小报得知冲洗照片的废液中可以提取白银的消息后,他迅速到新华书店查找资料,并拿自己影楼 100 多公斤定影液进行实验,竟成功提取了 500 多克白银。而后他发现将氯化钠倒入定影液中,提炼出的白银的纯度更高,提炼流程也更简便。他开始高价回收全台州照相馆、医院影像放射科、印刷厂、电镀厂等废弃的定影液,一天能赚取 300 至 400 元,一年将近 15 万元,在 20 世纪 80 年代初的中国社会,这绝对算是一笔巨款。李书福索性关停经营两年的影楼,专心做废液提取白银生意。

（二）二次创业：生产"北极花"冰箱

改革开放以后,人民群众对于电冰箱等电器的需求量与日俱增。1985 年,李书福找到台州电冰箱厂厂长表示愿意为其生产利润低、工艺烦琐的异形件。拿到了台州电冰箱厂异形件代加工授权后,李书福联合兄弟三人合股开办台州石曲冰箱配件厂。而后,除蒸发器与压缩机外台州电冰箱厂的电冰箱的其他部件基本上都交给李书福的配件厂生产。后来李书福多次请教上海专家,并经过反复拆装与实验,最终成功研发出蒸发器与压缩机。1986 年,李书福成功组装了第一台电冰箱,命名为"北极花"牌,通过各种途径办到电冰箱生产许可证,在台州石曲冰箱配件厂的基础上组建黄岩县北极花电冰箱厂,李书福担任该厂厂长,生产"北极花"牌电冰箱。1989 年,李书福生产的"北极花"电冰箱已是当年国内知名电冰箱品牌,年产值突破 4000 多万元,26 岁的李书福也成为名副其实的千万富翁。由于市场需求达到饱和,生产冰箱准入门槛过低且同行恶性竞争,质量良莠不齐,国家市场监管总局决定整顿冰箱市场,列出被整顿与清退名单,"北极花"虽未被列入,但李书福再三思考,最终决定将厂房仓库与技术设备上交给乡政府,只身一人南下深圳求学。

（三）三次创业：第一块镁铝曲面板

李书福在深圳各大建材市场寻找家装材料时发现一块进口的镁铝曲面板竟卖

到 220 元,还出现供不应求的现象。李书福携带样品迅速回到台州找到二哥李胥兵,商讨开厂研发事宜。1990 年,李书福与李胥兵联合投资 2000 多万元开办黄岩吉利装潢材料厂。李书福带领一支技术攻关团队,经过一年半艰苦卓绝的技术攻关,最终生产出可与国外产品媲美的我国第一张镁铝曲面板,价格定位为 120 元/张,彻底打破国外的技术与市场垄断,高级装潢材料经销商纷至沓来。1993 年,销售额达到 1.5 亿元;2001 年,销售额达到 3.4 亿元。后因投资海南房地产,楼市泡沫破裂,在建材装潢上赚取的辛苦钱血本无归,让李书福明白了只有做实业才能够让自己行稳致远。

二、吉利王国平地起

李书福凭借敏锐的市场洞察力,以踏板摩托车为起点,开启了吉利王国的崛起之路。他勇于突破,自主研发,收购国际品牌,以全球视野积极拓展市场,让吉利成为民族汽车工业的佼佼者。

(一)吉利摩托车问世

20 世纪 90 年代,国内高端摩托车市场始终被国外雅马哈、铃木、本田等品牌霸占,4 万元到 5 万元一台进口雅马哈踏板摩托车,净利润能达到 2 万元以上。而国内摩托车生产商始终徘徊在低端市场,大量企业濒临倒闭。1993 年,发现商机的李书福迅速组织人马组装与生产踏板摩托车,并通过台州某一有生产资格证且濒临倒闭的车厂贴牌生产摩托车。1995 年 2 月 22 日,李书福的浙江华田摩托车总厂生产资质得到国家经贸委批准,取名"华田"则有"中华摩托超越日本本田"的意思。李书福邀请台州本地人、曾毕业于上海交通大学内燃机专业的余挺负责研制全新款式的两冲程踏板摩托车发动机,经过几个月不懈奋斗,这款发动机试验成功,相比于同类国外品牌摩托车发动机,除了噪声与油耗稍大点,其他性能均与之不相上下,但价格却便宜一半,李书福为这一款 90 型的两冲程踏板摩托车,取名"吉利"。在这款两冲程摩托车的基础上,李书福与摩托车龙头企业嘉陵合作,共同研发并生产"嘉吉"牌四冲程踏板摩托车,该品牌摩托车定价 8800 元,比同类进口品牌便宜 4000 元以上,因外观时尚且物美价廉,深受城市职业女性青睐。1999 年,华田摩托车厂的这两款摩托车年销售量达到 43 万辆,总产值突破 15 亿元。李书福的摩托车企业也赢得了业界"踏板摩托车王国"的美誉。

(二)曲线创业圆车梦

改革开放后,国家采取加大进口、中外合资与民族制造三种途径满足人民群众日益增长的汽车需求。前两种方式汽车销售量不断增长,而民族品牌汽车市场却出现萎缩的现象,红旗牌汽车曾一度濒临停产①,上海牌轿车也宣布停产,并彻底退出舞台。其他民族品牌更是青黄不接,垂死挣扎。李书福敏锐地观察到这一现象,他决心要通过中国人的聪明才智造出在中国市场畅销的民族品牌。

1. 造车先从拆车干起

1994 年,李书福组织了一批车间技术能手与工程师一起拆卸自己刚买不久的市价 100 多万元的奔驰 E 类豪华轿车,要求搞清楚 1 万多个零部件的详细尺寸、工作原理与功能。李书福担任此次拆车总工,亲自拆卸、装配、测量、画图,每天工作十几个小时,通宵达旦时有发生。他还派人从长春一汽厂买回红旗轿车的发动机、变速器与底盘,打算在"奔驰"与"红旗"两大品牌汽车间进行"嫁接"创新。1996 年,经过一年多艰苦卓绝的改装与研发,一台前脸进气格栅像宝马,后面车体尾翼像奔驰,发动机变速箱等类似红旗,开起来像拖拉机,车门关不严且漏风漏水的轿车问世,李书福将它命名为"吉利一号",解决了吉利汽车从无到有的最艰难的一步,此消息竟上了《台州日报》头条新闻,惊动了整个台州。

2. 合资办企借壳造车

1987 年,国务院出台《关于严格控制轿车生产点的通知》,通知明确指出:在全国范围内,除国家规定的轿车生产点之外,不安排上马新的轿车生产点。李书福被迫选择与四川德阳一家已停产却在汽车生产目录中的制造商共同成立"四川吉利

---

① 《对红旗轿车的停产令》,《人民日报》1981 年 5 月 14 日。

波音汽车有限公司",李书福抓住机会全资收购对方所持股份,将德阳汽车制造厂与汽车生产目录一同带回浙江临海,在当地筹建起"豪情汽车工业园区"。1998年8月8日,吉利第一款两厢"吉利豪情"正式下线。为让吉利豪情6360型号在市场上更加畅销,李书福先后两次邀请各地汽车经销商到台州参观、指导,经销商当场提出了中肯的建议,李书福表示诚恳接受,并当众命令车间工人现场将一百辆车子砸碎,表达整改决心。直到1999年11月,吉利豪情6360型号轿车最终进入市场,以最低5万元的预售价格,两个月销售1600台,出现了供不应求的局面。

3. 生产许可来之不易

李书福一直因拿不到轿车生产"准生证"而苦恼不已。2001年中国成功加入世界贸易组织(WTO)后,根据协议,中国需要对外开放汽车市场,经过争取给予中国民族汽车品牌三年准备过渡期。出于保护自主汽车品牌的考量,2001年11月9日,国家经贸委发布《第七批车辆生产企业及产品公告》,吉利JL6360型号就在许可目录中,实现了从三厢轻型小客车到三厢轿车的实质性跨越。吉利也成为新中国成立以来第一个拿到生产轿车许可的私营企业。

4. 民族品牌谋篇布局

在全国各地建立汽车生产基地,满足区域市场需求。吉利集团有了生产轿车的"准生证"后,李书福先后在临海、宁波、上海、台州、兰州、湘潭、济南等地区创设汽车生产基地或整车工厂,主攻旗下豪情、美日、全球鹰、自由舰以及新能源品牌,基本构建起十大汽车生产基地与22个完整的汽车工业战略架构。从模仿到自主研发汽车主要部件,李书福曾讲过:"拿来主义不能形成核心竞争力。"[1]汽车核心部件无非是发动机、变速箱与底盘三大件。首先,吉利实现发动机的自主研发。吉利工程师用半年时间研制出拥有自主知识产权的吉利MR479Q型号发动机,该发动机各项关键参数都不逊于丰田,除稳定性稍有不足外,油耗更低且售价仅是丰田发动机的三分之二。其次,吉利攻克自主研发自动变速箱难题。李书福聘请到了天津齿轮厂总工程师、国家自动变速器ECU组组长徐滨宽共同研制吉利的自动

---

[1]　李书福:《李书福:拿来主义不能形成核心竞争力》,《中国企业家》2018年第21期。

变速箱,经过三年不懈努力,以及成千上万次拆装与调试实验,徐滨宽团队最终研制出我国第一款具有自主知识产权的 Z 系列液空自动变速器,将原先的自动变速器价格直接砍掉一半,该项专利荣获 2006 年中国汽车工业科技进步奖一等奖。完善企业管理构建,形成吉利品牌矩阵。如今,浙江吉利控股集团旗下吉利汽车品牌谱系从"老三样"豪情、美日、优利欧,到"中三样"全球鹰、帝豪、英伦,再到"新三样"远景、金刚、自由舰,加上新上市的博越、博瑞、星越、嘉际等,总计将近 20 款产品①。

(三)开放的全球主义者

李书福曾讲过:"我不是狭隘的民族主义者,我是开放的全球主义者,我支持中国汽车工业更加开放,鼓励中国汽车更好地走向世界"②。他旗帜鲜明地表明自己开放立场,并通过用资金换技术、技术换市场的方式积极拓展汽车市场。

1. 借壳上市巧用金融杠杆

民营企业相比国有企业在办理银行贷款业务上更加艰难,时任吉利集团 CEO 徐刚曾表示:2002 年吉利利润为 6000 多万元,要想进一步发展,三年内企业需要 8 亿元—10 亿元的发展资金。经过吉利集团决策层慎重决定:2002 年 2 月,吉利集团联合国润控股在香港主板上市,凭借吉利汽车强有力的实业支撑,股市一路涨停,迅速解决了吉利汽车发展所需资金难题。

2. 收购罗孚、澳洲 DSI、沃尔沃与 Terrafugia

李书福深知要想做大做强民族汽车工业,需要学习与借鉴西方先进技术。李书福采用收购与重组的方式收购拥有核心技术且濒临破产的西方汽车企业。2002 年,李书福试图收购百年老品牌英国罗孚汽车公司,虽然最终收购失败,却成为中国民营汽车企业海外收购的第一次尝试,具有里程碑意义。2008 年,世界性金融危机爆发,国外许多汽车品牌遭受重创。2009 年,李书福成功收购了享誉全球的

---

① 王玄璇、史小兵:《李书福:科技布局,大象转身》,《中国企业家》2020 年第 12 期。

② 李书福:《李书福:拿来主义不能形成核心竞争力》,《中国企业家》2018 年第 21 期。

集研发、生产与销售于一身的生产高端汽车自动变速箱的澳大利亚 DSI 公司,国外媒体称之为中国民营企业"海外抄家第一单"。2010 年,亏损无法止血的福特要出售旗下子品牌沃尔沃。国外著名品牌德国宝马、法国雷诺、国内东风、长安、上汽、一汽各大品牌都想收购沃尔沃,从企业实力与企业知名度等各个方面来看,吉利都处于劣势。李书福邀请世界知名的福尔德律师团队负责收购法务、德勤团队负责收购财务、罗兰贝格等人负责调研,形成了阵仗豪华的收购团队,福特与吉利围绕收购价格与沃尔沃知识产权等问题开展旷日持久的谈判。2010 年 3 月 28 日,李书福在瑞典的哥德堡与美国福特公司最终签订收购协议,吉利集团以 18 亿美元收购沃尔沃 100% 股权,经过中美瑞三国行政批准后生效,也成为中华人民共和国成立以来最大一起跨国收购案例。凭借强大的中国市场,仅用三年时间,李书福带领沃尔沃汽车公司扭亏为盈,净赚 1.3 亿美元。2017 年 11 月,李书福旗下的吉利控股集团全资收购美国飞行汽车公司 Terrafugia,该汽车公司致力于生产飞行速度 160 公里/小时、飞行高度 3000 多米、续航 640 公里空陆两栖的飞行汽车。

3. 入股锰铜、戴姆勒、宝腾、路特斯

2013 年,经过为期 5 个多月的谈判,吉利股份集团以 1104 万英镑收购英国锰铜公司主营业务与核心资产。英国政府为此感谢李书福保留了独具伦敦特色的城市出租车文化。2017 年 6 月,吉利为了拿下东南亚汽车市场,收购马来西亚最大的汽车品牌宝腾汽车 49.9% 的股份,成为该汽车品牌第一大股东。同时,收购该品牌旗下的英国品牌路特斯 51% 的股份。2018 年 2 月,吉利成功收购拥有奔驰等众多一线汽车品牌的戴姆勒股份公司 9.69% 的股份,拥有 1 亿多股投票权,成为该公司最大的股东,通过对戴姆勒的实权控股,强化该公司与吉利之间内部技术合作,更有利于民族品牌做大做强。

三、浙江精神视域下的李书福形象

李书福有一句名言:"少谈点金钱,多谈点精神。"他提到的精神,狭义上理解为实干精神,广义上可以理解为浙江精神。李书福是浙江精神在中国汽车制造业与实体产业的代表者、弘扬者与践行者。他的"精神"之道始终贯穿于他执着的汽车事业、公益事业与社会事业。

(一)坚韧图强:"偏执追求"造车事业

美国英特尔创始人之一、前 CEO 安迪·格鲁夫在自传《只有偏执狂才能生存》中强调:每次商业巨大风险到来时,只有企业家的"偏执",才能够让企业逢凶化吉,否极泰来。李书福也将"偏执追求"运用到他钟爱的汽车制造业上。在无资金、无技术、无执照的情况下,他坚信中国民族汽车品牌有无限可能,依然坚持执着地投身汽车制造领域,他成为民营企业中第一个敢"吃螃蟹"的汽车人。他的"偏执追求"主要表现为在"核心技术研发攻关上偏执",在"企业管理上偏执",在"引培留用人才上偏执",正是这份"偏执追求"最终才造就了今日的吉利汽车王国。他因为耿直性格,以及胆大的举动被民众戏称为"汽车狂人""汽车疯子""另类企业家"。

1. 核心技术上"偏执",只为不被"卡脖子"

世界公认的汽车三大核心部件——发动机、变速箱、底盘,每一项技术都被国外企业牢牢控制着,合资企业中要害部门主要职务、产品的改型和设计、质量认证和鉴定都在老外手中。国外汽车企业为了垄断利益想尽各种办法制约、打压中国民族品牌。吉利自主研发发动机 MR479Q 也遭到丰田公司的法律起诉,虽然最后丰田败诉,但是也让李书福彻底明白核心技术与自主知识产权的重要性。正是由于李书福对技术攻关的"偏执追求",吉利先后研发出我国第一款 Z 系列液空自动变速器、我国首台 CVVT 发动机——JL4G18、完全知识产权的爆胎监测与安全控制系统(BMBS)等技术,在核心技术加持下,吉利成为享誉中外的国产知名品牌。

2. 管理上"偏执",助力企业走向国际化

浙江许多民营企业在初创时期,利用家族血缘亲情关系,减少沟通成本,增强互信与支持。但是随着集团企业变大,家族企业的弊端开始显现出来——组织机制不畅通、利益分配不均、内耗严重、排挤有才能的非核心区人才,等等。鉴于这种情况,李书福"偏执"且果断地引进职业经理人,采取现代企业管理模式,通过买断股份、一次性赔偿等多种方式对企业元老进行清退,启用徐刚和郑韶辉等人进行脱

胎换骨的改革,替换家族成员和企业元老,大量启用有才能、有管理经验的"外来者",吉利逐步迈进现代化企业管理模式。

3. 引培留用上"偏执",实现人才强企

企业要想做大做强,人才是关键。吉利集团初创时期,李书福引进并培养赵福、徐刚、安聪慧等人才,在企业收购与兼并的过程中发挥了举足轻重的作用。吉利集团先后引进英国 BP 集团原高管袁小林、菲亚特集团中国区原 CEO 沈晖、海尔原人力资源总监魏梅、福特中国原副总裁许国祯、大众北美原 CEO 斯蒂芬等管理人才。技术专家有一汽原总工程师杨杰中、二汽原副总工程师张克、北汽原总工童志远、天津汽车集团齿轮厂原工程师徐滨宽等,李书福逐渐培育出吉利王国的"人才森林"①,为企业发展注入源源不断的活力与创新力。

(二)创新图强:坚持教研并举的发展道路

1. 全国范围内创立汽车学校,培养技术人才

"品牌是靠技术支撑的,技术培养靠学校。"②浙江吉利技师学院李书福深知人才培养的重要性。1998 年,李书福在浙江台州创办浙江吉利技师学院。1999 年,经北京市人民政府批准,李书福在北京中关村昌平科技园创办北京吉利大学(2014年,经教育部批准升格为本科高校)。该学校与北京大学深度合作,借助北京大学师资、设备、资源与平台等,为企业与社会输送汽车专业人才。吉利集团还先后在湖南湘潭、海南三亚、浙江杭州创设学校,已初步创办起集中职、高职、本科、研究生于一体的长学制汽车专业学校体系,截至 2022 年,吉利创办的 9 所学校,除 5 万名在校生外,已向社会输送 15 万名汽车专业类人才,他们将为中国民族汽车业做出更多专业贡献。

2. 全球范围内创设研究院所,研发新技术

吉利集团还在中国上海、西班牙巴塞罗那、瑞典哥德堡、美国洛杉矶设立四大

---

① 焦晶:《吉利森林　李书福的"人才经"》,《中外管理》2010 年第 9 期。
② 铭心:《李书福让中国汽车跑遍世界》,《创新科技》2005 年第 7 期。

设计中心,负责车辆外形与内饰设计并研究汽车未来造型趋势,让吉利汽车整车形象始终保持时尚与超前。吉利集团先后在宁波、杭州、瑞典哥德堡与英国考文垂建设四大汽车研发中心,全部研究人员超过 15000 人①。四大研发中心主要负责汽车发动机、变速箱与底盘等三大核心部件研发,确保吉利集团每年研发出 3 款发动机、3 款变速箱与 5 款新车型。吉利集团在 2010 年荣获国家科技进步大奖,创新能力在民营企业中处于领先水平②。截至 2022 年,吉利集团拥有国际公认发明专利 60 多项、核心专利 3000 多项。吉利集团通过设立全球研究所,研发新技术不仅有力彰显了浙江精神的开放图强和求真务实,还塑造了国际性中国民营企业科技自立自强的新形象。

3. 全面出击瞄准汽车未来领域

李书福领衔的吉利集团始终致力于预判与引领未来汽车发展趋势。他重点发展新能源汽车,并在 2015 年推出"2020 年蓝色吉利行动",试图在 2020 年让新能源汽车比重占吉利新造车辆的 90%以上。虽然因为疫情等原因,这一目标最终没有实现,但李书福依然看好新能源汽车的未来,先后与广州知豆汽车、英国绿宝石汽车与冰岛碳循环国际公司合作开展纯电动、油电混动与甲醇汽车的研制与开发。同时,李书福还在无人驾驶与飞行汽车等方面进行了有益探索,让吉利在未来汽车新赛道上能够早谋划、早起步与开好局。吉利集团全面出击新能源汽车等未来领域,体现了浙江精神中开放图强和求真务实的核心价值,展示了企业对技术创新追求与战略上的前瞻性。

(三)务实有爱:公益传递人间真情

1. 处处关心员工,打造友爱集体

从 2018 年起,李书福将每年 6 月 26 日定为员工关爱日,通过倾听员工心声,举办各类文体活动,发放各种福利等,让员工感受到吉利集团的关爱。企业内为上

---

① 杨海艳:《吉利李书福:改革开放给了民企勇气和机会》,《中国中小企业》2018 年第 3 期。
② 李书福:《李书福:从创新思变中求发展》,《中国高新区》2012 年第 1 期。

千名员工提供免费工作餐,并为每一位员工及其直系亲属购买商业健康保险,对员工进行全生命周期的安全健康呵护。李书福还投资 4000 多万元为企业员工建设职工寝室楼与专家楼,并配备学校、医院与大型商超等,解决员工与专家的衣食住行与教育医疗等各种生活问题。李书福倡导的关心员工,打造友爱集体的举措,体现了浙江精神中务实的一面,通过实际行为落实员工福利,弘扬了企业家精神与社会责任感,彰显了浙江精神中的人文关怀与实践精神。

2. 做公益,坚持长期主义

李书福在 2022 年第七届浙江慈善大会上强调"做公益要坚持长期主义",他领衔的吉利集团也始终贯彻"让世界感受爱"的公益主张,并始终坚持做公益慈善事业。一是助学事业。吉利集团除建设 9 所吉利学校外,还成立吉利教育慈善基金,先后资助上万名大凉山等地学生读书,先后资助云南、甘肃等地区 78 所小学修建专业足球场,并赠送运动器械与公益课程。二是关心特殊人群。李书福要求吉利集团拿出 5000 万元设立关爱百色地区病患儿的专项基金,帮助 463 名儿童进行移植手术,帮助 875 名尿毒症患者解除病痛。三是实践国家精准扶贫与乡村振兴战略。吉利集团始终响应国家号召,成立"吉时雨"①精准扶贫项目,积极参与脱贫攻坚事业。李书福还成立个人公益基金,用自己实际行动践行企业家对社会的使命担当与责任贡献。

第四节 情义并举、织网追梦的丁磊

丁磊是浙江精神在互联网经济领域中的有力践行者与积极弘扬者。他以务实求真的态度探索互联网信息技术,并将其成功地转化为毕生事业。他敢于创新突破,书写中国互联网历史上的多项传奇。他作为人大代表积极建言献策,专注"健康中国"与"幸福中国"。他捐资助学,设立公益课程,只为人人都能够享受教育公平与优质教学资源。他开展公益活动,通过电商扶贫与参与现代化养殖等方式,助

---

① 李书福:《在浙江民营企业家座谈会上的讲话》,《浙江日报》2017 年 11 月 10 日。

力脱贫攻坚事业,保障人民生命健康权利。

一、求学之路与三次跳槽

从科技小神童到高中涉足电脑与互联网,再到大学计算机学习编程,他始终以务实求真的态度探索技术。毕业后,他为追求理想三次跳槽,不断挑战自我,展现了拼搏奋斗与创新精神。

(一)科技"小神童"

1971 年,丁磊出生于宁波奉化惠政西路一户普通知识分子家庭,母亲是一名教师,父亲是奉化国营食品厂的一位技术工程师。丁磊 10 岁时,父亲荣升为国营食品厂负责技术的副厂长,父亲对工作精益求精与认真负责的态度深深影响着丁磊,他从小立志也要成为像父亲一样优秀的电气工程师。上初一时,丁磊对无线电极其痴迷,在父亲指导下,丁磊独立组装成功第一台能够接收不同波长的广播频道的六管收音机。此消息一出迅速成为街头巷尾议论的焦点,左邻右舍称赞丁磊是个"小神童",普遍认为他将来定是一名优秀的电气工程师。

(二)高中涉足电脑与网络

1986 年 9 月,丁磊顺利考取浙江省奉化一中。奉化一中是浙江省最早购买电脑并开展电脑教学的高中之一。丁磊通过校园遴选顺利成为学校电脑兴趣小组成员,他自学 BASIC 语言,并开始撰写游戏代码,在校级软件比赛中获二等奖。高考填报志愿时,丁磊父母以"计算机对人体有害"为由拒绝他报考计算机专业。

(三)大学计算机上学编程

1989 年 7 月,丁磊被电子科技大学微波通信技术专业录取。所读微波通信技术专业是全校最小的专业,学生只有 30 多人,该专业内容枯燥乏味且难懂难学,转系手续烦琐且需要考试遴选,丁磊最终选择硬着头皮学好该专业。在校期间,丁磊的成绩也是名列全班前五名,并多次荣获校级二等与三等奖学金。丁磊还辅修计算机技术。为了搞明白计算机专业知识,他在图书馆查资料,浏览最新的计算机外文杂志,向计算机专业教师请教。1992 年冬季,已上大四第一学期的丁磊参观冯林教授主持的电磁场 CI 软件的成果展后,主动找到冯林教授,表露自己想加入电磁场 CI 软件开发团队的强烈愿望。冯林教授同意胆识过人、基本功扎实、设计思路巧妙的丁磊加入团队,他也得到了计算机编程实践与训练的机会。

(四)毕业后三次跳槽寻理想

丁磊的第一份工作是在宁波电信局担任技术职员。1993 年 7 月,丁磊从电子科技大学微波通信专业正式毕业,回到家乡后,被分配到宁波市电信局工作,负责程控交换机运维。在电信局工作的两年中,因电信局主要应用 Unix 操作界面,丁磊苦练内功专攻该操作系统,还研究 Internet 中的 TCP/IP 技术,为将来从事互联网领域创业奠定了技术基础。丁磊在一份杂志上认识了名叫"火腿"的 BBS(电子公告板),发现该领域仍处于拓荒状态,于是进行探索性研究,最早的宁波电信局 BBS 就出自丁磊之手。当时电信局按资排辈的现象严重,对技术创新也不够重视。1995 年,丁磊向电信局领导提出辞职。事后他表示:"这是我第一次开除自己。能不能勇敢迈出这一步,将是人生成败的一个分水岭。"[①]第二份工作是在广东外企赛贝斯担任技术工程师。1995 年 5 月,辞职后的丁磊选择南下广州,凭借自己在 Unix 与数据库等方面的储备,顺利入职行业知名度较高的美国赛贝斯广州分公司,在外企工作的一年时间里,丁磊认为技术方面并没有长进,每天像是在混日子,最终他再一次选择辞职。第三份工作是在广州飞捷担任总经理技术助理。飞捷是一家 ISP 民营企业,是互联网内容与服务提供商。丁磊终于从事了与互联网相关的工作,因此充满工作热情。闲暇之余,他还创办了名叫"火鸟"的 BBS,在当时广州地区比较有名气,通过创建 BBS 结识了许多志同道合的朋友,为将来创设网易积攒了广阔的人脉资源。

---

① 《丁磊 中国互联网历险记》,《中国市场》2012 年第 12 期。

二、自立门户,创业网易

丁磊创立网易,始于 BBS 与免费邮箱,后逐步发展为综合性互联网企业。历经美股失败与短信游戏挑战,更让他懂得核心技术的重要性。如今,丁磊带领网易回归教育与公益,实现了商业发展与社会责任的融合。

(一)初创期:BBS 与个人主页投石问路

1. 首份业务与初创公司

1997 年 5 月,丁磊向广州电信局数据分局呈送"丰富与发展 ChinaNet 建议书",得到电信局认可与支持,广州电信局数据分局批准丁磊成立网易工作室,并在电信局管辖的 ChinaNet 上搭建 BBS,该 BBS 一时间火遍大江南北,甚至有人称网易 BBS 堪比清华 BBS。1997 年 6 月,丁磊拿出通过写软件代码辛苦积攒的 50 万元作为公司注册资金,在广州工商局注册公司,公司名字取名"网易","网"是指互联网,"易"有两种解释:一是"容易"的意思;二是借用《周易》中的"易"字之意,就是有生生不息、博大精深、万物变化之规律的意思,并且用篆书的方式撰写"网易"两个字作为公司注册商标,既有意境,又凸显民族特色。后又用 5 万美金将域名(www. netease. com)从美国注册者手里买回。

2. 共享硬盘创免费个人主页

丁磊发现搭载在广州电信局网络上的硬盘容量 18G 的网易服务器储存空间利用率不高,他决定将网易网站以外的硬盘空间共享出去,开放 20 兆公共空间供用户免费创设个人主页。丁磊自费几万元在北京在线、瀛海威、中网等 5 大主流网站做广告,短短数月,在网易服务器上开个人主页的用户已有 2 万多人,用户占到当时中国网民的五分之一,一时间网易成为互联网上炙手可热的品牌。

3. yeah 搜索引擎折戟而归

1997 年,丁磊发现国内还没有类似于美国雅虎的中文搜索引擎,他与同事用 1个多月时间开发出一款名叫"yeah"的中文搜索引擎,并在广州电信 5.17 展览会上展出,因当时中文网站还比较少,这一款搜索引擎只能够连接 200 多个中文网站,询问者居多,购买者寥寥无几,最终这一款搜索引擎宣告失败。这也让丁磊懂得了做产品首要任务是解读市场与懂得用户。

(二)成长期:免费邮箱与门户网站喜忧参半

1. 免费邮箱只能借"壳"上线

1997 年,丁磊向美国 Hotmail 公司询问电子邮件系统价格,对方开价每套 280 万美元,外加 2000 美元/每小时的安装费,各项费用极高。丁磊找到技术伙伴陈磊华,经过数个月 Hotmail 的"分布式"免费邮箱系统成功开发,两人迅速将两个域名(163. net 和 163. com)进行注册。1998 年 3 月 16 日,丁磊开发的国内第一个全中文界面的免费邮箱 www. 163. net 正式上线,半月时间,注册用户竟达到 30 万之众。163 免费邮箱迅速走红,给丁磊带来无限商机,其他大型网站纷纷向丁磊购买邮箱系统。通过拷贝并售卖邮箱系统,也让中文免费邮箱迅速进入免费时代,这也是中国人自主研发的互联网软件系统,它的问世进一步增强了中国人在互联网领域的民族自信心与自豪感。

2. 门户网站大放异彩

1998 年 9 月,网易免费邮箱网络界面改换成为"门户"网站界面,改版后的网易"门户"界面栏目与内容更加丰富,仅栏目就有新闻、社会、文化与体育等 10 多个,每天有 10 多万人次的访问量,网络广告投放量明显增多,但丁磊仍需要出售所写软件以贴补门户网站相关费用。1999 年 1 月,网易虚拟社区 web 正式上线,成为中国国内第一个大型网络虚拟社区,前 12 天内注册了 45 万人。而后两次改版,相继推出网易 99 版聊天室并启用网络通行证技术,注册人数达 1000 万,每天吸引 10 万人在线访问,成为广大网民心中名副其实的"网络家园"。网易"门户"网站在1998、1999 两个年度先后被 CNNIC(中国互联网络信息中心)投票选为十大中文网站之首。

(三)阵痛期:美股上市失败与短信游戏力挽狂澜

1. 美股熊市,融资失败

1999 年,丁磊决定将网易总部从广州迁至北京。通过第二、三轮融资后,网易公司于 2000 年 7 月 1 日在美国纳斯达克上市。网易在美股上市时,恰逢美股低迷。网易股票上市当天发行价每股 15.5 美元,收盘跌至每股 12.5 美元,出师不利。2001 年 9 月 1 日,网易在纳斯达克股市最后一次交易,成交收盘价格为 0.6492 美元,跌幅高达 96%,这也宣告网易在美国纳斯达克股市融资失败。2001 年网易亏损 2820 万美元,丁磊先后接触中华网、香港有线宽频等公司试图卖掉网易,由于收购问题未能如愿,他的人生进入至暗时刻。

2. 短信与游戏业务让网易起死回生

2001 年 1 月,网易与中国移动合作,进军手机短信市场,网易也成为中国第一家支持手机短信业务的互联网企业,短信业务也成了网易重要的盈利手段与保命之策。2001 年 3 月,丁磊以 30 万美元兼并中国最早的网络游戏公司——广州天夏游戏公司,丁磊挑选网易公司的技术骨干与天夏游戏公司人员合力开发网游《大话西游 online》,而后推出《大话西游 online Ⅱ》。截至 2006 年,该款游戏注册用户 9600 万,在线人数达 61 万,成为中国年轻人最喜爱的三款网游之一,打破了日韩垄断中国网游的局面,打响了网游界"中国制造"的民族品牌。2006 年又推出 3D 游戏《大唐豪侠》、2007 年推出《大话西游 3》、2008 年推出《天下贰》,每一款游戏都成为玩家热衷追逐的对象,游戏产业也成为网易起死回生的"灵丹妙药"。

(四)发展期:网络"蓝海"全面出击多点开花

1. 邮箱功能越发扩容多元

1997 年,网易开始涉足邮箱领域,在邮箱领域长期保持"一骑绝尘"的地位。2000 年至今先后五次扩容。2004 年,网易旗下所有邮箱扩容至 1500 兆,提供 24 小时呼叫与杀毒业务,能拦截 98% 的邮件垃圾与清除 99.8% 的病毒。2005 年,网易旗下所有邮箱扩容至 2000 兆,提供网易硬盘服务。2009 年与 2010 年,网易相继推出企业版邮箱与手机邮箱业务。截至 2016 年,网易邮箱用户已经突破 8.9 亿,免费邮箱和收费邮箱市场占有率均稳居全国第一,是名副其实的"中文第一邮箱"。

2. 门户网站"旧貌换新颜"

2004 年,丁磊再次对门户网站进行全新改版工作。他将网易各类人才调入门户网站部门,分别归入新闻、娱乐、财富、体育、消费与自我六大中心,集中资源开展门户网站改版工作。新改版的网易门户网站共有新闻、体育、财经等 15 个板块。每个板块都突出时效性与交互性,让每位用户都有所收获。

3. 与众不同的网易博客与泡泡

2006 年 9 月,网易以"我的生活,我的家"为口号正式上线博客,在中国三大门户网站中,网易是最后一个推出博客的企业,但凭借技术优势厚积薄发,2009 年,网易博客用户突破 9000 万。2018 年 11 月 30 日,丁磊经过慎重考量,最终停止博客网站运营。2002 年 11 月,网易推出免费即时通信软件网易泡泡,不仅支持语音、文字与视频等对话聊天,还具备自主构建多人兴趣组等功能,深受用户喜爱。截至 2022 年 9 月,网易泡泡用户突破 500 万,是一款仅次于微信与 QQ 的通信软件。

4. 力争做中国全新中文搜索引擎

早年丁磊曾尝试做 yeah 中文搜索引擎但是以失败告终。2006 年,丁磊在北京清华创业园建立网易搜索引擎技术攻关部,打造与众不同的网易搜索引擎。2007 年 12 月 11 日,网易开发的"有道"搜索引擎正式上线,该款搜索引擎以改善用户体验为根本出发点,在业内第一家推出"网络预览"、即时提示功能以及有道词典翻译等业务。有道词典也是网易搜索引擎的撒手锏,涵盖有道翻译官、少儿词典等学习型工具,深受用户喜爱。通过差异化理念与人性化设计,有道搜索引擎在"搜索丛林"中占据了一席之地。

5. 侧重海淘与精品,进军电子商务

2015 年 1 月,丁磊推出侧重于海外淘货的"考拉",组织全世界专业买手网罗

海外优质产品,并前往产品原产地通过自采的方式进行大批量采购,并建立"保税区仓库进行专业仓储"①,以直销方式给予国内消费者最优价格。艾媒咨询公布的2019年上半年分析数据显示,位居跨境电商市场前两名的是网易考拉与天猫国际,分别占整个市场份额的27.7%与25.1%。后来,海外市场影响给考拉带来了巨大风险,丁磊最终选择出售考拉。2019年9月,阿里巴巴以20亿美元的价格收购考拉,最终实现跨境电商两大巨头的强强联手。2015年11月,网易严选上线,采取线上线下混合式销售模式,以"好的生活,没那么贵"为品牌理念,由网易直接找知名品牌进行议价,剔除品牌溢价和中间环节,力图让消费者享受到性价比超高的优质产品。丁磊亲自担任严选官,为严选品牌代言,仅用三年时间,网易严选便入围中国零售百强名单。

(五)成熟期:回归教育与公益初心

1. 打造网络公开课,推进优质资源共享

2010年,丁磊宣布开启网易"公开课计划"。一是网罗世界各大名校优质课程资源,推出"全球名校视频公开课"项目。首期共推送1200集,这些课程来自哈佛、耶鲁、牛津等十多所大学,涵盖了人文、艺术、科学与社会等多个领域。热门课程的累计点击量已经超过千万次,日均浏览量已达到140万次②,累计用户突破8000多万名。此举让没有机会与条件出国深造的中国学习者也能够聆听到世界顶级教授的课程,增长了知识,开阔了眼界。因此,网易也被国际开放课程联盟(OCWC)吸纳为成员。二是联合中国知名高校与高等教育出版社等共同推出海量优质课程。2012年12月,网易公司推出"云课堂"学习平台,共计4000多门课程,5万小时的学习时长,涵盖IT技术、外语、中小学教育等10大门类,受到广大学习者一致好评。2014年5月,网易与中国高等教育出版社联手推出大学慕课MOOC,联合国内北大、清华、浙大、南大等众多名校,共同出品涵盖政治、经济、文化、科技等22

---

① 杨青云:《我国电子商务上市企业盈利模式研究》,《科技情报开发与经济》2010年第16期。

② 王爱华、姜海标:《促进教师开放课程:MIT创新扩散措施探析》,《中国远程教育》2010年第12期。

个领域的上千门精品课程,为我国实现教育资源共享与教育机会公平做出重要贡献。

2. 关注食品安全,亲自选址养猪

21世纪初,我国食品领域频繁出现苏丹红、瘦肉精、三聚氰胺与地沟油等食品安全问题,备受国家和人民关注。2009年,作为具有强烈社会责任感的企业家丁磊,做出大胆的决定,宣布开拓养猪事业。他先后在浙江湖州安吉县、绍兴嵊州市和江西宜春高安市三处亲自选址建猪舍,每日喂养有机饲料,现已出栏2万头以上,并通过网易"味央"网购平台销售网易猪肉,让更多的消费者能够品尝到健康美味的食品。

三、浙江精神视域下的丁磊形象

丁磊是中国互联网领域的杰出代表,他以浙江精神与浙商精神为内核,锐意进取,打破常规,成绩斐然。他对技术执着专注,将兴趣铸就为伟大事业,丁磊心系公益,电商扶贫,投身现代化养殖,致力于教育助学,彰显了追求卓越、回馈社会的企业家情怀。

(一)专注求真:将兴趣爱好变成毕生事业

1. 兴趣催生专注

哲学家哈贝马斯(J. Habermas)将人的兴趣划分为实践兴趣、技术兴趣与解放兴趣。这三种兴趣对丁磊成长都起到重要作用。首先,实践兴趣让丁磊产生自信。丁磊从小就喜欢无线电技术,十一二岁时就能够独立制作接收不同频段的六管收音机,左邻右舍的夸奖与父母老师的鼓励让他在兴趣中找到自信。其次,技术兴趣为丁磊指明方向。高中时期的丁磊在兴趣驱动下自学BASIC语言,并在学校软件比赛中获奖,更加坚定了他将来要从事计算机或互联网技术领域的信心。最后,解放兴趣培养丁磊专注学习习惯。有兴趣就有动力,有动力就能够培养专注学习习惯。在兴趣驱使下,丁磊成为大学图书馆科技阅览室的常客,大量阅读国外计算机

杂志,让他敏锐捕捉到互联网风口,也帮助他成就精彩未来事业。

2. 专注只为求真

大学期间,丁磊为学懂弄通电磁场 CI 软件,主动联系冯林教授并要求加入该课题组,在老师点拨与同学帮助下加深了对该领域的技术认知。毕业后分配到宁波市电信局,他用两年时间专注研究 Unix 系统,为日后创建网易提供技术支持。为创建免费邮箱系统,丁磊与技术伙伴一起研究 Hotmail 邮件服务系统,搞懂了如何搭建大型且复杂系统,也促进中国互联网进入免费电子邮件时代。他对技术的专注和追求真实的探索精神,不仅为他个人的事业铸就了辉煌,更为中国互联网产业的进步注入强大的动力。

3. 求真助力成功

丁磊凭借着持之以恒与求真务实的求知态度,深入挖掘互联网技术的内在逻辑与规律,他的这种执着引领他走向成功。例如:他早期关注"火腿"BBS,在创业前尝试过"飞捷"BBS,而后在电信局服务器开发网易 BBS。当丁磊专注做门户网站时,他又把 BBS 技术运用进来,开发虚拟社区,提供免费互动服务的同时,还网罗大批专业级写手与强帖,实现了"网聚人才力量"的目的。

(二)勇于创新:敢于尝试新鲜领域

1. 做第一个"吃螃蟹"的互联网创新企业

丁磊极其重视技术创新与产品研发,在互联网多个领域都走在前列。在中国创造多个第一:第一个大容量免费提供个人主页的网站、第一个在线开设虚拟社区、第一个无限容量免费的网络相册、第一个提供 24 小时电子邮箱客户服务、第一个成功运营自主研发国产网络游戏、第一家推出公开课、第一家提供中文电子邮箱的企业,等等。互联网企业必须敢于尝试,敢于试错,只有这样才能够确保企业永续发展。他的每一次创新之举,都是浙江精神的深邃哲理与现代技术突破的完美融合。这种融合不仅赋予了技术新的生命和价值,更让浙江精神在现代社会中焕发出璀璨的光芒。

2. 将免费进行到底

免费商业模式已经成为"新经济范式的必然基础"①，在以"开放、平等、协作、快速、共享"为核心的互联网精神指引下，从创始网易开始，丁磊的免费商业思想既体现出互联网从业者秉承互联网精神打造互联网民族品牌的决心，也体现出浙商奉行开放图强浙江精神的勇气与决心。

3. 打造联合创新中心

丁磊曾说过"互联网靠产品，而不是靠炒作，今后十年专注研发"。2008 年开始，丁磊成立网易杭州研究院，该研究院大楼投资超过 3 亿元，13 万平方米建筑面积，可容纳三四千名研发人员同时办公，进而不断增强网易公司的科研能力。2016年，在网易杭州研究院的基础上成立网易联合创新中心，提出"3＋N"赋能体系："3"指的是产业互联网平台、线上创新服务平台与线下产业服务空间；"N"指的是在以上三大平台空间的基础上，在技术服务、人才培养、新闻传媒、资本运作等多个方面为入驻企业开展技术、人才、市场与资源等多方面赋能。网易通过联合创新中心积极与地方政府、学校企业、社区街道、行业协会开展合作，为数字化经济与新制造业发展注入强大创新活力。

（三）追求和谐：热衷公益与关心慈善

1. 慈善公益与参政为民生

2009 年 4 月，丁磊决定在杭州成立浙江省网易慈善基金会。2017 年 4 月，丁磊又在北京注册北京网易公益基金会。两个公益基金会都是从事人道救援、扶贫济困、灾后重建、帮孤扶老、关爱特殊人群的慈善机构。网易基金会分别向印度洋海啸灾民，汶川、玉树地震灾区人民捐款。网易网站还设立公益频道，提供公益服务与合作平台，关注与报道公益热点与事件，实现"网聚爱的力量"的目的。该公益频道也成为中国最大公益性网络媒体。丁磊在"善行天下·2007 中国慈善排行

---

① 平卫英、张雨露、罗良清：《互联网免费服务价值核算研究》，《统计研究》2021 年第 12 期。

榜"活动中被评选为"2007年中国十大慈善家"之一,也是当时中国最年轻的慈善企业家。2008年,丁磊当选广东省十一届人大代表。任职期间,他认真调研,勤奋履职,先后向广东省人大会议提交涉及"互联网＋农业"精准扶贫、个税综合计征、慢性病防控、食品安全和青少年健康上网等10余份议案,只为提升人民群众幸福感与获得感。

2. 专款助学与公益课程,助力教育发展

2021年,有道精品课拿出1亿元开展"冠军计划"奖学金项目,该项目重点奖励品学兼优的高三学子,其后丁磊又将奖学金金额追加到10亿元人民币,对于家庭困难且品学兼优的学生每人给予1万元奖学金,还资助其四年大学学费。此外,丁磊还在浙江大学与母校电子科技大学分别设立奖学金。从2019年起,丁磊亲自谋划与参与网易公益教育网课班,并先后在全国10个县300多所学校举行开班仪式,受益学生上万人之多。丁磊曾说过"世界上最好的投资,就是投资教育",此话凸显了丁磊作为优秀企业家的社会责任与担当,更是浙商积极践行与弘扬浙江精神的鲜活例证。

3. 电商扶贫助农与现代化养殖守护食品安全

2015年,党中央提出坚决打赢脱贫攻坚战决策后,丁磊领衔的网易公司也积极参与到全面脱贫工作中。2018年,网易子品牌严选首先启动"品牌共创脱贫计划",与国家级贫困县贵州雷山县签订电商扶贫协议,通过产业扶持与品牌赋能的方式助力雷山县全面脱贫①。网易另一款网购平台"味央"也一直致力于农村电商服务,探索"农业＋生态旅游"的发展模式,助力乡村振兴。针对食品安全问题频发的现象,丁磊先后在安吉、嵊州等地设立现代化养殖基地,在猪舍中安置摄像头,在线监控与直播养殖过程,网易将养猪场打造成为线上线下呼应的大型"宠物社区"②。丁磊发展现代养殖业并非"不务正业"或者"作秀",而是提倡发展绿色农业,保障人民群众的生命健康。

---

① 李原:《"跨界新农民"丁磊》,《中国企业家》2019年第3期。
② 雷军:《丁磊养猪的商业狂想》,《中国企业家》2009年第5期。

第三章　浙江文学名家与浙江精神

每个历史时期,浙江大地上都涌现出一大批文学名家,例如:古代的骆宾王、罗隐、陆游等,近现代的鲁迅、茅盾、郁达夫等,当代的金庸、余华、麦家等。他们及其作品帮助国人增强了文化自觉,树立了文化自信,更用独特的人格魅力有力彰显了经久不衰的浙江精神。

第一节　浙江文学名家与浙江精神的逻辑关系

文学名家的人品与作品都深刻诠释了浙江精神的丰富内涵。他们通过现实主义文学创作,展现了浙江求真务实的精神风貌,在积极有为的探索实践中,体现了浙江开放图强的时代精神;同时,他们以流芳百世的人格魅力,传承了家国情怀与和谐精神。

一、现实主义的文学创作体现浙江求真务实精神

浙江文学名家的创作呈现出思想启蒙型、人道关怀型、社会批判型三种不同类型,三种不同创作类型都体现出现实主义关照。在清末民初的社会背景下,政府腐败无能与国民麻木不仁等劣根性深刻暴露,鲁迅开启"启蒙主义"的模式进行小说创作,写下《阿Q正传》《祝福》《药》等大量脍炙人口的作品,对民众起到思想启蒙

的作用。茅盾、艾青、郁达夫等人秉承江南文人文雅端秀、情感细腻的传统，作品中处处体现出独具江南特色的人道主义关怀，从茅盾的《子夜》《霜叶红似二月花》《蚀》三部曲，艾青的《大堰河——我的保姆》《我爱这土地》《黎明的通知》，郁达夫的《沉沦》《迟桂花》《春风沉醉的晚上》等文学作品中可知：新文学文本意识和结构系统日渐成型，已从只重思想启蒙的"启蒙文学"，向着具有实质内涵的"人道文学"转化，标示着中国新文学真正的"文学自觉时代"的来临。[①] 浙江文学名家作品展现出鲜明的社会批判和理性批判精神。例如：从1927年到1949年，茅盾写了8部长篇、5部中篇、50多个短篇，叙写了近半个世纪中国社会的历史变迁，每一部作品都是他对现实主义文学的有力践行，同时也是他对社会现实的敏锐洞察和批判性思考的结晶，无疑彰显了浙江文学名家在文学创作与社会批判上的卓越贡献。以上三种创作形态恰恰反映了现实主义作为一种文学思潮，贯穿于中国新文学发展过程中，同时呈现出积极"入世"的文学观和文化观，体现了求真务实的浙江精神。此外，浙江文学名家大多数出身于农村，对故乡怀着深沉的情感，对生活在底层的人民充满了同情，但当他们用现代文明反观乡土文化时，更多地采取理性的"反思"，体现出浙江文学名家既"记得住乡愁"，又能批判性地继承乡土文化的务实精神。

二、积极有为地探索实践展现浙江开放图强思想

自古浙江"子弟胜衣能文词，父兄相与言，命束装负书，以行四方"[②]。浙江文学名家不仅具备向外拓展意识，更能够坚决地走出封闭的自我的世界，兼容并蓄广纳异质文化，在持续的社会实践中展现浙籍文人的时代使命感和责任感。19世纪末20世纪初，正值文化思潮"大裂变"、中西文化"大碰撞"之际，在感知中西方思想文化等领域存在诸多差距后，浙江文学名家开启"应激性"外向拓展模式。一方面，深受"西学东渐"思想传播的影响，浙籍文人开始走出国门，从器物技术、国家制度

① 王嘉良：《地域人文传统与现实主义文学思潮——论"浙江潮"对中国新文学现实主义思潮的引领意义》，《浙江师范大学学报（社会科学版）》2010年第2期。

② 袁桷：《送周子敬序》，《清容居士集》卷二十三，文渊阁四库全书本，第4页。

与思想文化三大方面系统学习西方,他们留学西洋,负笈东洋,以求开阔耳目。胡珠生先生《温州近代史》载,1898 年至 1911 年,温州籍赴日留学就有 130 多人,1912 年至 1949 年,温州籍留学海外的有 250 多人。他们抱着"师夷长技以制夷"想法,毅然走出国门,寻求救国良方。另一方面,学得西方先进思想文化的浙籍文学名家迅速回国报效国家。例如:鲁迅等浙籍文学名家心怀"走异路,逃异地,去寻求别样的人们"的爱国志向,留学期间以"时不我待,只争朝夕"的学习劲头,广泛涉猎西方先进知识。他们以"输入文明""发其雄心""养其气魄"为主旨,在日本创办发行《浙江潮》,致力于宣传反清的民主革命思想,揭露日本帝国主义对中国的野蛮侵略行径,积极介绍西方科学。他们努力塑造本省的正面形象,同时将在国外学习的先进文学创作理念融入中国现代文学创作中,创作出大量不朽之作,启发了民众智慧,推动了思想启蒙。在那个国运飘摇、满目疮痍、民生多艰的动荡年代,热血的浙江文学名家没有选择苟且,而是为民族为国家发出浙江潮水式的震天撼地般的呐喊,唤醒了民族强大的复兴意识,吹响势不可挡的战斗号角,他们的行为充分彰显出开放图强的浙江精神。

三、流芳百世的人格魅力彰显家国情怀与和谐精神

浙江文学名家有着沉稳内敛的群体性格、兼容并蓄的集群气质、能谋善断的做事能力、厚德载物的道德品质,以上人格要素共同构建出独具浙江区域特色的群体人格魅力,而文学名家独具韵味的人格魅力,在爱国爱家的情感中、在干事创业的奋斗中、在扶危济贫的善举中,以及在待人接物的日常行为中,都展现得尤为璀璨夺目。在爱国爱家的情怀方面,浙江文学名家展现出大义凛然的精神风貌。在每次民族危亡之际,浙江文学名家以笔代刀,痛批卖国求荣恶劣行径,警醒国人我辈自强。同时,浙江文学名家倍加热爱浙江这片热土。文学名家笔下永远离不开浓墨渲染的吴越文化氛围和浙江山川风光,例如:鲁迅的文学作品中的"未庄""鲁镇""S 城"都深刻显现出浙江的"乡镇胎记"。文学语言总免不了"浙江腔"。鲁迅作品中充满了绍兴方言,极富浙江地方特色,给读者留下很强的江南印象,这些积淀在浙江作家意识深处的东西,总是在其笔端有意无意地表露出来,文风自然打上深深

的地域印记。同时，浙籍文学名家也极其注重家乡文献的搜集、整理和辑录。例如：1912 年至 1935 年间，鲁迅辑录和校勘了 20 多种古籍，撰写了 32 篇序跋，可见鲁迅对于保护故乡文化遗产的良苦用心。浙江文学名家的人格魅力还表现在团结和谐精神中。他们注重团结合作，相互扶持，共同推动浙江文学事业的发展。例如：文学巨匠茅盾对浙籍作家关爱有加，热心扶植，悉心培养，胡子婴、郁茹、茹志鹃、王西彦、孔另境和孔令杰等人都得到过茅盾的精心指导与帮助，使得他们迅速成为中国文坛不可替代的新生代力量。这种团结和谐精神，不仅增强了浙江文学名家群体的凝聚力，也为浙江文化事业的繁荣发展注入了新的活力。

第二节　走异路寻找别样人们的鲁迅

鲁迅是浙江精神在文化领域者的卓越引领者、积极推动者与坚定弘扬者。他弃医从文的抉择中传递求真精神，他的认为"对于愚弱的国民，我们的第一要素是改变他们的精神"，改变精神首推文艺，以此唤起民族觉醒。他的人生格言中洋溢着务实精神，哪怕"横眉冷对千夫指"，仍坚持"俯首甘为孺子牛"。鲁迅以实际行动践行着诚信精神，他善于用文学批判的方式揭露封建伦理道德的伪善与国民劣根性，倡导以"坦诚"心态面对落后的中国。鲁迅以广阔的胸襟诠释着和谐精神，他倡导"度尽劫波兄弟在，相逢一笑泯恩仇"，消除战争种下的仇恨的种子。他曾经讲到"明哲之士，必洞达世界之大势"①。只有善于观大势、谋大局、识大体，才能够让中国屹立于世界民族之林。鲁迅穷极一生躬行图强精神，他发出"寄意寒星荃不察，我以我血荐轩辕"的壮志豪言，只为造就强大的不被他国欺凌的中国。

一、寻找别样的人们

1881 年 9 月 25 日，鲁迅出生于浙江绍兴城内东昌坊新台门周家。祖父周福

---

① 鲁迅：《鲁迅全集》（第 1 卷），人民文学出版社 1981 年版，第 56 页。

清为其起学名周樟寿,字豫山。周家本是绍兴名门望族,祖父周福清为同治十年进士,曾任江西金溪县知县。1892年,十周岁的鲁迅从师于启蒙恩师寿镜吾,入读三味书屋。寿镜吾对鲁迅人格养成有很深的影响。1893年,祖父周福清因事入狱,父亲周伯宜得肝病,为父亲治病举债请医买药,家道日渐中落。1897年,周家召开家族分家会议,鲁迅家分到的房屋田地既少又差,让年少的鲁迅备感世态炎凉。1898年,鲁迅怀揣母亲变卖首饰凑齐的8块银圆离开故乡,"走异路,逃异地,去寻求别样的人们"①。

(一)走异路寻先进思想

鲁迅没有继续选择旧式学堂,而是选择新式学堂。他没有选择离家较近的绍兴中西学堂或杭州求是书院,而是选择了洋务派主办的江南水师学堂,原因有两点:一是该水师学堂择优录取且不用学费,二是鲁迅远房亲戚周庆蕃在该校担任管轮堂监督。鲁迅在该校只读了半年,最终选择退学。是因为该校教授内容仍是四书五经,教师素质不高,学堂陈规陋习,鲁迅对该校的印象概括为"乌烟瘴气"四个字。1899年1月,鲁迅转学到江南水师学堂附属的矿路学堂矿物班学习,上课内容涵盖物理学、地理学以及德语等西方近现代自然科学和社会科学,毕业时以一等第三名取得"毕业执照"②。在该校就读期间,鲁迅喜欢阅读《时务报》《译学汇编》《国闻报》等先进报纸,以及严复所译《自由谈》与《天演论》等进步书籍,并学习"优胜劣汰,适者生存"进化原理。学者李晓东认为:"南京求学经历,鲁迅形成进化论思想、科学救国思想、文学救国思想、改造国民性思想与立人思想,南京是鲁迅成为文化巨人的起点。"③

(二)逃异地探救国之道

1902年,21岁的鲁迅获得两江总督公派日本的"南洋官费生"的名额后,进入

---

① 鲁迅:《呐喊·自序》,《鲁迅全集》(第1卷),人民文学出版社2005年版,第437页。

② 张震麟:《鲁迅在南京有关的几个地方》,《文教资料简报》1976年第9期。

③ 李晓东:《论南京鲁迅》,河北大学2007年硕士学位论文。

日本弘文学院普通科江南班补习日语与基础学科知识。据史料考证:在弘文学院整两年间,鲁迅在《浙江潮》先后用自树、庚辰等笔名发表译作小说《哀尘》、历史小说《斯巴达之魂》、科幻小说《地底旅行》等。鲁迅还以笔名索子发表地质学论文《中国地质略论》,与同学顾琅合作发表中国第一部地质矿产专著《中国矿产志》,既传播了地质矿产知识,又宣示了中国国土与矿产主权。1904 年 4 月,鲁迅以优异成绩从弘文学院速成普通科毕业。同年 9 月,鲁迅以特殊准许免试方式进入日本东北部的仙台医学专门学校(现日本东北大学医学部)学医。在校学习期间,鲁迅认识了令其一生敬佩的藤野严九郎先生。生活上,藤野先生帮助鲁迅寻找公寓,为其提供无微不至的帮助①;学习上,藤野先生治学严谨,经常鼓励与帮助像鲁迅这类中国留学生。1906 年 7 月,鲁迅从仙台医专退学,重返东京专心投入文艺译著与文学创作等工作。在此期间,鲁迅在"独逸语学会"设立的德语学校学习德语,又跟随玛理亚·孔特夫人学俄语。有了两门外语的加持,鲁迅开始大量阅读和翻译外国文学作品,并与二弟周作人共同翻译了《域外小说集》,其译文方法被称为"五四直译运动前车"②,作品主题被视为"中国现代小说的先声"③。鲁迅作出弃医从文决定的主要原因:一是观看"日俄战争教育片"时,看到日本人在中国领土上屠杀中国人,引来大量神情麻木的中国民众围观,这一事件在鲁迅散文作品《藤野先生》中已表述得比较清晰;二是中国在日留学生出国后矫揉造作的做派和醉生梦死的状态也深深刺激到他,他意识到医治中国人屡弱病躯改变不了中国现状,只有用文章唤醒愚昧的国民,洗涤其萎靡精神,才能拯救国人颓废灵魂,进而实现民族复兴。

(三)寻求志同道合的人们

留日期间,鲁迅与一同留学的许寿裳、厉绥之相识,并成为终身挚友。1908年,鲁迅加入反清革命团体光复会,结交了该会创始人章太炎、陶成章等。他积极

---

① 半泽正二郎:《追忆藤野先生》,刊登于鲁迅·日本东北大学留学百周年史编辑委员会编,解泽春译,《鲁迅与仙台》,中国大百科全书出版社 2005 年版,第 171 页。
② 阿英:《晚清小说史》,江苏凤凰文艺出版社 2017 年版,第 255 页。
③ 赵亮:《〈域外小说集〉:中国现代小说的先声》,《鲁迅研究月刊》2017 年第 10 期。

参加爱国活动,结识了陈天华、邹容、秋瑾等好友。新文化运动期间,鲁迅通过陈独秀创办的《新青年》杂志发表多篇文章,同时也结交到志同道合的蔡元培、陈独秀、李大钊、钱玄同等进步人士,鲁迅与他们一道通过文章向封建腐朽的旧社会发起猛攻,为民众思想解放作出重要贡献。鲁迅通过创办未名社,结交韦素园、李霁野、台静农等;创办莽原社,结交高长虹、黄鹏基、尚钺等。大革命失败后,鲁迅参加中国革命互济会,认识戴晓云、刘明远、邓中夏等;加入中国民权保障同盟,神交宋庆龄;发起成立中国自由运动大同盟,与柔石、郁达夫、田汉等人成为知己;创办左翼作家联盟,与茅盾、郭沫若、蒋光慈等人成为文学战壕的战友。鲁迅结交的志同道合的朋友,都被鲁迅的高尚人格、崇高追求深深折服,鲁迅也构建起了中国近现代文化顶流"朋友圈"。

二、俯首甘为孺子牛

毛泽东主席在他的著名文章《新民主主义论》中,称赞鲁迅为中国"文化革命"的主将。毛泽东给予鲁迅如此之高的评价,是对鲁迅人格的最高褒奖,更是对鲁迅人品魅力的深深折服。鲁迅在多个领域有着卓越的成就和独特的见解,他以教师、作家与革命家众多身份,甘为孺子牛,为人民事业义不容辞,将革命进行到底。

（一）学高为师、身正为范的教师鲁迅

1909 年,从日本留学归国后,鲁迅先后在浙江两级师范学堂、绍兴府中学堂与山会初级师范学堂,北京大学、北京师范大学、北京女子师范大学、厦门大学、中山大学等 13 个学校任教,教龄长达 18 年。他曾教授生理学、生物学、博物学等众多理工学科,也教授小说史、文艺理论等文科课程。鲁迅是一名循名责实的"卓越教育家"[①]。

1. 用理想信念铸就时代新人

留学归国后,鲁迅将改造国民性的希望寄托到中国青年身上,希望通过理想信

---

① 《解放日报》,1956 年 10 月 20 日。

念教育造就富有朝气的时代新人。他认为时代新人应"有耐劳作的体力，纯洁高尚的道德，广博自由能容纳新潮流的精神……"他认为"养成勇敢而明白的斗士"才是教育的目的。他曾说："我十年以来，帮未名社，帮狂飙社，帮朝花社，而无不或失败，或受欺，但愿有英俊出于中国之心，终于未死……"教师鲁迅用理想信念激励中国青年，为其照亮青春奋斗之路。

2. 诲人不倦培养祖国栋梁

鲁迅是一位教法精湛、注重知行合一，将科研与教学紧密结合的教学名师。一是鲁迅注重教学改革。在浙江两级师范学堂担任生理卫生学老师时，结合医学院学习笔记，自编《生理学讲义》与《生理实验术要略》两本教材，这两本教材也成为我国最早的生理学教材。好友许寿裳曾评价鲁迅教书"循循善诱的，所编的讲义是简明扼要，为学生们所信服"①。二是鲁迅注重学以致用与知行合一。在山会初级师范学堂执教时，每年带领学生拜谒禹陵，向学生们讲述大禹治水等故事，据鲁迅研究室考证《会稽禹庙窆石考》的手稿应出自鲁迅之手。② 为讲好植物学，他将室内授课改为户外教学，带领学生到孤山、葛岭、岳坟等现场教学，师生共同采集标本，教学效果大为提升。三是鲁迅擅长将科研与教学相结合，做到相辅相成。鲁迅常年在北京大学等多所高校主讲"汉文学史纲要"与"中国小说史略"，这两门课程资源既是教材教案，又是他的科研专著。寒暑假期间，鲁迅常奔波在各地图书馆，查阅与校对书稿，经过反复打磨与完善，教材质量不断提升，教学自然受学生欢迎，甚至吸引大量社会人员到校旁听。

3. 用师德仁爱点亮国家希望

鲁迅身先示范，情系桑梓。1911年，鲁迅回乡执掌山会初级师范学堂，教育当局佞人当道，克扣学校办学资金。为保障正常教学秩序，鲁迅四处筹措资金。在鲁迅卸任校长一职离校交接时，学校账上仅剩下一角又两铜钱，足见当时办学之艰

---

① 许寿裳：《亡友鲁迅印象记》，生活·读书·新知三联书店2014年版，第59页。
② 李翅鹏：《鲁迅与体育——纪念鲁迅诞辰百周年》，《江西教育学院学刊》1982年第1期。

难,精神之可贵。① 鲁迅爱生如子,常资助困难学生。鲁迅曾经对师生关系作形象比喻:"要想有乔木,想看好花,一定要有好土;没有土,便没有花木了"②。鲁迅秉承关怀奉献精神,千方百计帮助困难学生,学生韦素园患肺结核,他亲自到医院看望,该生离校到河南开封从事翻译工作,临行之前鲁迅资助他 40 元作为路费。鲁迅积极支持学生参加爱国革命运动。1925 年,北京女子师范大学爆发了驱赶新任校长杨荫榆的"女师大风潮",鲁迅支持并声援大学生维护正义运动,被教育总长章士钊免除佥事职务。1926 年,段祺瑞政府制造了"三一八惨案",鲁迅连续创作《死地》《记念刘和珍君》等作品抨击段政府野蛮行径。鲁迅用课堂"立人",用人格"树人",无愧于"人民教师"称号。

(二)著作等身、文学泰斗的作家鲁迅

鲁迅先生一生写作和译作数百万字以上,他的文学造诣集中体现在文学创作、思想研究、文学史研究、翻译等多个领域。

一是鲁迅文学作品颇丰,主要以小说、散文与杂文为主。1918 年 5 月,他首次以"鲁迅"作笔名在《新青年》杂志上发表小说《狂人日记》,该篇小说成为中国现代文学史上第一篇白话文小说。鲁迅小说以"为人生"为创作目的,主要选取"旧式农民与传统底层知识分子"作为人物,小说语言古今杂糅且又干练犀利,冷嘲热讽中带有人文关怀,将讽刺小说写到极致,让民众开启自我觉醒与自我反省模式。鲁迅在散文方面也有较高建树。他的散文以批判现实、冷峻的态度为特点,通过简练而富有力量的语言表达他对社会问题的思考与关切。鲁迅的散文创作习惯夹叙夹议,情景事理浑然一体,大有"释愤抒情"之意。杂文创作是鲁迅倾注心血最多的文学形式。鲁迅先后创作《而已集》《二心集》《华盖集》《集外集》等 18 部杂文集,友人瞿秋白曾称杂文是"鲁迅战斗的'阜利通'(feuilleton)"(专栏副刊,小品文)③。其

---

① 许学刚:《对地域文化的承传、凝练和贡献——析绍兴文理学院的校园精神》,《绍兴文理学院学报(哲学社会科学版)》,2005 年第 5 期。

② 鲁迅:《坟·未有天才之前》,《鲁迅全集》(第 1 卷),人民文学出版社 2005 年版,第 276 页。

③ 瞿秋白:《鲁迅杂感选集》,中国致公出版社 2009 年版,序言第 2 页。

杂文是"诗与政的结合"①，鲁迅通过杂文创作实现了对传统文化的批判，对黑暗现实的反抗，对自我的深度剖析，对美好生活的向往，掀起了现代杂文创作的高潮。

二是鲁迅的文学研究造诣颇深。鲁迅是借用近代朴学、历史学、美学及比较学对中国文学史与小说史开展系统总结的第一人，先后创作《中国小说史略》《汉文学史纲要》《中国小说的历史的变迁》三部文学论著，在创作的过程中鲁迅秉承进化论与马克思主义文艺观，科学客观地梳理中国文学史与小说史。

三是鲁迅翻译作品比较高产。1903 年，鲁迅在弘文书院学习期间，先后翻译《说铟》《地底旅行》《月界旅行》等科学论文与小说。1907 年，鲁迅创作《摩罗诗力说》，该著作成为鲁迅翻译转向的标志，鲁迅开始探索用翻译文学改变国民精神。鲁迅还联合二弟周作人共同翻译并出版《域外小说集》，具有较高的文学价值。1920—1923 年间，鲁迅注重介绍夏目漱石、森鸥外等日本小说家的作品，先后出版《现代日本小说集》与《现代小说译丛》。1923 年以后，鲁迅将翻译的重心转移到革命战争题材小说上来，翻译《一个青年的梦》《工人绥惠略夫》《战争中的威尔珂》等作品，用战争的残酷唤醒民众对和平的渴望。

四是鲁迅整理与辑校大量古籍文献。文学创作、外文翻译与古籍辑佚并为鲁迅"三绝"。②《鲁迅大全集》中收录了鲁迅整理与辑校的大量古籍文献，其题材主要是小说传奇、古人文集与金石碑刻等，如辑校的《古小说钩沉》等古代小说，校勘的《嵇康集》等古人文集，还有《会稽禹庙窆石考》等金石碑刻，考据严谨，辑校缜密，足见鲁迅古文功底深厚，也为后人研究中国古典文学与文物考古留下宝贵财富。

（三）敢为人先以笔作枪的革命领袖鲁迅

作为民族解放的文化急先锋与思想开路人，鲁迅通过文学的方式声援革命，参与救亡图存的爱国社团组织，与志同道合的仁人士志共同为国家与民族命运呐喊、斗争。

---

① 冯雪峰：《鲁迅的文学道路：论文集》，湖南人民出版社 1980 年版，第 13 页。
② 郑振铎：《郑振铎文集》（第 4 卷），人民文学出版社 1985 年版，第 441 页。

1. 为民族解放与民主自由而奔走

1903年10月，鲁迅、章炳麟、陶成章联合其他留日学生共同成立"浙学会"，便于浙籍留日学生互帮互助，开展爱国革命活动。1904年冬季，王嘉伟、蒋尊簋等人在日本秘密商议，并征得蔡元培同意，在上海成立了光复会。鲁迅成为光复会东京分部第一批创始会员。回国后，鲁迅在浙江两级师范学堂任教期间，不时地向学生痛斥腐败无能的清政府，讲述徐锡麟、秋瑾等的革命事迹，并积极支持进步学生成立"武装演讲队"，通过义演的方式向社会大众宣传革命思想，他还强调："讲演团必须武装，必要时就要有力抵抗反对者"[①]。

2. 以文化论战方式为革命摇旗呐喊

文人解决文艺争论的方式是文化论战。鲁迅曾经与多个文学派别及作家个体进行过持久的文化论战。(1)鲁迅与复古派的论战。1922年前后，以章士钊为首的甲寅派，以吴宓为首的学衡派，都提出"以兴国故，倡导尊孔读经"，极力反对新文化运动，学界将两派统称为复古派。鲁迅通过文章予以还击，他认为，"旧文章，旧思想……是要中国人永远做侍奉主子的材料"，这种"'老调子'式的旧文化只有'唱完'或'将要唱完'，中国才有希望"[②]。(2)鲁迅和创造社、太阳社论战。创造社、太阳社均是郭沫若、蒋光慈等进步青年创设的。1927年大革命失败后，两社错误地将文学批判的矛头对准鲁迅。鲁迅给予坚决反击，批判他们没有搞清楚革命形式、性质与对象，机械运用"苏维埃政权之下才能够运用的方法"[③]，这次论战在一定程度上抵制了"左"倾错误思想，澄清了马克思主义文艺思想，也锤炼了无产阶级文艺革命队伍。(3)鲁迅与国民党"民族主义文学"的论战。民族主义文艺阵营中多是具有国民党官方背景的文化人物，他们披着"民族主义文学"外衣，打着小资产阶级文学旗号，创作的文学作品多是对国民党歌功颂德，有明显的维护国民党当局意识形态的目的。鲁迅先后作《黑暗中国的文艺界的现状》《"民族主义文学"的任务和

①　乔峰：《略讲关于鲁迅的事情》，人民文学出版社1954年版，第21页。

②　鲁迅：《集外集拾遗·老调子已经唱完》，《鲁迅全集》(第18卷)，人民文学出版社2005年版，第169—175页。

③　鲁迅：《上海文艺之一瞥》，《鲁迅选集》(第4卷)，人民文学出版社1983年版，第307—310页。

运命》《沉滓的泛起》等文章，揭露民族主义文学的极端伪善与不良目的，最终国民党的"民族主义文学运动"宣布破产。

三、浙江精神视域下的鲁迅形象

在浙江精神的观照下，鲁迅的形象显得更加鲜明与立体。他不仅是文学领域的勇敢革命者，更是民族解放事业的坚定实践者。他择业时心系国需，展现出强烈的爱国主义精神；他的作品始终秉持"为人生"的创作目的，展现出传承创新的品质；他更是骨头最硬的革命者，以自强不息的斗争精神，践行浙江人驰而不息、务实自立与敢于革命的牺牲精神。

（一）开放图强：择业时心系国需

鲁迅曾对友人说过："我在 18 岁那年，抱着建设中国海军的愿望，考入了南京水师学堂。那时，英美各国都用海军侵略中国。目睹这些，我的青春的热血就激起了海军热。可是半年后，我就退出水师学堂，转入了矿务学堂。当时我想，国家的当务之急，首先是开发矿业，而不是建设海军。毕业后我又想，要使中国变成强国，首先得改良人种，把中国人变为强种人。于是，我到日本开始学医了。"①从这段表述中可见：鲁迅始终将国家民族利益放在第一，并将个人的理想追求融入国家事业之中，体现出强烈的爱国主义精神。

（二）传承创新：行文万言不离其乡

鲁迅所有的作品都秉承"为人生"的启蒙主义式创作目的，开创了表现"旧式农民与传统底层知识分子"两大现实主义创作题材，这两类创作题材都脱离不了江南水乡的乡土性和地域性。

1. 人物、场景、故事桥段都依托于江南水乡创作意境

鲁迅的小说集《呐喊》和《彷徨》中选取场景百分之六七十都来自其故乡浙江绍

---

① 吴作桥、吴东范、吴虹贤：《再读鲁迅：鲁迅私下谈话录》，时代文艺出版社 2005 年版，第 9—10 页。

兴,其小说中的绝大多数主人公原型来自江南水乡的百姓。鲁迅文学作品中著名的故事桥段,也是来源于绍兴乡土社会中曾真实发生过的事件,只不过为了深度刻画人物形象并增加故事的冲突性,鲁迅在创作中有意识地将多个故事情节安排到某一个人物身上。鲁迅作品中独特的人物、场景与故事桥段,都使每位读者感受到近代乡土浙江的独特韵味以及鲁迅浓厚的爱乡之情。

2. 鲁迅作品中带有醇厚的绍兴区域语言特色

鲁迅文学作品的语言风格自成一派,具有新异性、生动性、律动性等特点。首先,鲁迅文学语言新异性来源于浙江绍兴方言,因与北方官话存在较大差异,让读者产生既新颖又迥异的语言体验。例如:将头仰起,摇着,向后拗过去(《从百草园到三味书屋》)、长子弯了腰(《示众》)、罗汉豆正旺相(《社戏》)、装好一碗饭(《风波》)……这些词在北方方言中比较少见,但在吴语系绍兴地区比较多见。其次,巧用绍兴方言让鲁迅的作品更加生动,可读性增强。例如:真也比螺蛳壳里做道场还难(《理水》)、眼睛生在额角上的(《肥皂》)……鲁迅作品中有大量巧用绍兴方言的案例,通过恰到好处的借代与比喻,让读者欲罢不能。最后,鲁迅巧用绍兴方言让作品语言极具韵律。绍兴方言中有大量 ABB 式或者 BBA 式的叠词,也时常出现在鲁迅的文学作品中,例如:他们的牙齿,全是白厉厉的排着(《狂人日记》)、滑溜溜的不知是鱼是人(《狂人日记》)等,这些叠词印证着作家一直保留着幼年时的生活记忆和情感,让作品更加有温度。

3. 重视对家乡历史文献的搜集辑录和整理保护

鲁迅曾经感叹道:"会稽故籍,零落至今,未闻后贤为之纲纪"[①]。1912 年至1935 年,鲁迅先后对 20 多种古籍进行辑录校勘,尤其对浙江地区乡邦文献进行"抢救式"的搜集辑录与整理保护,辑成 5 万多字的《会稽郡故书杂集》,其中辑录三国吴谢承《会稽先贤传》等古代会稽人遗著逸文八种,还写下了《会稽禹庙窆石考》等考据文章,并着重对绍兴籍的谢承、虞预、虞喜的史志书籍进行辑录校勘。[②] 可

---

① 鲁迅:《鲁迅大全集》(第 21 卷),长江文艺出版社 2011 年版,第 349 页。
② 刘亦冰:《鲁迅研究绍兴地方文献的丰硕成果》,《绍兴文理学院学报(哲学社会科学版)》2002 年第 2 期。

见鲁迅对于保护故乡文化遗产的良苦用心。

（三）鲁迅精神：骨头最硬革命者

毛泽东在《新民主主义论》中说："鲁迅是中国'文化革命'的主将，他不但是伟大的文学家，而且是伟大的思想家和伟大的革命家。鲁迅的骨头是最硬的。他没有丝毫的奴颜和媚骨，这是殖民地半殖民地人民最可宝贵的性格。"①鲁迅秉承浙江人驰而不息、务实自立与敢于革新的优秀品质，彰显自强不息的斗争精神与勇于革命的牺牲精神。

1. 自强不息的斗争精神

自强不息的斗争精神是鲁迅精神的重要内核。鲁迅的一生是斗争的一生，前半生与根深蒂固、盘根错节的封建势力作斗争。少年鲁迅向往新学，只为改变国民劣根性，推翻封建王朝的腐朽统治。到江南水师学堂求学，他绝不与封建思想沆瀣一气；东洋留学时，目睹留学生的纸醉金迷与"幻灯片事件"后，毅然决定弃医从文，用战斗檄文医治民族灵魂。同时，鲁迅还参与反封建的复兴社，鼓励成立"武装演讲队"；发起反对封建主义的新文化运动，掀起一股思想解放的潮流。后半生与横行逆施、黑暗腐朽的军阀势力作斗争。鲁迅翻译与研究马列主义理论著作，接纳与认同无产阶级革命思想，接触优秀中国共产党人，替党秘密工作。他在《答徐懋庸并关于抗日统一战线问题》一文中表明自己愿意无条件同一切中国共产党的敌对势力作斗争的立场与观点，通过文化论战与组建进步的文学社团的方式，与黑暗的反动势力作斗争。

2. 勇于革命的牺牲精神

鲁迅的牺牲精神表现在面对力量数倍于己的强敌而无所畏惧。帝国主义、封建主义、官僚资本主义等都是鲁迅的敌人，鲁迅被敌人"千夫指"却依然表现从容，他以笔代戈，展现出"与一切侵略者、压迫势力作殊死的斗争"的姿态，直击敌人要害，更让敌人闻风丧胆，表露出"敌人一天不杀掉我，我可以拿笔杆子斗一天，我不

---

① 毛泽东：《新民主主义论》，《毛泽东选集》（第2卷），人民出版社1991年版，第647页。

怕敌人，敌人怕我"的越挫越勇的革命斗志。鲁迅的牺牲精神还表现为面对自己热爱的人民甘于奉献，勇于牺牲。鲁迅始终保持"俯首甘为孺子牛"姿态对待人民事业。以"为人生"的启蒙主义创作目的撰作出一部部不朽的文学经典，他因此成为现代中国的民族魂。鲁迅热爱人民教育事业，千方百计筹资兴学，支持学生反抗不公待遇，在人民事业上始终表现出大公无私、勇于牺牲的无畏精神。

第三节　将文学与革命若合符节的茅盾

茅盾是浙江精神在文学革命与革命文学中典型的传承大师与践行勇者。他善于通过学习来寻求真理。少年茅盾向酷爱新学的父母学习为人之道，学生时期的茅盾向在校师生学习治学之道，进入商务印书馆后茅盾向同事学习做事之道，文学创作中的茅盾向海外文学经典与流派学习为文之道。临终的茅盾将毕生积蓄用于奖励文坛新人，以踏实做派与独特人格魅力手把手帮助文坛后辈成长。茅盾勇于通过革命传递图强意图，他用革命文学创作实现以文化人的教育目的，创办"桐乡青年社"爱国组织，主持中国左翼作家联盟，担任中共上海地方兼区（江浙）执行委员，出任汉口《民国日报》总主笔等投身革命活动，以编辑身份充当党中央联络员，翻译大量马克思主义著作，策划商务印书馆罢工等，只为盼来强大的中国、繁荣的中国。

一、是将来能为文者

在母亲陈爱珠的启蒙下，茅盾踏上了通往文学殿堂的道路。继之，湖州学堂与北大预料文科班等学府的熏陶，不断雕琢其学识之璞，为他后来成为文坛巨匠奠定基石。

（一）母亲是第一任启蒙教师

茅盾原名沈德鸿，1896 年 7 月 4 日出生于嘉兴桐乡乌镇。茅盾 5 岁时，母亲陈爱珠根据《字课图说》《天文地理歌略》等内容自编历史教材教授于他,让茅盾在有趣的历史故事中汲取中国传统文化精髓。8岁时,母亲把茅盾送到乌镇立志小学,后转入植材高级小学读书。10岁时,父亲沈永锡对妻子陈爱珠留下临终遗言,嘱咐其子茅盾与沈泽民要学理工,搞事业。多年以后,陈爱珠曾写下一副"幼诵孔孟之言,长学声光化电,忧国忧家,斯人斯疾,奈何长才未展,死不瞑目;良人亦即良师,十年互勉互励,雹碎春红,百身莫赎,从今誓守遗言,管教双维"[①]的挽联告慰丈夫,可见,母亲在培养两个儿子上倾注了全部心血,后来茅盾在多个场合中都讲到"我的第一个启蒙老师是我的母亲"。

（二）纸上觉浅此事躬行

1909年,茅盾以插班生的身份就读于湖州府第三中学堂。教授作文的老师是曾任清廷驻外使节的大学问家钱念劬先生。在一次作文课作业中,茅盾改编了庄子寓言文章,称自己化身为鸿鹄,展翅高飞遨游天际,借此表达自己远大抱负。钱念劬先生大为赞赏,并写下有分量的批注"是将来能为文者",茅盾深受鼓舞,更加坚定日后走文学创作的道路。1911年辛亥革命爆发前,茅盾转入嘉兴中学堂。该中学师生积极参加革命,原校长方青箱就任嘉兴军政分司,并鼓励师生投身革命,茅盾也担任起了辛亥革命的义务宣传员。1912年春季,茅盾进入杭州安定中学校继续学业。该校张相（献之）先生与一个教文学史的杨先生对茅盾影响最大。张相先生用作对子的形式强化学生古文基本功,后传授学生作诗填词等技巧,为茅盾打下了扎实的古文功底。另一位杨先生侧重于中国文学史的讲授,让茅盾对中国古代经典文学有了系统深刻的认知。1913年秋季,从杭州安定中学校顺利毕业后,在母亲陈爱珠支持下,18岁的茅盾报考北大预科第一类文科志愿。

二、用文学去启蒙去革命

学者张光年认为茅盾是"文学家与革命家的完美结合",是并不多见的"把两种

---

① 张守涛:《亦慈亦严:茅盾的母亲陈爱珠》,《同舟共进》2021年第6期。

素质集于一身的人"①。茅盾以笔代戈，声援革命，留下不朽的革命文学佳作。

（一）妙笔生花编辑生涯

1916 年 8 月，经表叔卢学溥引荐，茅盾毕业后顺利进入张元济先生创办的上海商务印书馆编译所。工作不久后，他给张元济先生写了一份反映工作问题的信件，主要陈述个人对商务印书馆最新出版的《词源》中部分内容的看法，得到张元济的高度评价。随后，他被调到该馆国文部，与孙毓修先生合译书稿。下班后，茅盾经常跑到涵芬楼读书，并虚心向前辈孙毓修与王西神请教，很快在五四运动的时代洪流中脱颖而出。② 在国文部一边编写《中国寓言》和《中国寓言续编》，一边参与《学生杂志》编辑工作，自此开启茅盾的编辑生涯。茅盾先后以主编、合编、参编、编委或发起人几种形式对 15 种刊物进行过编辑活动。

1. 以主编身份参与《小说月报》等刊物

商务印书馆旗下的《小说月报》一直以刊登鸳鸯蝴蝶派小说为主，然而这类小说已经不适合新文化运动时期的潮流。茅盾接任主编后，在《小说月报》上开辟"小说新潮栏"，刊登新文学优秀作品，并向读者介绍西方文艺理论与思潮，该栏目逐渐成为新文化主要阵地之一。后因商务印书馆编译所由保守派王云五接手，与茅盾政见不一③，茅盾选择退出《小说月报》。1937 年，茅盾在上海主编刊物《呐喊》，总共刊出 2 期，该刊物是即将要停刊的《文学》《译文》《文丛》的结合刊物，号召每个中国人在民族危亡之际都能够迸发出愤怒的呐喊；8 月，茅盾将《呐喊》刊名改为《烽火》，寓意点燃民族救亡的烽火。《烽火》共办刊 20 期，主要刊登抗日救亡小说、诗歌、杂文等多种文学作品，为抗战宣传作出重要贡献。1938 年 4 月，茅盾在广州创办了期刊《文艺阵地》。他邀请大量原左翼作家联盟中的红色作家为其撰稿，中间多次被查封，一直坚持到 1944 年 3 月该刊物彻底终刊，前后出刊 63 期。1941 年 9

① 张光年：《文学家与革命家的完美结合——在纪念茅盾九十周年诞辰大会上的讲话》，《茅盾九十诞辰纪念论文集》，作家出版社 1987 年版，第 3 页。

② 钟桂松：《起步的十年：茅盾在商务印书馆》，商务印书馆 2017 年版，第 1 页。

③ 胡愈之：《早年同茅盾在一起的日子里》，《人民日报》1981 年 4 月 25 日。

月至 12 月,茅盾在香港创办了半月刊《笔谈》,该刊物是茅盾应周恩来委托,在香港开辟"第二战线"的重要抗战刊物,通过刊发抗战小品文的形式,收到了"游击队效果"。[①]

2. 以合编身份参与《前哨》《文学导报》与《少年先锋》等刊物

《前哨》与《文学导报》皆是左翼作家联盟机关报刊,由鲁迅、茅盾和冯雪峰联合编辑。《前哨》于 1931 年 4 月出刊第一期,第二期便改名为《文学导报》,随后出刊 8 期,最终因左联解体而终刊。1938 年 2 月,茅盾与叶圣陶、宋云彬合编《少年先锋》刊物,主要向中国广大少年儿童宣传抗日,受到广大青少年读者欢迎,但半年后也因抗战而终刊。

3. 以编委或者发起人身份参与《戏剧》《译文》《大众生活》等刊物

1934 年 9 月至 1937 年,鲁迅首倡,茅盾为重要发起人,发起专登翻译文学的刊物《译文》,共刊出 29 期。1941 年 5 月,应邹韬奋邀请,茅盾作为编委共同创刊《大众生活》,这也是茅盾在香港开辟第二战线的又一成果。中华人民共和国成立以后,茅盾担任文艺界影响最大的刊物《译文》和《人民文学》杂志第一任主编。

(二)茅盾的文学贡献

国内学术界对作家茅盾的文学研究主要聚焦在小说创作、儿童文学创作、外文翻译、散文创作、文论研究等。

1. 小说创作

根据钱理群主编的《中国现代文学三十年》中关于茅盾的相关资料整理可得:1927 年 8 月,茅盾从牯岭到上海后,根据自己的革命经历写完第一部小说《幻灭》[②];同年底,茅盾根据湖北鄂西地区的钟祥县复杂的革命形势[③],创作第二部小

---

① 茅盾:《我走过的道路》(下),人民文学出版社 1997 年版,第 425 页。
② 小说《幻灭》于 1927 年 9 月开始在《小说月报》连载。
③ 张立国、孙中田:《论〈动摇〉的历史真实》,《文学评论丛刊》第 17 辑,1983 年。

说《动摇》①。1928 年,茅盾根据当时知识分子在大革命失败后不知所措,盲目挣扎,集体追求后又集体幻灭的复杂心态,创作出第三部小说《追求》②,后来茅盾将这三部小说整理为中篇小说集《蚀》③。1928 年 7 月,茅盾离沪去日本,调整自我状态后创作《虹》④。1930 年,茅盾以"借古讽今、古为今用"为创作目的创作三篇历史题材小说《大泽乡》《豹子头林冲》《石碣》⑤。1931 年,革命进入低谷,他积极探寻对青年们出路并创作出《路》⑥;5 月,茅盾出版了小说与散文合集《宿莽》;11 月,茅盾写成中篇《三人行》⑦,该小说暗合当时青年们的迷茫与彷徨。1932 年 6 月,根据"一·二八"事变后曾经富庶的江南乡村满目疮痍、民生凋敝的景象,茅盾创作小说《林家铺子》⑧。1933 年 1 月,茅盾的长篇小说扛鼎之作《子夜》⑨正式出版发行,该部小说史诗般地呈现了当时中国错综复杂的社会矛盾与阶级斗争。1933 年,茅盾创作了《秋收》⑩与《残冬》⑪,连同《春蚕》⑫构成茅盾的"农村三部曲",三部作品都是以 20 世纪 30 年代浙江嘉兴桐乡乌镇农村为创作背景,描述了当时农业萧条、农村凋敝、农民万念俱灰的状况。1936 年,短篇小说集《泡沫》⑬问世。1937 年,出版《多角关系》⑭,主要描写旧社会农村的多角债务关系,折射出人性险恶以及旧社会农民悲惨境遇。1941 年,茅盾出版了《腐蚀》⑮,以"皖南事变"等重大历史事件为创

①　小说《动摇》于 1928 年 1 月开始在《小说月报》第 19 卷第 1—3 号连载,收入《蚀》。
②　小说《追求》于 1928 年 6 月开始在《小说月报》第 19 卷第 6—9 号连载,收入《蚀》。
③　小说集《蚀》于 1930 年 5 月由开明书店出版发行。
④　韩利贤:《在文学与政治之间:析茅盾的小说〈虹〉》,《大众文艺》2010 年第 9 期。
⑤　小说《大泽乡》《豹子头林冲》《石碣》载于 1930 年《小说月报》第 21 卷第 8、9、10 号。
⑥　小说《路》原载《读书月刊》3 卷 5 期,后于 1930 年 6 月在上海光华书局出版发行。
⑦　小说《三人行》刊登于 1931 年《中学生》杂志 16 至 20 号。
⑧　小说《林家铺子》刊登于《申报月刊》第 1 卷第 1 期,收入 1933 年 5 月开明书店版《春蚕》。
⑨　小说《子夜》于 1933 年 1 月由上海开明书店出版发行。
⑩　小说《秋收》1933 年 4 月开始刊登于《申报月刊》第 2 卷第 4—5 期,后收入《春蚕》。
⑪　小说《残冬》发表于 1933 年 7 月《文学》第 1 卷第 1 号,收入 1939 年 8 月开明书店版《茅盾短篇小说集》第 2 集。
⑫　小说《春蚕》发表于 1932 年 11 月《现代》第 2 卷第 1 期,1933 年 5 月由开明书店结集出版。行文以《春蚕》时间为线,带过《秋收》《残冬》。
⑬　小说集《泡沫》于 1936 年 2 月上海生活书店出版发行。
⑭　小说《多角关系》于 1936 年 1 月刊于《文学》第 6 卷 1 期,1937 年 5 月由文学出版社出版。
⑮　小说《腐蚀》于 1941 年 5 月 17 日至 9 月底《大众生活》连载,同年 10 月由华夏书店出版。

作背景,抨击国民党反动派的累累罪行。1942年,中篇《劫后拾遗》①问世,主要描写1941年香港沦陷前后的动荡局势和社会生活的变化;同年8月,出品长篇小说《霜叶红于二月花》②,小说以五四运动后江南乡村为背景,显示出中国社会巨大变化之前的种种征兆;③同年,茅盾还写了短篇《某一天》《虚惊》《耶稣之死》等。1945年,茅盾出版了《第一阶段的故事》④《委屈》。1948年,茅盾完成抗日战争题材小说《锻炼》⑤,这也是他最后一部长篇小说,作品以宏大的叙事方式还原了上海"八一三"淞沪战争时整体社会风貌。

茅盾曾表示过"真的文学也只是反映时代的文学"⑥,在题材选取、创作主题、人物形象塑造与艺术表现等方面,茅盾的小说都表现出时代性。首先,茅盾的小说题材选取体现时代性。茅盾以博大的艺术胸襟,着眼于重大时代选题,用全景式描写呈现当时的社会面貌。其次,茅盾小说创作主题体现时代性。依据创作题材,茅盾全部小说创作可分为三个阶段:第一个阶段创作主题大致围绕小资产阶级青年向往与追求革命展开;第二个阶段创作主题关注民族资产阶级与农民阶级在民主革命中能否成为革命领导者,并以怎样的方式参与;第三个阶段的创作主题围绕中国共产党通过统一战线团结有生力量,将革命进行到底而展开。每个阶段的文学创作都紧扣时代脉搏。再次,茅盾小说人物形象塑造,体现出时代性。茅盾最早塑造了"时代女性"形象,通过笔下的进步女性形象塑造,呼吁民众敢于冲破封建礼教束缚,寻求个性解放。茅盾还刻画了民族资本家群象,他们怀揣实业救国理想,兴办实业,却遭到各个反动阶层的联合阻挠,最终以失败告终。茅盾还塑造了农民群体,茅盾笔下的农民具有善良、淳朴、勤劳等优秀品质,同时也具有仇洋意识与反抗行为。茅盾塑造的每一类群体都极具时代性。最后,茅盾小说艺术表现体现出时

---

① 小说《劫后拾遗》于1942年6月由桂林学艺出版社出版发行。
② 小说《霜叶红于二月花》于1942年8月开始《文艺阵地》第7卷第1—4期连载。1943年10月由桂林华华书店出版。
③ 钱理群、温儒敏、吴福辉,等:《中国现代文学三十年》,北京大学出版社1998年版,第193—194页。
④ 小说《第一阶段的故事》于1945年4月由重庆亚洲图书社出版发行。
⑤ 小说《锻炼》于1948年9月9日至12月19日连载于香港《文汇报》。于1981年5月由文化艺术出版社出版。
⑥ 茅盾:《社会背景与创作》,《茅盾文艺杂论集》,上海文艺出版社1981年版,第49页。

代性。茅盾的小说创作带有时代特征,创作过程大量吸收西方浪漫主义、写实主义与自然主义等艺术形式,采取网状社会关系构思小说结构,巧用象征、暗示、心理描写等艺术表现手法。

2. 儿童文学

五四运动后,茅盾认同"人的发现"的创作目的,并通过儿童这个特殊群体实现"人的发现"。入职商务印书馆后,他就参与《学生杂志》科幻小说翻译,还编写了《中国寓言》和《中国寓言续编》,在寓教于乐中帮助学生增加知识、开阔眼界,"提高学生个人钻研才华和性质"[①]。茅盾儿童文学作品题材大致分为神话、童话与科普读物三大类。一是科普读物类儿童文学作品。在 1917—1920 年,茅盾编译科学小说 4 篇、科学小品文 4 篇、科普文章 8 篇,共计 16 篇科学类儿童文学作品,均刊登在商务印书馆的《学生杂志》上。这类科普读物儿童文学真正做到启迪儿童心智,培养现代社会所需的科学素养。二是童话故事类儿童文学作品。1918—1924 年间,茅盾主要创作有超自然能力的、拟人化的、特殊历险经历的三大类题材童话,通过童话构建儿童的道德意识,进而"增进儿童思想性格的成长"[②]。三是神话传说类儿童文学作品。1924—1925 年,茅盾主要对希腊神话与北欧神话进行译改,均刊载于《儿童世界》。通过译改的凡人反抗神的希腊神话,启发儿童不畏强权,敢于斗争。茅盾创作和翻译儿童文学作品,旨在培养儿童成为"德才兼备,体力和智力都健全,具有高度文化素养、科学技能和政治水平的新人"[③]。

3. 外文翻译

1917—1949 年,茅盾翻译了约 30 个国家的 200 余篇文学作品[④]。他以翻译者与翻译期刊负责人等多重译介身份,向国人介绍与传播海外进步文学,来推行新文化等爱国运动,激励国民以饱满的热情和昂扬的斗志投入革命与建设之中。

---

① 茅盾:《论儿童读物》,《茅盾全集》(第 19 卷),黄山书社 2012 年版,第 488 页。
② 夏征农:《辞海》,上海辞书出版社 1999 年版,第 5071 页。
③ 茅盾:《祝中国儿童剧院成立》,《茅盾全集》(第 24 卷),黄山书社 2012 年版,第 550 页。
④ 陈竞宇:《茅盾外国文学译介研究》,上海外国语大学 2019 年博士学位论文,第 1 页。

4. 散文与文论

(1)散文创作。散文写作是茅盾文学创作的重要组成部分,《茅盾全集》中有 7 卷是散文,字数达到 200 多万字。茅盾的散文创作大致分为三个阶段。一是 1920—1930 年的彷徨探寻时期,他创作了《严霜下的梦》《雾》《叩门》等散文,作品采取"寓情于事"创作方式,隐喻大革命失败后的国民党黑暗统治。二是 1930—1938 年的感悟思考时期,他出版了《宿莽》《茅盾散文集》《话匣子》等散文集,作品中对中国广大农村进行速写,具有浓厚的生活气息。三是 1939 年以后进入寻求解放与抗争时期,他创作了《炮火的洗礼》《白杨礼赞》等散文,以民族解放作为创作题材,充满革命斗志。(2)文论研究。茅盾在 60 多年的文艺创作生涯中共创作 500 多万字,其中文论约占四分之一。茅盾在不同时期持有不同的文论观点。他最早信奉西方表象主义,该文学流派侧重于感官体验,通过暗示与联想等创作手段揭示人的内在精神,恰好呼应五四运动中提倡的"人的觉醒"。随着对该流派的持续研究,茅盾进而逐渐成为西方自然主义的极力推崇者,他曾经说过:"从冷酷的客观主义解放到冷烈的主观主义,实是文学的一步前进。"[1]茅盾不断吸收自然派的写作技法,并逐渐向新浪漫主义(现代主义)过渡。茅盾在回忆录《我走过的道路》中曾经讲道:"新浪漫主义显然强烈地影响了我以后的文学活动。"[2]这种新浪漫主义文学也进一步拓展与丰富了社会主义现实主义理论。

(三)为有革命多壮志

1962 年 11 月 14 日,茅盾接受记者采访时曾说,"我早年是想做一名革命家,革命家没做成,才做了作家",他个人从来不自诩为革命家,但他作为著名爱国作家总是能够勇敢地投入革命洪流之中,也为革命作出杰出贡献。

1. 通过编辑身份协助组织建设

1920 年,陈独秀成立上海共产党早期组织,茅盾成为最早成员之一。他利用

---

[1] 茅盾:《自然主义与中国现代小说》,《茅盾全集》(第 18 卷),人民文学出版社 1989 年版,第 239 页。
[2] 茅盾:《自然主义与中国现代小说》,《茅盾全集》(第 18 卷),人民文学出版社 1989 年版,第 235 页。

报纸编辑身份作为掩护，为各地党组织与党中央架起组织联络桥梁。茅盾利用外文翻译专业特长，翻译《共产主义是什么》《美国共产党党纲》等文章，为初创党组织提供范例参考。后来，茅盾又连续翻译并刊登无产阶级革命导师列宁的《国家与革命》，让早期中国共产党对于马克思主义国家学说有了更加清晰的认知。

2. 参办女校，担任上海大学兼职教师

1921年，陈独秀与李达决定成立安置来沪党员家属、培养无产阶级妇女干部以及掩护地下党组织的上海平民女子学校。受到校务主任李达邀请，茅盾担任该校高级班英文教师，在教授英文过程中，他还为学生讲解资本家如何剥削工人，工人如何团结等知识①，鼓励广大妇女运用女性特殊身份参与到革命运动中去。在上海大学校长于右任恳请下，1923年初夏，瞿秋白、蔡和森与茅盾等中共党员来校担任专业教师。茅盾义务担任"欧洲文学史"课程教师，为革命造才②。茅盾从1923年5月至1925年5月在该校任教，为中国革命培养了阳翰笙、何秉彝、李硕勋等优秀学生，也为中国教育事业作出杰出贡献。

3. 义不容辞投入革命洪流中去

1919年五四爱国运动结束后，茅盾与胞弟沈泽民、妻子孔德沚等人在上海成立爱国组织"桐乡青年社"，并不定期出版发行刊物《新乡人》，茅盾作为主笔人亲自参与文字编辑与油印等工作。该爱国组织不断发展壮大，鼎盛时达到四五十人，曾多次回桐乡在多所学校里开展爱国演讲，宣传进步思想。1924年，内部思想分歧最终成为社团解体的主要原因，但该爱国组织是茅盾第一次直接领导的革命社团，为今后的革命事业奠定了坚实的实践基础。1927年4月至7月，茅盾接受瞿秋白委派，前往武汉汉口，担任《民国日报》主编一职。茅盾在担任该报纸主编的三个月中，署名"雁冰"共发表32篇社评、2篇文章。社评与文章大多是揭露蒋介石反共阴谋，提倡继续北伐，为工农革命造势，也为我党在新闻宣传方面积累宝贵经验。1930年，鲁迅、郁达夫、茅盾等知名作家成立中国左翼作家联盟。1931年5月至

---

① 茅盾：《我走过的道路》，人民出版社1981年版，第250页。
② 孙中田：《论茅盾的生活与创作》，中华书局2015年版，第51页。

1932年5月，茅盾担任左联执行书记，主要负责与国际文学总会联系以及《北斗》等左联刊物编辑。任职期间，茅盾尽职尽责，各项工作亲力亲为，为左翼作家联盟的发展奠定了坚实基础。

三、浙江精神视域下的茅盾形象

在浙江精神映照下，茅盾形象熠熠生辉。他善学求真，执着于寻找救国之道，勇于实践，在文学创作与革命斗争中砥砺前行。他深谙人文关怀，设立茅盾文学奖鼓励新人，培育文坛后辈，彰显了博大胸怀。

（一）善于学习

浙江精神提倡求真务实，而求真务实更体现在不断学习与实践的过程中。茅盾作为浙江精神的坚定传承者，不仅在学术上追求真理与智慧，更致力于唤醒国人内心深处的力量，实现精神的升华与超越。少年时期的茅盾善于从父母长辈身上学习。深受维新思想影响的父亲沈永锡和喜欢新学的母亲陈爱珠都对茅盾思想进步与身心成长产生影响，使少年茅盾喜欢谈论富国强兵之道的文章，并种下了民主主义思想的种子。学生时期的茅盾善于向师生学习。在嘉兴中学堂读书期间，茅盾向爱国的师生学习，积极投身于嘉兴与湖州光复革命中。在杭州私立安定中学求学时，茅盾向国学底蕴厚重的先生们学习，为将来的文学创作打下了扎实的古文功底。在北大预科班学习时，茅盾向学贯中西的教授们求学问道，增长见识，开阔了眼界。商务印书馆时期的茅盾善于向同事与外国文艺作品学习。工作之中，茅盾善于向孙毓修与王西神等前辈学习。加入党组织后，茅盾向马恩经典原著学习，并根据自身特长大量翻译国外共产党著作，增强马克思主义理论知识，坚定了为党为国为人民奉献终身的勇气与决心。在文学创作中，茅盾积极向文学大师、学术前辈等学习。自然主义的左拉、象征主义的叶芝、表现主义的斯特林堡、新浪漫主义的罗曼·罗兰、现实主义的高尔基、新文化运动旗手鲁迅都是茅盾文学创作的学习榜样，通过向前辈孜孜不倦学习，他最终形成了自己的文学风格，铸就了他在中国现代文学史上的重要地位。

（二）勇于实践

1. 在文学创作中以文化人

茅盾作为新文化运动推动者与中国革命文学奠基人，在文学创作中始终强调文学"以文化人"的教育功能。例如：他一手主办的《小说月报》改革宣言曾提倡："谋更新而扩充之，将于译述西洋名家小说而外，兼介绍世界文学界潮流之趋向，讨论中国文学的革新之方法。"①从第一部小说《幻灭》到最后一部长篇小说《锻炼》，从第一篇用白话翻译的契诃夫的短篇小说《在家里》到曾经两次翻译的勃朗特长篇小说《简·爱》，都能够看出茅盾的写作的目的便是"为人生""为阶级""为民族""为民主"。

2. 在革命斗争中砥砺前行

茅盾的一生也是革命斗争的一生。茅盾在嘉兴中学堂就参与革命宣传活动。五四爱国运动后，茅盾主动组织和参与"桐乡青年社"爱国组织。一大胜利召开以后，茅盾被党组织委以重任，负责指导知识分子与工会运动。五卅运动爆发后，茅盾参加群众示威游行，惨案发生后，写下了《五月三十日下午》。1923 年国共合作后，茅盾担任国民党上海党部宣传部部长、中央军事政治学校政治教官、汉口《民国日报》主编等职务，他始终以饱满的热情与无畏的勇气投入革命中。

3. 紧跟党走奋楫笃行

1920 年，茅盾加入陈独秀组建的上海共产党早期组织。以商务印书馆《小说月报》负责人的身份作为掩护，秘密地为党中央与地方党组织之间架起联络桥梁，并利用专业特长为党组织翻译大量国外马克思经典著作与研究成果，为初创组织的中共提供理论支撑。以商务印书馆支部书记的身份组织商务印书馆罢工。以中共党员的身份投入平民女校与上海大学教育工作，为革命培养有生力量。1949

---

① 茅盾：《改革宣言》，《小说月报》1921 年 12 卷 1 号。

年，中华人民共和国成立后，茅盾积极投入到社会主义建设中，先后担任中华人民共和国文化部第一任部长、《人民文学》杂志主编、中国文学艺术界联合会副主席与中华全国文学工作者协会主席等要职。

（三）人文关怀，薪火相继与善于传承

1. 设立专项文学奖以资鼓励新人

茅盾在病危前曾致信中国作家协会，信中写道："我将我的稿费25万元捐献给作协，作为设立一个长篇小说文艺奖金的基金，以奖励每年最优秀的长篇小说，我自知病将不起，我衷心地祝愿我国社会主义文学事业繁荣昌盛。"中国作家协会在此基础上，设立了"茅盾文学奖"，该奖项为我国长篇小说的繁荣与发展起到了积极的促进作用。

2. 注重对文坛新人的培养与扶植

20世纪80年代前的有名气的作家大多数都得到过茅盾先生的指导和帮助，例如王愿坚、管桦、茹志鹃等人都得到过茅盾的帮助。巴金在《悼念茅盾同志》一文中写道："我国现代文学始终沿着'为人生'的现实主义道路成长、发展，少不了他几十年的心血，他又是文艺园中一位辛勤的老园丁，几十年如一日，浇水拔草、小心照料每一朵将开或者初放的花朵。"[①]茅盾对浙籍作家也关爱有加，热心扶植，悉心培养。例如，茅盾亲手培育出浙江上虞著名作家胡子婴，胡子婴在撰写小说《滩》的过程中，茅盾手把手地教，在发表前茅盾亲自帮助修改十几遍，可以说茅盾是这部作品名副其实的"助产师"，该小说在1945年重庆《大公报》连载，收到很好的反响，奠定了胡子婴的文坛地位。此外，茅盾还对杭州作家郁茹、桐乡作家孔另境、义乌作家王西彦等进行过亲手扶植，对于浙江文学水平的提升起到了关键性的作用。茅盾对浙籍作家的培植体现了浙籍老一辈艺术家博大胸怀和强有力的人文关怀，也成为浙江精神强有力的精神之源。

---

① 转引自尚丁：《忆茅公》，《出版工作》1981年第1期。

第四节　从吹芦笛到吹号角的诗人艾青

艾青是将浙江精神融入诗歌、写进人生的先驱者。艾青在诗歌创作中始终追求真善美。他从社会生活中求"真"，以人民的评判作为"善"的标准，以歌颂劳动与人民为"美"，追求真善美的过程成就了求真务实的做派。艾青将人生追求融入国家与民族事业中，不仅体现了伟大爱国诗人的时代性，也彰显了浙籍文学名家努力践行的开放图强精神。

一、凄惨童年坎坷求学路

在命运多舛的童年，艾青饱受苦难，却在大堰河的呵护下茁壮成长。求学之路上，他历经曲折，终在西湖国立艺术学院绽放才华。赴法留学期间，他深入挖掘西方艺术精髓，为日后的诗歌创作注入了不竭的灵感。

（一）我的母亲大堰河

艾青原名蒋正涵，字养源，号海澄，1910 年 3 月 27 日出生于浙江金华傅村镇畈田蒋村，父亲蒋忠樽曾考入浙江省立第七中学，接受过六年的新式教育，算是当地开明士绅。母亲楼仙筹在怀孕期间经常生病，分娩过程中遭遇难产，算命先生卜卦说他会与父母命理相冲，破解之法为：只能称呼亲生父母为叔婶，并要寄养于生辰八字与他相合的人家中。

经人介绍找到了来自隔壁大叶荷村的蒋忠丕家的童养媳。因无名无姓，村民称呼这个童养媳为"大叶荷"，因金华地方口音容易把"大叶荷"发音成"大堰河"[①]，因此，艾青一直称呼自己乳母为"大堰河"。乳母大堰河是个不幸的人，先后嫁给短命的蒋忠丕与酒鬼姜正兴，生育四儿一女，生活极度贫穷，为补贴家用而做了艾青

---

① 公木：《新诗鉴赏辞典》，上海辞书出版社 1991 年版，第 50 页。

的乳母。大堰河白天除照顾小艾青外，还要给蒋家做一些洗衣做饭、打扫卫生的工作。每晚把艾青带回自己家照顾，将小艾青当作自己的骨肉来抚养，给予艾青无微不至的呵护与关爱，也弥补了艾青缺失的母爱关怀。在人格健全与品行塑造关键的婴幼儿期，因正常的父母之爱被剥夺后，会本能地进行"移位"与"替代"，于是被乳母大堰河抚养 5 年的艾青理所当然地将"保姆"与"母亲"画上了等号。1950 年左右，艾青回金华省亲时，专程到乳母大堰河坟前拜谒，却没有看望埋葬并不远的亲生父母。①

（二）艰辛学艺终有成

1. 就读于新式学堂乔山小学与育德小学

艾青四岁时，父亲蒋忠樽将艾青送到村中蒙馆开笔启蒙，后又到村办乔山小学接受四年小学教育，少年遭遇不幸的艾青醉心于美术，寻求安慰。② 1919 年五四爱国运动期间，正就读乔山小学的艾青"写一篇名为《一个时代有一个时代的文学》的文章，反对念文言文，老师批语：'一知半解，不能把胡适、鲁迅的话当作金科玉律。'我却在他的批语上打了一个'大八叉'"③。可见，艾青从小就敢于挑战权威，勇于创新突破。后来艾青又到傅村镇的育德小学读书，师从于付冰如与付子冰，两位老师治学严谨，为人正直，对艾青严格管教，不仅为其日后从事文学创作培养了创新思维，更打下了坚实的文字功底。

2. 两考省立第七中学

1924 年夏季，父亲蒋忠樽要求他报考自己曾就读的浙江省立第七中学，艾青参加该中学入学考试时，作文题目是《苦旱记》，地主出身的他认为自己从未体验过真正的稼穑艰难，固执之下只字未落，最终名落孙山。1925 年，复读一年的艾青重新报考省立第七中学，最终被录取。1928 年早春，艾青参加了学校组织的杭州春

---

① 周红兴：《艾青研究与访问记》，文化艺术出版社 1991 年版，第 153 页。
② 艾青：《艾青诗选》，人民文学出版社 2012 年版，自序第 2 页。
③ 艾青：《艾青全集》（第 3 卷），花山文艺出版社 1991 年版，第 339 页。

游活动,他先后创作了《湖心》和《伤怀"古来多少英雄骨,埋遍西湖南北山"》两首新体诗,都发表在七中校刊《学蠡》[①]上,这让艾青在学校中迅速成为知名人士。

3.升入西湖国立艺术院

1928年,父亲蒋忠樽极力反对中学毕业的艾青报考黄埔军校。在教员孙福熙的游说下,父亲蒋忠樽最终同意艾青报考位于杭州的西湖国立艺术院。该校以"介绍西洋艺术,调和中西艺术,创造时代艺术"为宗旨,设立绘画、图案、雕塑、建筑四个系部,留法美术家林风眠为院长,林文铮、吴大羽、潘天寿等著名画家都曾在该校任教。1928年秋,艾青通过入学考试,顺利成为该校第1届第2期绘画专业学生。在校期间,艾青学习勤奋,专业成绩优秀。1929年春季,在院长林风眠的推荐下,艾青和青年教师孙福熙、雷圭元等一道赴法留学,艾青曾经形象地表述为:"从家里逃跑似的,到法国巴黎去了。"[②]

4.求艺于法国蒙巴纳斯

1929年,艾青到法国勤工俭学时,父亲蒋忠樽中断了资助艾青追求艺术的寄款,他基本上上午打工,下午学画。[③]艾青并未进入艺术学院深造,而是游走于蒙巴纳斯的私人画室和小展馆偷师学艺,主要原因:一是艺术学院学费昂贵,二是他强烈排斥学院派的思想[④]。艾青对印象派的莫内、马奈、雷诺尔等画家痴迷,经过深入研究,他逐渐摸清了西方绘画的流派与潮流,在现代先锋艺术漩涡中,艾青开阔了眼界,增长了见识,提高了能力。

二、从诗歌革命到革命诗歌

艾青以诗人、编辑、教师等多种身份参与到革命事业中,并创作了大量的革命诗歌,通过诗歌革命推动中国新诗发展,让中国自由体诗歌创作达到新高峰,他也

---

① 王志元:《关于艾青最早诗作的考订》,《浙江师范大学学报(社会科学版)》,1988年第4期。

② 艾青:《艾青诗选》,人民文学出版社1979年版,第16页。

③ 艾青:《母鸡为什么会下鸭蛋》,《人物》1980年第3期。

④ 叶锦:《艾青谈他的两首旧作》,《东海》1981年第4期。

被誉为"卓越的民族诗人"①。

(一)现当代新诗史上的不朽丰碑

艾青的诗歌主要以土地、太阳与大海为创作意象,学者骆寒超对艾青的 406 首诗歌进行过研究:"26% 的诗歌与土地以及土地衍生关联词有关,12% 的诗歌与太阳以及太阳衍生关联词有关。"②艾青现代诗诗歌创作大约分为 5 个阶段,每个阶段都有各自的特点。

1.法国留学诗歌创作时期(1929—1932 年)

艾青曾经用"精神上自由,物质上贫苦"③形容留法勤工俭学的岁月。在法国巴黎求艺过程中,艾青开始接受追求个性解放的"波希米亚"艺术风格,接触并认同法国现代大诗人阿波里内尔与波德莱尔等,尝试以巴黎为诗歌意象创作了作品,先后创作了《我的季候》《古宅的造访》《画者的行吟》等作品,用笔墨描写生活在巴黎城市中的底层人民,于苦难中萃取独特的美学意义。

2."大堰河"诗歌创作时期(1932 年 1 月—1935 年 10 月)

1932 年,归国后的艾青牵头与"中国左翼美术家联盟"成员在上海组建春地画会,并定期举办画展,通过画展的形式开展反帝反蒋革命宣传。7 月,法国租界巡捕房取缔该联盟组织,画会停止活动,艾青被指控"扰乱地方治安",被判刑 6 年。艾青形象地称:"决定我从绘画转变到诗,使母鸡下起鸭蛋的关键,是监狱生活"④。这一时期艾青诗歌主要有三大创作主题。一是回忆留法岁月,以巴黎底层社会生活为创作主题。他创作了《巴黎》《马赛》《芦笛》等诗歌,向世人展示了底层人民反抗奴役的强烈意志。二是为失去自由的牢狱生活而创作的诗歌。因阴暗潮湿的监狱环境,艾青入狱不久后罹患肺病,也增强了他对自由的向往与对不公世界的反抗,他先后创作出了《搏动》《黎明》《监房的夜》等一批"囚歌"。三是出于对家乡的

---

① 王嘉良、颜敏:《中国现当代文学史》,上海教育出版社 2004 年版,第 233 页。

② 骆寒超:《论艾青诗的意象世界及其结构系统》,《文艺研究》1992 年第 1 期。

③ 艾青:《艾青诗选》,人民文学出版社 2012 年版,自序第 4 页。

④ 艾青:《母鸡为什么下鸭蛋》,《艾青全集》(第 3 卷),花山文艺出版社 1991 年版,第 650 页。

眷恋与对亲人的想念而创作的诗歌。痛苦愤懑的狱中生活，让艾青更加想念家乡与亲人，他创作了《大堰河——我的保姆》《透明的夜》等诗歌名作，用诗歌慰藉身陷囹圄的自己，这一时期也成为艾青诗歌创作的第一次高峰。

3. 抗战诗歌创作时期（1937 年 12 月—1949 年 10 月）

在整个抗日战争时期，艾青诗歌创作主要有两大题材。一是表现日本帝国主义入侵后，中华民族遭受到前所未有的苦难，如《雪落在中国的土地上》《北方》《手推车》《吴满有》等诗歌。二是歌颂中国人民英勇抗战、不畏牺牲，以及表明对抗战胜利的信心，他的《他死在第二次》《向太阳》《反法西斯》《黎明的通知》《愿春天早点来》《雪里钻》等诗歌无一不是战斗的"火把"，激励全体中华儿女"从敌人的死亡，夺回来自己的生存"，为民族解放筑成新的血肉长城。

4. 中华人民共和国成立前后诗歌创作时期（1949—1957 年）

这一时期，艾青用诗歌表达对于新生的人民政权的无限向往，其中《走向胜利》①《欢呼集》②两部诗集中的《人民的城》《保卫和平》《我想念我的祖国》等著名诗篇，皆是鼓舞广大人民团结起来保卫来之不易的新中国。同时，他还由衷礼赞社会主义建设。艾青先后创作了《垦荒者之歌》《播谷鸟集》《烧荒》等作品，表达了对新农村建设的欢欣鼓舞之情。他还对和平安宁的社会生活抒发赞美之情。诸如《宝石的红星》《黑鳗》《春天》《海岬上》等诗篇，充满了对未来美好生活的向往和期待。

5. 再度归来诗歌创作时期（1978—1984 年）

1957 年，艾青被错划为"右派分子"，取消一切美协与文联职务，先后被发配到黑龙江省某林场与新疆乌鲁木齐某农垦区进行劳动改造，诗歌创作中断近 20 年。1978 年发表的《红旗》③标志着艾青诗歌创作事业重启，他先后出版诗集：《归来的

---

① 艾青：《走向胜利》，文化工作社 1950 年版。
② 艾青：《欢呼集》，北京新华书店 1950 年版。
③ 艾青：《红旗》，《文汇报》1978 年 4 月 30 日。

歌》①《艾青叙事诗选》②《艾青选集》③《落时集》④《艾青抒情诗选》⑤《雪莲》⑥《域外集》⑦《艾青短诗选》⑧等。一直到1984年发表最后一部诗集《启明星》⑨。艾青归来后仍然以"土地""太阳"与"波浪"为创作意象，以丰富的阅历、过人的精力与敏锐的思考重新燃起创作的热情，也迎来了他创作的第二个高峰。

（二）创办革命诗歌刊物

1. 负责创办和编辑《广西日报》副刊《南方》

1938年10月下旬，随着武汉失守，艾青等大批文人从汉口西迁至广西桂林。艾青进入《广西日报》工作，在他积极运筹下，副刊《南方》于同年12月正式出版发行，共刊出80期。艾青亲自担任副刊《南方》的第一任主编，他在发刊词中号召："暴露侵略的魔鬼在我们国土罪行，高扬我们战斗的热情，坚毅，勇猛，争取祖国的胜利和光荣！"⑩艾青还在副刊《南方》开辟《诗专刊》，用诗歌的方式吹响嘹亮的抗日救亡的号角。后因国民党特务与桂系军阀关注、调查并插手改编副刊《南方》，艾青义愤填膺地选择辞职。

2. 创办和主编刊物《诗文学》与《顶点》

艾青创办并主编过两本刊物。一本是《诗文学》，该刊物在1939年4月18日正式出刊，属于不定期出版刊物，前后共有18期。该刊物曾刊登艾青的《诗的散步》《我们的信念》，还刊登过郭沫若的《革命诗人屈原》，因而引起社会各界广泛关注。另一本是艾青与戴望舒筹办的诗刊《顶点》，1939年7月10日创刊，只出刊1

① 艾青：《归来的歌》，四川人民出版社1980年版。
② 艾青：《艾青叙事诗选》，广东人民出版社1980年版。
③ 艾青：《艾青选集》，香港文学研究社1980年版。
④ 艾青：《落时集》，浙江人民出版社1982年版。
⑤ 艾青：《艾青抒情诗选》，文联出版社1983年版。
⑥ 艾青：《雪莲》，黑龙江人民出版社1983年版。
⑦ 艾青：《域外集》，花山文艺出版社1983年版。
⑧ 艾青：《艾青短诗选》花城出版社1984年版。
⑨ 艾青：《启明星》，百花文艺出版社1984年版。
⑩ 艾青：《〈南方〉发刊辞》，《艾青全集》（第5卷），花山文艺出版社1991年版，第11页。

期,但篇篇是精品,艾青的《死难者画像》、周煦良的《莫丢掉我们手中的火炬》、袁水拍的《奴隶们唱》等诗歌,都在控诉日本帝国主义在中国犯下的滔天罪行,号召民众不忘初心,坚持斗争,因为胜利终将属于全体中华儿女,该刊一经刊出,好评如潮。

3. 担任《文艺阵地》《诗刊》《北方文化》与《人民的城》等刊物编委

1940 年 6 月,应茅盾等人的邀请,艾青担任《文艺阵地》编委,并在该期刊上发表了《论抗战以来的中国新诗》《吹号者》等一批高质量作品。1941 年 11 月,艾青在担延安担任《诗刊》主编。1945 年 11 月,艾青在担任华北联合大学文艺学院副院长期间,还兼任《北方文化》与《人民的城》两个杂志的编委,以文学的方式传递革命的思想,激发人们的爱国热情。

(三)抗战时期的革命实践活动

1. 通过绘画等方式进行革命

1932 年 1 月,从法国归来的艾青加入中国左翼美术家联盟,并组建春地画会。画会主要从事出版抗日画报、编辑连环册、广发抗日传单以及街头宣讲等活动。1938 年 1 月,艾青携木刻画力作参加胡风与“七月”杂志社等共同主办的首届“全国抗敌木刻画展览会”民众教育馆开馆仪式,并写下《略论中国的木刻》,起到了很好的抗日宣传效果。

2. 通过成立与加入组织进行革命

1932 年 1 月,留法勤工俭学的艾青参与“世界反帝大同盟”,并写下现代诗《会合》,后发表于丁玲主编的《北斗》杂志上。1938 年 2 月,艾青联合漫画家张仃、作家高阳等成立“抗日艺术队”,他被推选为队长,通过绘画展览、诗歌散文、情景剧表演等多种艺术形式宣传抗日。1938 年 11 月,艾青等知名艺术家决定共同筹备“中华全国文艺界抗敌协会桂林分会”,该会成员中 1/3 是共产党员,是当时最具影响力的红色抗日文化团体。1941 年 3 月,抵达陕北延安的艾青在陕甘宁边区文化协会担任理事;11 月,被选举为陕甘宁边区志丹县参议员,以实现行动参与到革命活动中。

3.通过从教等方式进行革命

1938年2月,艾青应李公朴的邀请,与萧军、萧红、端木蕻良等前往山西临汾民族革命大学任教。这是艾青第一次以教员的身份参与革命教育事业。1939年秋,受到校长彭一湖的邀请,艾青与邹鸿桑、蒋名川等前往湖南省立衡山乡村师范学校担任国文教员。在教学中,艾青宣传革命文学,播撒革命的种子,许多学生受其影响奔赴延安。1940年5月,受到陶行知的邀请,艾青前往重庆育才学校任教,担任文学组主任,他先后邀请郭沫若讲历史剧,夏衍讲戏剧,冯雪峰讲鲁迅,胡风讲文艺理论,曹靖华讲苏联文学,开阔了学生的文学视野,增强了其文学素养。艾青注重将教学与教学融合,在授课中能够将抗战宣传与思政教育充分融入教学中,深受学生喜爱。

(四)中华人民共和国成立后艾青的革命文学生涯

中华人民共和国成立后,艾青担任初创刊物《人民文学》的副主编,他以饱满的革命热情投入新中国文化刊物的建设当中。1951年10月,艾青与丁玲、老舍等知名作家组成"文艺建设丛书"编委会,整理并出版现当代中国有影响力的作家与诗人的经典作品。1957年1月,艾青与臧克家等知名诗人共同成立《诗刊》,并担任编委。1978年以后,艾青被平反,中央组织部决定恢复其党籍、名誉和级别。他先后担任中国作家协会副主席、中国新诗评奖委员会委员和首届"茅盾文学奖"评委会委员等职务。复出的艾青仍以饱满的革命热情与激昂的革命斗志投入文学革命事业之中。

三、浙江精神视域下的艾青形象

"以真善美为灵魂,以时代性为舞台,以乡土情为基石,"是对浙江精神视域下的艾青形象的精确刻画。艾青以坚定的无产阶级观、卓越的诗学理论和深沉的乡土情怀,赋予了浙江精神新的时代内涵。

（一）追求真善美：唯有希望才能驱赶黑暗

人民艺术家艾青始终以无产阶级的观点为求真准则，始终以民族解放、国家繁荣与人民幸福为行善之本，始终以艺术服务人民为最美价值追求。

1. 艾青一生都在追求真善美

童年的遭遇，让他对无产阶级劳苦大众有了巨大的认同感与归属感，也让他在艺术"为谁创作"与"为谁服务"两个核心问题上有了最坚定的答案。艾青一生始终奉行"小善为民，大善为国"的行善准则，他的职业生涯也很好地体现了这一准则。最初，他由美术绘画转向诗歌创作，并为之奋斗五十载，体现了他为国为民的初心与使命；在民族存亡之际，他是吹响革命号角的觉醒者；在新中国建设中，他是祖国建设的赞美者；在"文革"浩劫中，他是坚持正义与光明的践行者。他将自己的兴趣爱好变成自己的事业，又将从事的事业同国家繁荣强盛和民族自强自立联系在一起，更凸显了其人格之高尚与伟大。

2. 艾青在诗学理论中也追求真善美

艾青曾讲道："凡是能够促使人类向上发展的，都是美的，都是善的，也都是诗的"①。因此，他的诗歌中从来没有颓废的、萎靡的、腐朽的、肮脏的、反动的题材与内容。他向来追求真实的、善良的、美好的、进步的诗歌主旋律。他认为："真是我们对于世界的认识，它给予我们对于未来的信赖。善是社会的功利性，善的批判以人民的利益为准则。没有离开特定范畴的人性的美，美是依附在先进人类向上生活的外形。"②诗歌的求真过程即是探寻生活本质的过程，这也充分印证了艺术来源于生活，又高于生活的朴素道理。艾青在诗歌创作中也始终向生活问道，向生活取材。艾青强调诗歌作品是否有利于人民应成为善与否的标准，只有忠于人民、服务人民、依靠人民，才是诗人精神皈依。马克思主义美学最核心的观点就是劳动创造美，艾青诗歌创作中同样遵从这一核心观点，也一直在歌颂不畏强权、不惧艰辛、

---

① 艾青：《诗论》，复旦大学出版社 2005 年版，第 1 页。
② 艾青：《诗论》，生活·读书·新知三联书店 2014 年版，第 5—6 页。

不屈天命、正义善良的中国劳动人民。

（二）赋予时代性：小我融入大我方得始终

浙江精神是时代的积淀、馈赠、产物，它体现了个体与时代的紧密相连。"把时代生活个体化，同时又将个体的存在时代化，成为艾青这一时期思想和艺术双重的自觉追求"①。

1. 艾青革命生涯体现时代性

20 世纪 30 年代，一大批中国先进知识分子以笔为戈，痛斥腐败无能的政府，针砭时政之流弊。艾青加入左翼美术家联盟，开办春地画展，狱中撰写斗争诗歌，宣传革命文学，播撒革命火种，激励民众不畏强权坚决斗争。1937 年，日本侵华战争全面爆发，中华民族到了最危急关头，艾青担任《广西日报》副刊《南方》主编，创办《诗文学》与《顶点》抗日刊物，成立"抗日艺术队"与"诗歌朗诵队"，筹备"中华全国文艺界抗敌协会桂林分会"，参加中华全国文艺界抗敌协会，到山西临汾民族革命大学、湖南省立衡山乡村师范学校与重庆育才学校任教，揭露日本法西斯残暴行径，激发民众拥护与参与抗日斗争。新中国成立后，艾青先后担任中国作家协会副主席等职务，致力于新中国文艺事业的发展。1978 年，"归来后"的艾青仍以饱满的热情进行创作，通过诗歌激励国人，全身心地投入社会主义建设中。总之，时代造就了艾青的人生，艾青也书写着新时代。

2. 艾青的诗歌创作体现时代性

纵观艾青两次诗歌创作高峰不难发现，第一次创作高峰期间，艾青以"天下兴亡，匹夫有责"的责任感与时代感，将全部精力投入民族解放事业中，诗歌创作又是他参与民族解放事业中的重头戏，面对这场旷日持久的民族解放战争，艾青认为"诗人是应该交付出最真挚的爱和最大的创作的雄心的"②。他用诗歌擎起革命"火把"，找到了指向未来的"太阳"。第二次创作高峰出现在 1978 年以后，被平反

---

① 程光炜，等：《中国现代文学史》，中国人民大学出版社 2000 年版，第 318 页。
② 艾青：《诗论缀拾》，摘自《七月》第 3 辑第 5 期。

的艾青更加坚信诗歌创作应体现时代与歌颂时代。但作为后起之秀的"朦胧诗派"新诗人却有不同观点看法，于是，新旧诗歌界开始了声势浩大且又意义重大的"朦胧诗论争"，艾青等老一辈诗人艺术家对新一代诗人提出了"希望写好诗——让人看得懂"①的要求与期望。虽然诗歌界两代诗人在诗艺观念上存在代沟与分歧，但却表现出艾青等老一辈诗人对于历史悲剧的反思，对于社会的赞美与前景的希冀。

（三）厚植乡土情：作诗为人勿忘越地文化

艾青曾讲："是故乡的土地把我培养成为诗人的"②。出生于浙江金华的艾青自幼接受以反抗、务实与刚性等特质构建出的越地文化的熏陶，个人品行与诗歌创作也受到越地乡土文化的影响。

1. 艾青诗歌中带有越地文化的反抗特质

自古越人"跣足无冠、纹饰裸身、脑后单髻"③，艰苦的生存环境锻造了古越人飞扬鸷悍、桀骜不驯与崇尚反抗的品质，而这种不屈的抗争精神影响着世世代代的浙江人，艾青也深受其影响，在他的诗歌作品中更是体现得淋漓尽致。据统计，1949年之前艾青的200多首诗歌中，将近1/3的诗歌表现出反抗精神。例如：人们耳熟能详的《芦笛》《死地》《九百个》等诗歌，以其鲜明的主题和独特的艺术手法，传达民众的反抗和质疑，更体现了对未来的呼唤和期盼。

2. 艾青诗歌中带有越地文化的务实特质

"实事求是，经世致用"的浙东学派影响并造就了浙江人务实的品行，也造就了耿直豪爽、善于批判的诗人艾青。艾青曾创作过大量怀乡诗，以浙江乡土的动植物、父老乡亲等为意象，创作了诸如《大堰河——我的保姆》《献给乡村的诗》《双尖山》《少年行》等名篇。在抒发乡愁的过程中，也伴随着对闭塞蛮荒的乡土社会与沉闷愚昧的乡民的抨击与批判，意在以文学形式唤醒民众，使其发愤图强去改变

---

① 艾青：《艾青谈诗·答诗刊问十九题》，花城出版社1982年版，第170页。
② 金华市艾青纪念馆：《故乡的艾青》，政协金华市委员会文史委2001年印，第117页。
③ 潘承玉：《中华文化格局中的越文化》，人民出版社2010年版，第305页。

现状。

3. 艾青人生中带有越地文化的刚性精神

越人自古硬气,方孝孺被诛十族也决不为朱棣写即位诏书,这种硬气贯穿历史,即使面临巨大的生命威胁,也绝不屈服于非正义。浙江人的刚性品格也造就了个性强硬、不喜谄媚的艾青。他接受学者周红兴访谈时曾经说,"在人生的道路上,无论是对歧视中国人的洋人,监狱的看守,重庆国民党的部长,还是我的顶头上司,我都是'倔'得很"①,这种人格上的"倔",让他不畏强权,敢于斗争。

---

① 周红兴:《艾青研究与访问记》,文化艺术出版社 1991 年版,第 300 页。

第四章　浙江科教名儒与浙江精神

自古以来,浙江科教界人才辈出,灿若繁星,例如,数学领域的苏步青、陈建功、姜立夫等;物理领域的钱学森、钱三强、严济慈;生物领域的童第周、贝时璋、罗宗洛等;医学领域的屠呦呦、李兰娟、陈薇等;农林领域的金善宝、吴觉农等;教育领域的厉麟似、经亨颐、陈立群等,科教名儒辈出与历久弥新的浙江精神与科学家精神有着重要关联。研究科教名儒与浙江精神两者内在逻辑关系,有助于进一步学习、弘扬与凝聚科教名儒,为高质量建设共同富裕示范区提供源源不断的人力保障。

第一节　浙江科教名儒与浙江精神的逻辑关系

浙江科教名儒与浙江精神相互促进、相互成就,前者以实践践行、弘扬并丰富后者,后者则以其深厚底蕴为科教名儒提供力量源泉和精神指引,共同推动浙江乃至中国文化与科教事业的繁荣。

一、浙江精神:浙江科教名儒爱国为民、求实奉献、创新育人的力量源泉

（一）浙江精神在浙江科教名儒爱国为民中的引领作用

在中华民族复兴的伟大征程中,浙江科教名儒始终走在前列,勇立潮头,为科

学技术进步与教书育人事业甘于奉献青春与力量。20 世纪 50 年代，留洋归国的钱学森、钱三强等浙籍科学家秉承坚韧不拔、自强不息的浙江精神，在条件极其艰苦的情况下，发奋图强努力拼搏，成功试验"两弹一星"，扬我国威。科学家们胸怀科技救国之志，志愿留学深造，学成归国立志通过科技立国、兴国、强国，并在此过程中助力形成了伟大的科学家精神。2019 年 5 月，中共中央办公厅、国务院办公厅印发了《关于进一步弘扬科学家精神加强作风和学风建设的意见》，要求大力弘扬"胸怀祖国、服务人民的爱国精神，勇攀高峰、敢为人先的创新精神，追求真理、严谨治学的求实精神，淡泊名利、潜心研究的奉献精神，集智攻关、团结协作的协同精神，甘为人梯、奖掖后学的育人精神"。而这种科学家精神与浙江精神有多处相同元素，在爱国图强、求真务实与和谐协作等方面高度契合。不仅为浙籍科教名儒提供了强大的精神支撑，更引领他们在科教事业中追求卓越、勇于创新，为国家和人民的福祉做出杰出贡献。

（二）浙江精神在浙江科教名儒求实奉献中的领航作用

浙江科教名儒干在实处，走在前列，求是奉献，锐意改革，勇立潮头，展现出不同凡响的浙江特色的"精神名片"。在改革进取过程中，他们以壮士断腕的勇气与决心冲破种种旧的束缚，通过唯实惟先的改革魄力锐意进取。众多浙籍科教名儒普遍认定自己所从事的事业是有利于国家、民族与人民的，他们始终秉承吃苦耐劳、唯实唯真与甘于奉献的精神积极投身于其中，在平凡中坚守，在坚守中书写不平凡。这种对真理的追求和对事业的奉献，正是浙江精神在科教名儒身上的生动体现。浙江精神为科教名儒提供了强大的精神支撑和行为指南，引领他们在各自领域不断追求卓越，为国家和社会的进步做出重要贡献。

（三）浙江精神在浙江科教名儒创新育人中的提升作用

浙江科教名儒非常重视传承和培养后人工作，在繁重艰难的科学攀登的过程中，也不忘记对后人的培养。绝大多数科学研究人员同时也是出色的教师工作者，年轻学生不仅从他们身上学到了尖端科学知识，更学到了他们严谨的治学态度，高尚的人格情操,以及对待事业孜孜以求的追求精神。这个过程中,伟大的浙江精神也在他们血液中流淌着,并以独特的魅力展现给学生与后人,从而实现浙江精神的延续与传承,浙江精神在科教名儒创新育人中的提升作用,不仅体现在对学生个体的影响上,更在推进科教事业和社会进步中发挥了重要作用。

二、浙江科教名儒:践行、弘扬与丰富浙江精神的卓越典范

(一)浙江科教名儒践行浙江精神

浙江科教名儒,作为优秀浙江儿女,通过实际行动积极践行浙江精神。在目睹祖国山河破碎、生民涂炭的艰难时刻,他们怀揣开放图强的浙江精神,坚定理想信念,努力学习先进科学技术。当接收到党和国家的召唤时,他们始终走在时代前列,勇立爱国为民的时代潮头。在实际工作中,他们秉承求真务实的浙江精神与科学家精神,投入教学科研第一线,不断追求卓越,始终追求心有大我、至诚报国、以身许国的精神境界。浙江籍科教名儒把浙江精神镌刻在科教攻坚中,映射出他们的人生情怀和崇高追求。

(二)浙江科教名儒弘扬浙江精神

浙江科教名儒自觉地将个人融入时代大背景之中,自信地将浙江精神运用到科研攻关、教书育人与干事创业过程中,将个人价值实现与集体价值的提升有机统一。同时,浙江科教名儒极其重视从浙江传统文化中汲取养分,例如浙东学派强调的“经世致用”“义利并举”,乾嘉学派提倡的“求真务实”“无征不信”等理念,用这些传统元素为浙江精神注入新的活力,使其具有深厚的历史底蕴,又展现出鲜明的时代创新特色。浙江科教名儒学习与弘扬带有传统文化基因的浙江精神,必将引领社会风尚,实现传统与时代的融合。

(三)浙江科教名儒丰富浙江精神

浙江科教名儒因其特殊的身份,本身就有许多精神品质。由于职业特性,优秀

科学家本身就带有以创新精神、求实精神、奉献精神等构建起的科学家精神，科学家精神又能够与浙江精神相互支持、相互充实。开放与图强的精神追求需要浙江科教名儒具有创新创造能力作为支撑，而科学家精神中的创新精神正是对浙江精神的有力补充。同时，浙江科教名儒淡泊名利与团结协作的协同奉献精神，也为浙江精神诚信和谐内涵注入了新的活力。

第二节　宗师出浙东、咸尊德业隆的蔡元培

蔡元培堪称教育领域中浙江精神的璀璨典范，他的存在为这一精神赋予了生动而深刻的诠释。他曾担任中华民国教育总长，积极推进近代中国教育体制改革，试图通过教育改变国民性，以实现教育强国之目的。他是出国游学次数最多的近代学者之一，游历了欧洲十几个国家，对多领域多学科都有涉猎，只为开辟中国近代学术新局面。他先后与清廷、北洋政府、袁世凯、蒋介石等作斗争，以民主战士身份参与到救国图存的革命事业之中。在担任北京大学校长时，他以"思想自由，兼容并包"为办学理念，在治校体制、人事聘任、教学改革等多个领域进行改革，开创了近代中国高等教育和谐共赢的局面。

一、跌宕起伏人生路

伟人教育家蔡元培一生跌宕起伏。科举出身，后留学德国，学贯中西。他终身致力于教育事业，曾担任中华民国教育总长与北大校长。五四运动中，他挺身而出护法救国。他的一生，是对国家和民族的深情与高度责任感的写照。

（一）商家少年与点墨翰林

1868 年，蔡元培出生于浙江绍兴府山阴县一户世代经商的小康家庭。蔡元培

的祖父蔡廷桢早年替他人经营典当行,做事"以公正著"①,中年发家后,跻身当地"小康家庭"②。蔡廷桢长子蔡宝煜便是蔡元培父亲,负责打理自家钱庄,为人正直,雅性慷慨,蔡元培深受父亲影响,也形成了宽厚忍让的品性。1877 年,在蔡元培 11 岁时,蔡宝煜因病去世,并没有资财遗留,导致蔡家经济拮据。母亲周氏坚决以"自立"和"不依赖"③的原则抚养三个儿子。蔡元培曾自述为:"不苟取,不妄言,则得诸母教焉"④。6 岁时,蔡元培寄居到姨母家复读一年,受业于老秀才王懋修。1883 年,蔡元培通过院试考取秀才,得到六叔蔡铭恩的提携与栽培,他允许蔡元培借阅其私家藏书,并亲自加以指导。1889 年,蔡元培参加浙江乡试,高中第 23 名,考取举人头衔。1892 年,25 岁的蔡元培北上参加会试,在《殿试策论对》中提议清廷善用各家学派之优点,博采众长。阅卷主考户部尚书翁同龢以"文极古藻"评价其殿试考试文章,并称蔡元培为"隽材"。蔡元培以二甲三十四名中进士,授予翰林院庶吉士。后通过翰林院庶常馆结业考试,被授予翰林院编修。正值中日甲午海战之际,他联合其他翰林院同僚,并亲自执笔写出《与文廷式等奏请密联英德以御倭人折》的奏章,清廷没有采纳甚至没有丝毫回应。蔡元培由此坚定"清廷之不足为,革命之不可以已。"1898 年 9 月,蔡元培辞官携眷离京回乡兴教助学,启发民智。

(二)泽被桑梓与研习西学

1. 回乡支持教育事业

1898 年 9 月,蔡元培应好友徐树兰之邀,执掌绍兴中西学堂。他先后制定现代学堂章程,聘请留洋或者学过新学的教员,扩充学校图书馆藏书,订阅《时务报》等进步报刊,该校也涌现出蒋梦麟、王季烈等优秀学生。1901 年 2 月,34 岁的蔡元培担任上海澄衷学堂首任校长。同年 9 月,应南洋公学校长沈曾植邀请,蔡元培担

---

① 高平叔编:《蔡元培全集》(第 7 卷),中华书局 1989 年版,第 318 页。
② 高平叔编:《蔡元培全集》(第 7 卷),中华书局 1989 年版,第 267 页。
③ 周天度编:《蔡元培传》,人民出版社 1984 年版,第 2 页。
④ 高平叔编:《蔡元培全集》(第 7 卷),中华书局 1989 年版,第 272 页。

任该校经济特科班总教习,"储备国家栋梁之材"①。蔡元培创造性提出"稍含书院式"教学法,并向学生讲授民权、女权以及爱国主义思想,蒋维乔等学生受其影响,走上了革命道路。1902年4月,35岁的蔡元培与蒋观云等人在上海创办中国教育会,秉承"造就理想之国民,建立理想之国家"的创会宗旨,下设教育、实业与出版三个部门,创办起爱国女学校与爱国学社(男校)。

2. 成立与加入爱国组织

1903年,爱国女学校与爱国学社学生们的爱国行为引起清廷高度警戒。蔡元培先后辗转青岛、上海、日本与绍兴等地,继续从事革命与教育活动。1904年,37岁的蔡元培团结浙江籍爱国人士,在上海创建以"光复汉族,还我山河,以身许国,功成身退"为宗旨的光复会。1905年,经何海樵介绍,蔡元培认识了孙中山、黄兴等革命同仁,后经商议,光复会并入同盟会,蔡元培担任新改组的同盟会上海分会负责人。

3. 欧洲游学,学贯中西

1907年,蔡元培通过驻德公使孙宝琦介绍开启德国求学生涯。他通过做家教、为商务印书馆提供稿件等方式解决在海外旅居的生活费问题。1908年,因没有中学毕业证未被柏林大学录取,蔡元培转而就读于莱比锡大学,在德国四年半工半读的留学生涯中,他广泛涉猎教育学、美学、哲学与心理学等学科,并翻译了《伦理学原理》,编写了《中国伦理学史》,奠定了他在伦理学与教育学等方面的学术地位。1912年9月,45岁的蔡元培因不满袁世凯的集权统治,辞去中华民国教育总长职务偕妻子再次赴德游学。他仍然进入莱比锡大学专攻艺术与欧洲史。1913年9月,46岁的蔡元培来到法国开展学术研究,并撰写《哲学大纲》,该书也成为中国哲学专业与师范学院学生的重要教材。蔡元培在法国游学的三年间,还跟李石曾与吴稚晖等成立华法教育会,帮助更多中国知识分子前往欧洲勤工俭学,他还亲自为勤工俭学学生上课,组织与创办《旅欧杂志》等期刊,让旅居欧洲的中国学子更好地了解欧洲风土人情与学术前沿等方面内容,后来赴法勤工俭学的蔡和森、周恩

---

① 高平叔编:《蔡元培全集》(第7卷),中华书局1989年版,第321页。

来与邓小平等都受其影响。

（三）担任总长与主政北大

1. 担任教育总长开新局

1912 年 1 月 4 日,中华民国临时政府成立,临时大总统孙中山宣布蔡元培担任临时政府教育总长。蔡元培任职教育部期间的主要贡献有:一是开创中国近代教育行政机构全新局面。教育部下设教育司、社会教育司与历象司。历象司下设天文与测候两个科,类似于中国气象局。二是采取西方教育制度,颁布新的教育法令。在蔡元培主导下,中华民国采取西方教育制度,颁布了《普通教育暂行办法》,提出了男女同校与废止祀孔读经等具体措施,蔡元培亲自主持制定《大学令》和《中学令》,其中《大学令》中指出"大学教授高深学术,养成硕学闳才,应国家需要为宗旨"①,都能够体现出中国资产阶级民主教育进步思想。袁世凯窃取革命果实后,蔡元培不愿意与袁世凯政府合作,愤然辞去教育总长一职。

2. 主政北京大学谋新篇

1916 年 12 月 26 日,黎元洪政府聘请蔡元培担任北京大学校长。1917 年 1 月 9 日,蔡元培在任职演说中确定了大学"研究高深学问"②的定位,并开始大刀阔斧的治校改革。一是借鉴德国大学管理方式,仿照"三权分立"原则设置机构。将评议会作为治校立法机构,主要对学校规章制度、人事安排与重大事项进行票决。教务会议作为学校最高的行政机构,负责学校教务事务。各科成立教授会议负责各科行政、教学、人事具体事项。各种会议相互制约又相互支持,职责明确且又各司其职,形成一张强大的北大治校管理网络。二是开展"废门改系"教学改革与学分制管理改革。1919 年,蔡元培对原学科开展"废门改系"管理体制改革,将原先的"大学—(学)科—门"三级管理层次改为"大学—系"二级管理,在北大相继成立文学系、数学系、物理系、哲学系等 14 个大系,并推行学分制改革,学生可根据个人兴

①　中国蔡元培研究会编:《蔡元培全集》(第 2 卷),浙江教育出版社 1997 年版,第 212 页。
②　蔡元培:《蔡孑民先生言行录》,广西师范大学出版社 2005 年版,第 148 页。

趣、未来发展与职业生涯规划开展选择性学习,实现课程优化与资源共享的教改目的。三是采取"思想自由,兼容并包"的办学方针,聘请有真才实学之士担任北大教员。对待有不同学科背景、持不同政见主张的教员,蔡元培坚持"若是'言之成理、持之有故'的,就让他们并存,令学生有自由选择的余地"①,既请陈独秀、李大钊、鲁迅、胡适、钱玄同等"新派"人物到北大任教,也请辜鸿铭、刘师培、黄侃、梁漱溟等"旧派"人物来校任教,聚天下各类英才汇于北大,不仅为北大开创了现代学风,更树立了现代大学理念与精神。

(四)爱国救亡与改革教育体制

1. 五四爱国运动的"幕后人"

1919 年 1 月,巴黎和会上列强并不理会中国的合理关切,甚至将德国在山东的特权全部转让给日本。此种奇耻大辱被浙江籍北洋政府外交委员会委员长汪大燮告知蔡元培。蔡元培迅速召集罗家伦、傅斯年、段锡朋等学生代表,商讨对策。5月 4 日,北京大学在内的 10 余所高校学生先后到天安门与东交民巷举行声势浩大的抗议运动,火烧曹汝霖的赵家楼,痛殴章宗祥。军警随即出动予以镇压,并将 32名学生代表逮捕,其中北京大学学生就有 20 名。蔡元培担任北京各高校校长团团长,最终在校长们"以身家性命作保"②下,5 月 7 日,军警将逮捕的 32 名学生全部释放。蔡元培随后辞职离京南下。

2. 力推国民政府教育体制改革

1927 年 6 月,为避免教育部门过于行政官僚化,国民政府决定成立国民政府大学院,蔡元培被委任为院长。他积极推进大学区制,废除祭孔典礼,召开全国教育大会,实行"三教"改革等,使中国近代教育沿着正确的道路前进。1928 年 4 月,国民政府成立统领全国学术研究的中央研究院,并任命蔡元培为院长。他担任院长期间,先后聘任竺可桢担任气象研究所所长、李四光担任地质研究所所长、傅斯

---

① 高平叔:《蔡元培教育论集》,湖南教育出版社 1987 年版,第 537 页。
② 罗家伦:《蔡元培时代的北京大学与五四运动》,《传记文学》,岳麓书社 2015 年版,第 101 页。

年担任历史语言研究所所长,为我国近代学术事业发展做出杰出贡献。

3. 参与营救爱国人士

1927年,蔡元培在目睹蒋介石与汪精卫发动"四·一二"与"七·一五"反革命政变后,对这种开历史倒车的行为深恶痛绝,于是他出面营救被逮捕的共产党人与革命青年。1932年,蔡元培参与宋庆龄等爱国人士发起的中国民权保障同盟,积极营救丁玲、朱宜权等共产党人以及许德珩等爱国人士。抗日战争初期,蔡元培与厉麟似等文化名流成立上海文化界救亡协会,利用个人影响撰写文章揭露日本帝国主义暴行,争取国际支援。1940年3月5日,蔡元培在香港家中去世。周恩来亲自撰写"从排满到抗日战争,先生之志在民族革命;从五四到人权同盟,先生之行在民主自由"挽联,精准概括了蔡元培光辉的一生。

二、学术思想高山仰止

蔡元培不仅在教育领域提出五育并举的思想,还深入探索"二元论"哲学,开创中国民族学,并在心理学、伦理学、美学等学科均有建树。其思想深邃、理论精深,为中国教育发展与学术研究立下了不朽丰碑。

(一)"五育并举"的教育思想

蔡元培始终思考如何用教育培养国民人格这一时代问题,最终提出了系统的"五育并举"思想。

1. 首在体育:军国民教育

蔡元培曾讲过:"完全人格,首在体育"[①]。培养国民的健全人格应该从培养其健康的体魄开始,强健体魄支撑人种进化,乃民族希望,国家未来。首先,体育与德育有很大关系。蔡元培认为没有体魄就没有"健全精神",没有精神就无法进行道德修炼,更无法履行家庭、社会及国家赋予的责任与义务。其次,体育与智育也有

---

① 高平叔编:《蔡元培全集》(第3卷),中华书局1984年版,第220页。

很大关联。他曾讲过,"脑力盛则智力富,身体弱则脑力衰"[①],只有加强体育锻炼才能够保持脑力充沛。最后,体育与美育也有很大的联通。在北京大学担任校长期间,蔡元培主导了一系列体育和军事教育活动,他召开运动会,成立体育协会,并将学生组成学生军,聘请军官对学生进行军训。开展这些活动旨在提升国民精神面貌,实现民族振兴与国家的强盛。

2. 富国强兵:实利主义教育

国与国之间的竞争不仅是"武力"较量,也是"物力"与"财力"角逐,更是"人力"与"智力"比拼,为此蔡元培提出"实利主义"教育,该理论广义上是指推行国民安身立命的生计教育,从而增强民众适应社会与指导生活的能力。狭义上是指将社会生活经验渗透到学校各科教育,让学生在"知其然,知其所以然"的基础上,掌握社会生产与生活技能。蔡元培的意图是通过实利主义教育提高国民"人力"与"智力"水平,最终实现提升国家综合国力的目的。

3. 中坚力量:公民道德教育

在五育之中,德育地位最为重要,蔡元培将之概括为:"以公民道德为中坚"[②]。首先,德育是培养人性的基础教育,公民具备稳定的道德与心理品质才能够在社会生活中得以生存。其次,德育是富国强兵的有力支撑。虽然军国民教育与实利主义教育能够富国强民,但德育教育如果跟不上,会造成国家霸权横行,民族欺凌弱小,社会为富不仁,人民野蛮无理,最终导致国家树敌无数而沦丧,人民无异于禽兽而灭亡。

4. 培养感情:美感教育

蔡元培曾讲:"美育者,应用美学之理论于教育,以培养感情为目的者也"[③]。他认为人的感情并非生来就具备的,而是需要不断陶冶,陶冶的手段就是美育。美

---

① 高平叔编:《蔡元培全集》(第3卷),中华书局1984年版,第59页。
② 高平叔编:《蔡元培全集》(第2卷),中华书局1984年版,第263页。
③ 张汝伦:《文化融合与道德教化:蔡元培文选》,上海远东出版社1994年版,第376页。

育成为连接现象世界和实体世界的桥梁,是国民健全人格形成与发展必不可少的教育,这一观点也为近现代中国发展美育教育提供了理论支撑。

5. 精神建构:世界观教育

蔡元培所提出的世界观是人类终极价值关怀,是超脱于现象世界又贴近实体世界的价值追求与精神境界。世界观教育可以简单理解为:对理想与信仰等精神世界的教育。他提倡中国知识分子应该多学习印度哲学、欧洲哲学以及中国先秦诸子百家思想等,打破"两千年来墨守孔学的旧习"[1],只有不断学习与思考才能够最终建构起理想的精神世界。

（二）多学科文化思想

1."二元论"哲学思想

蔡元培哲学思想深受中国古代哲学折中主义或者中庸之道影响,甚至可以说是由"古代经典之濡染而滋生"[2]。他提出的"思想自由,兼容并包"之治学理念是对应儒家哲学中庸之道的"立场所在"[3]。蔡元培的哲学认识论与本体论深受德国哲学家康德与叔本华的影响。首先,蔡元培在康德哲学的基础上抛弃不可知论,他认为"现象世界"与"实体世界"是可以逾越与跃迁的,途径就是教育。[4] 其次,蔡元培也受到叔本华"意志论"哲学影响,为此他将意志归结为世界之本体。蔡元培哲学"既有唯物主义倾向,同时又有唯心主义导向"[5],蔡元培"二元论"哲学思想是中国哲学思想的持守与延续,又是对德国哲学的批判与创新。

2. 开创中国民族学

蔡元培曾说"民族的生存是以学术做基础的",学术研究也应该关注民族。

---

[1] 高平叔编:《蔡元培教育论集》,湖南教育出版社 1987 年版,第 615 页。

[2] 张晓唯:《蔡元培评传》,百花洲文艺出版社 1993 年版,第 99 页。

[3] 汤广全、金林祥:《试论蔡元培大学理念的哲学基础》,《华东师范大学学报(教育科学版)》2008 年第1 期。

[4] 高平叔编:《蔡元培全集》(第 2 卷),中华书局 1984 年版,133 页。

[5] 肖万源:《试论蔡元培的哲学思想》,《社会科学辑刊》1985 年第 1 期。

1924 年 11 月至 1926 年 2 月，蔡元培曾在德国汉堡大学专修民族学。1926 年回国后，在刊物《一般》发表《说民族学》，这是中国学术史上第一次提出"民族学"。此后，蔡元培还相继发表《民族学与社会学》等文章。1928 年，中央研究院成立后，蔡元培在研究院社会科学研究所创设民族学组，并亲自担任组长兼研究员，他曾深入广西凌云瑶族、松花江赫哲族与台湾高山族等进行实地调研，对我国民俗学、民族学研究起到了开创性作用。

3. 在心理学、伦理学、美学等多学科均有建树

在担任北大校长期间，蔡元培支持陈大齐创建我国第一个心理实验室，并开设"实验心理学"系列课程。1929 年 5 月，在中央研究院院长蔡元培大力支持下，我国历史上第一个心理试验所成立并聘请唐钺担任首任所长，"为我国心理学事业做出不可磨灭的历史功绩"[①]。他不仅在伦理学研究上造诣颇深，例如 1910 年他出版《中国伦理学史》，此书成为我国第一本运用现代伦理学方法撰写的中国伦理学著作，而且对美学研究入木三分，他提出了"以美学代宗教说"，并在北京大学开设"美育"课程，传播近代美学思想，成为中国美学开创者与奠基人。

三、浙江精神视域下的蔡元培形象

近代教育大家蔡元培是浙江精神在教育领域最鲜活的代表。他推进近代中国教育体制改革，促进教育现代化，游学欧美研究西学，参与到革命洪流之中，凸显开放图强的浙江精神。他以"思想自由，兼容并包"理念治理北大，提出"五育并举"教育思想，展现了和谐共赢的浙江精神。

（一）开放图强：人世楷模永流芳

1. 推进教育体制改革，促进中国教育现代化

蔡元培在担任中华民国临时政府教育总长时，参考德国教育体制进行教育改

---

① 傅荣：《蔡元培与心理学》，《大众心理学》1988 年第 5 期。

革。他将教育分为普通教育、实业教育与专门教育组成的学历教育,以及面向普通大众的非学历教育,这一教育分类改革促进了中国教育现代化进程。1927 年,蔡元培担任国民政府大学院院长,他坚决废除祭孔典礼,实行教育大学区制,定期举办全国教育大会推进中国教育改革。蔡元培兼任中央研究院院长,设立中国急需的学术研究所,并聘请知名学者担任研究所所长与研究员,为我国近现代学术教育事业发展做出杰出贡献。

2. 早年赴欧游学研究西学,开创中国近代学术新局面

蔡元培胸怀富国强民理想。1907—1925 年,他先后五次赴欧洲游学,每一次都有新的研究内容与成果。1907—1911 年,蔡元培首次前往德国,留学莱比锡大学,向冯特学习实验心理学、向兰普莱西学习历史学,也学习美术史与文学史,直接翻译了伦理学家包尔生的《伦理学原理》,还撰写了《中国伦理学史》与《中学修身教科书》等,他也成为中国伦理学重要奠基人。1912—1913 年,蔡元培再次前往德国莱比锡大学专攻欧洲史与艺术美学,并撰写了《世界观与人生观》,将世界观引入中国教育领域。1913—1916 年,蔡元培前往法国开展康德哲学与美学研究,先后撰写并出版了《康德美学术》与《哲学大纲》。1920 年,蔡元培以北大校长身份赴欧洲开展学术考察,先后游历法国、英国等 10 余个国家。1923—1926 年,蔡元培先后在比利时、法国与德国等多所高校研究美学与人类学,在此期间撰写《五十年来中国之哲学》《简易哲学纲要》等著作。五次游学欧洲 10 余个国家,蔡元培在哲学、美学、教育学、民族学、心理学与伦理学等多学科都有很高的学术建树与造诣,史学家罗家伦称蔡元培的学术事业"继往而且开来"[①]。蔡元培采撷中国文化之国粹融合西洋文化之精华,奠定中国近代多个学科、多个领域学术基础,开创中国学术现代化新局面。

3. 永做民主主义战士,为中国革命事业作出重大贡献

自古以来,浙江人极具斗志,此乃发奋图强最重要的内在动力。蔡元培则是浙江人中极具斗志的典型代表。他担任翰林院编修后曾多次上书朝廷要求变法改

---

① 蔡建国:《蔡元培先生纪念集》,中华书局 1984 年版,第 95 页。

制，均未被采纳且遭到无视。对于无可救药的清廷，他联合革命志士在上海成立光复会，对晚清皇亲贵胄与朝廷权臣进行反抗。1912年，中华民国临时大总统孙中山被迫让位袁世凯，蔡元培看清袁世凯的嘴脸后，辞掉中华民国教育总长职务表示抗议。在袁世凯称帝时，蔡元培怒斥袁世凯："蹂躏人权，莫此为甚！"1919年在巴黎和会上，被西方列强威胁的北洋政府准备在对德和约上签字。蔡元培将此消息迅速传递给罗家伦与傅斯年等青年学生领袖，并通过他们组织在京10余所高校学生开展罢课抗议活动，对北洋政府施压，促成了震惊中外的五四爱国运动，北洋政府迫于压力未在和约上签字。对蒋介石制造的屠杀共产党员的白色恐怖事件，蔡元培深恶痛绝。他加入宋庆龄等知名人士组建的中国民权保障同盟，积极营救爱国人士与革命青年。在此期间曾多次遭受到恐吓与通缉，但仍坚持与蒋介石反动统治作斗争。1937年日本侵华战争全面爆发，蔡元培带头向国民政府与国际组织致电，要求联合起来抗日救国。蔡元培与上海名流成立上海文化界救亡协会，用个人影响撰写文章揭露日本帝国主义暴行，争取国际支援。

(二)求真和谐：学界泰斗流芳万古

1. 治理北大，为中国现代教育树立标杆

学贯中西的蔡元培深谙中西文化之精华，对待中西两种文化采取"囊括大典"与"兼容并包"的思想态度。一是采取"唯才是用"的用人原则，选拔留聘教师。蔡元培主政北大期间，不拘一格大量延揽"新旧"两派学术名人来校任教，实现了博采众长、教学相长的目的。二是提倡"思想自由"，鼓励学术争鸣与学问探讨。蔡元培认为真理越辩越明，学术只有在争鸣中才能得到提升，北大校园里充斥着马克思主义、国家主义与三民主义等各种学术思想，学校也成立了马克思主义研究会、孔子研究会、进德会等各种社团，开展各类学术交流研究。校内还出现《新潮》与《国故》学术期刊相互争鸣与对垒的现象。三是采取"教授治校"，探索中国现代高校治理。蔡元培反对校长权力过于集中，采取评议会、教务会议与教授会议分别对学校顶层设计、中层贯通、基层创新三方面进行制度创新。四是采取"选课修分"，探究中国现代课程改革。学生采取自主选课方式，博采众长式地丰盈自身知识体系。蔡元培借鉴欧洲大学学分制打破年级制弊习，学生通过弹性学分制学习知识与增长才干，既节约时间，又学到更多对将来自身发展有用的学问。对北大的改革同样成就了蔡元培治校思想，也让他成为中国高等教育改革与发展史上"一座可望而不可即的高峰"①。

2. 为培养国家栋梁指明方向

蔡元培深知教育事关国家与民族未来，他以"教育来塑造国民健全的人格"为教育宗旨，结合中国传统文化与西方优秀教育理念，独创了符合当时中国国情的"五育并举"的教育思想，"军国民教育实为当今体育，实利主义教育实为当今智育，公民道德教育实为当今德育，美感教育实为当今美育，缺"世界观教育"相关表述，世界观教育实为当今哲学教育"，并强调五种教育不容分割，统一为一个整体。"五育并举"教育思想对于当今教育仍有较大启示。军国民教育对于当前我国高校国防教育与体育发展仍有很重要的借鉴意义。实利主义教育启示国家要重视职业教育发展。在"五育"中处于核心地位的公民道德教育对于当前中国特色社会主义公民道德教育体系建设也有重要借鉴意义。蔡元培提出的美感教育对当今时代也有重要启示，可以尝试在美育中开展公民道德教育，在多学科中渗透美育，通过终身美育改变国民性等。在对我国人民开展世界观教育过程中，要注重哲学、美学等其他学科支撑，要从感性入手再到理性认同，最终实现人的全面发展这一终极教育目标。蔡元培提出的"五育并举"教育思想对解答当今中国培养什么样的人、怎样培养人等教育根本问题仍有重大参考价值。

第三节　笃学治校、仰之弥高的竺可桢

竺可桢不仅治校育人成就斐然，而且在科学救国方面也展现出卓越风采。他的非凡贡献，充分彰显了浙江精神在教育与科研领域的完美融合。他专注科学研究，优先选择国家急需的农学与气象学方向，学成归国后，筹建我国现代气象站研

---

① 韩水法：《世上已无蔡元培》，《读书》2005 年第 4 期。

究所，并在我国各地亲力亲为地建立一座座气象站，凸显了天下己任、开放图强的浙江精神。他秉承"求是"思想，以培养未来领袖人才为教育目标，广泛实行导师制、教授治校与通识教育等，充分彰显了只问是非、不计利害与求真务实的浙江精神。他参与打造中国现代科学体系，培养科技人才，完善科普工作，助力科技救国与人才救国，体现了永不气馁、自强不息的浙江精神。

一、排万难冒百死以求真知

竺可桢以坚韧之志，穿越学术之路的荆棘。从毓菁到哈佛，他以卓越的成绩书写学业辉煌。归国后，他投身教育，为中国气象学奠基。执掌浙大，他锐意改革，只为培养未来为国为民的领袖人才。新中国成立后，他专注科研，以此实现科学强国目标。他人生的每一步，都彰显着对真知的执着追求。

（一）刻苦求学厚积薄发

1890 年，竺可桢出生于浙江绍兴东关镇一户粮商人家。父亲竺嘉祥经营承茂米行与源泰烛坊，生意兴隆，家庭殷实。父亲竺嘉祥十分重视子女教育，要求早年考取秀才补廪生的大儿子竺可材亲自担任竺可桢的启蒙老师。[①] 后聘请老先生章镜尘到家任教，为竺可桢打下了坚实的古文功底。1899 年，9 岁的竺可桢考入新式公学毓菁学堂，该学堂聘请王秋潭、章纪泽与孙肖山等当地名师担任教师。竺可桢在该校既学习传统文学，又学习近代科学知识，为他未来从事学术研究奠定坚实基础。1905 年，15 岁的竺可桢以总分第一的成绩从毓菁学堂毕业，进入上海澄衷学校读书，因品学兼优被同学们推选为班长。1908 年，竺可桢转入复旦公学，与陈寅恪、曾绍权等为同班同学。因该校管理松散，个人又抱有科学救国的伟大志向，竺可桢随后转学到唐山路矿学校，该校英国教员采取呼叫"犯人代码"的方式对学生进行点名提问，此种方式深深刺激到竺可桢，他决定要用出色的成绩"反击"该校英籍教员。在校一年半，竺可桢在五次期末考中均为全班第一，长中国学生之志气。

---

① 竺可桢：《竺可桢全集》（第 4 卷），上海科技教育出版社 2004 年版，第 87 页。

1910 年,竺可桢参加全国性庚子赔款赴美留学考试,在 70 名录取名额中他排名第 28 位,成功入围。1910 年秋,刚满 20 岁的竺可桢抱着"农业救国"的志向,进入美国伊利诺伊大学农学院攻读农学。因当时美国农业科学并不先进,且与中国农业实际情况大相径庭,在转专业没有成功的情况下,竺可桢选择硬着头皮读到毕业。1913 年,竺可桢选择到全世界最早开设气象学专业的美国哈佛大学地学系[①]继续深造。1914 年,竺可桢在中国留学生中发起成立中国科学社,并担任该社团副社长职务,主要负责撰写与发行科普杂志《科学》。据统计,1916—1920 年,竺可桢先后为《科学》撰写《中国之雨量及风暴说》《台风中心之若干新事实》等 16 篇科普文章,以科普的形式启迪与开化民智,为新文化运动发展奠定科学基础。1916 年,美国气象学会顶级期刊《每月天气评论》第 44 卷第 5 期发表了竺可桢的硕士论文《1900—1911 年中国之雨量》,这也成为中国学者在国际顶级期刊上发表的首篇学术论文,引起海内外学者的高度关注。1915 年秋,竺可桢继续在哈佛大学攻读气象学博士学位。1917 年,竺可桢成为美国地理学会会员。1918 年夏,竺可桢以论文《远东台风的新分类》顺利完成博士论文答辩,荣获气象学博士学位。

（二）投身地理气象教育事业

1918 年,留学归国的竺可桢成功入职武昌高等师范学校,在该校博物地学部教授地理学与天文学。该校地学部与物理部教师绝大多数曾留学日本,"美式思维很难被他们接受"[②],竺可桢在排挤中选择离职。1920 年,竺可桢到南京高等师范学校国文史地部教授气象学。在校长郭秉文的支持下,竺可桢成功开设地质学、地文学与气象学等专业课程。他编纂并出版的讲义《地理学通论》,不仅成为国文史地部学生的必修课,而且还是全校学生的通识选修课,深受学生喜爱。1921 年,郭秉文在南京高等师范学校基础上筹建东南大学,学校聘请竺可桢为该校地学系主任,在他带领下,东南大学地学系办学水平与实力不断提升。1924—1925 年,因东

---

① 竺可桢:《竺可桢全集》(第 4 卷),上海科技教育出版社 2004 年版,第 88—89 页。
② 张九辰:《竺可桢与东南大学地学系——兼论竺可桢地学思想的形成》,《中国科技史料》2003 年第 2 期。

南大学派系之争引发"易长"风潮，竺可桢愤然辞职。1925年，竺可桢到商务印书馆担任编译所史地部部长，供职此位1年间，他先后发表《北宋沈括对于地学之贡献与纪述》等相关理论文章。1926年至1927年，竺可桢先后在天津南开大学与南京东南大学相继担任地学系主任。1928年，受中央研究院院长蔡元培邀请，竺可桢在南京北极阁筹建气象研究所并担任该所所长，主要负责空地观测、天气预报与气象广播等，在此工作8年间，竺可桢先后发表50多篇论文并出版专著《气象学》，同时，竺可桢积极推动全国气象台站建设，培养气象专业人才，开展气象学术研究，为中国现代气象学奠定坚实基础。

（三）执掌浙大十三载

1927年，国民政府浙江省教育厅制定《浙江实施党化教育大纲》，推行"党化教育"，其中要求"学生运动应统一在党的指挥之下"[①]，国民党特务人员凭此文件可有恃无恐侦察窃听与逮捕审讯学生，严重干扰学校正常教学管理工作。1933年，郭任远接替程天放担任浙江大学校长，国民党"党部中人即挤入浙校"[②]，对师生行为严密监控。1935年12月，北京学生掀起了"一二·九"抗日救亡运动，浙江大学也积极响应。21日，军警将12名浙大学生代表逮捕，还要求校方将本校学生会正副主席施尔宜与杨国华开除学籍，全校校生集体罢课表示抗议，并提出"不要党棍"，展开驱郭斗争。1936年4月，国民政府最终决定由竺可桢接任浙江大学校长，他向政府提出："财政须源源接济，用人校长有全权，不受政党的干涉，时间以半年为限"[③]。但从1936年4月到1949年4月，竺可桢竟一干就是13年。

1. 导师博爱：改革教师管理制度

1941年，竺可桢在浙江大学全面实行导师制，选拔并任用有真才实学且关爱学生的教师担任导师，明确"为学、服务、持躬接物"[④]为导师职责，并列出"仁爱"

---

① 舒新城：《近代中国教育史料》，上海书店出版社1990年版，第18页。
② 竺可桢：《竺可桢全集》（第6卷），上海科技教育出版社2004年版，第29页。
③ 竺可桢：《竺可桢全集》（第6卷），上海科技教育出版社2004年版，第35页。
④ 竺可桢：《竺可桢全集》（第7卷），上海科技教育出版社2005年版，第29页。

"忠爱民族""实事求是"等 24 项细化训导目标,要求每位导师带 12 名左右学生,每月召开导师会议,在学生德育、智育与体育方面给予全面指导与帮助。导师们都能够以情动人,言传身教,"训""导"结合,形成了自由民主的学风,教学质量得到有效提升,也加深了学生对于教师与学校的感情。

2. 严进严出:培养领袖型人才

1936 年,正值国难当头之际,竺可桢将大学定位为"养成一国领袖人才的地方"[①],他认为领袖人才应具备"转移国运、担当大任、主持风会、公忠坚毅"[②]等能力与功效,并通过培养领袖型人才来"影响于社会"[③]。竺可桢要求毕业学生都应该"以使中华民族成为一个不能灭亡与不可灭亡之民族为职志"[④]。竺可桢所提出的领袖型人才并非突出个人英雄主义,而是培养国家所求、社会需要与人民期待的服务型领导人才。

3. 文理兼修:探索通识特色教育

竺可桢在浙江大学推行智育、德育与体育为主的通识教育。他还力推主副选课制度,要求浙大大一与大二全体学生做到"不限系、院庶几智识广博"[⑤],达到文理兼修目标。通过举办讲座沙龙、学术研讨、演讲竞赛等多种教学形式培养能力,砥砺德行,涵养品行。

4. 科研突出:聚英才研究学问

竺可桢担任浙大校长期间极其重视科研,在校成立各类专门的科研院所。学校迁至广西宜山时,竺可桢任命张其昀具体负责并主持组建文科研究所史地学部。学校迁至贵州遵义时,又任命苏步青筹建数学研究所。抗战即将胜利时,竺可桢又相继在浙大成立理科、工科与农科研究所。1946 年,浙大回杭州复建后,浙大科研单位已发展至 10 个研究所和 1 个研究室。在各个科研院所与学院院系持续发力

---

① 竺可桢:《竺可桢全集》(第 2 卷),上海科技教育出版社 2004 年版,第 863 页。
② 竺可桢:《竺可桢全集》(第 2 卷),上海科技教育出版社 2004 年版,第 455 页。
③ 竺可桢:《竺可桢全集》(第 2 卷),上海科技教育出版社 2004 年版,第 385 页。
④ 竺可桢:《竺可桢全集》(第 2 卷),上海科技教育出版社 2004 年版,第 446 页。
⑤ 竺可桢:《对一年级新生讲话》,《科学与社会》1948 年第 10 期。

下，浙江大学学科建设卓越成效，先后涌现出陈建功、苏步青、王淦昌等知名学者。英国科学史家李约瑟博士称赞竺可桢管理下的浙江大学是"东方的剑桥"。

（四）专注学问 科学强国

1949 年中华人民共和国成立后，竺可桢先后担任中国科学院副院长、中国地理学会理事长等职务，专注物候学、气象学、地理学等学科建设，为国家培养科技人才。1962 年 7 月，在竺可桢大力支持下，以中国科学院地理研究所为主体，联合各省区市植物园以及各高校生物系与农林学院，成立覆盖全国范围的物候观测网。1963 年，竺可桢与宛敏渭联合出版《物候学》，该书成为中国物候学的开山之作，标志着中国物候学正式成立。1957 年，全国人大根据竺可桢提议将发展农业气象学编入《全国农业发展纲要》修正草案之中。1963 年，竺可桢提出将农业气候贯穿"农业八字宪法"中，受到国务院与农业部的高度评价，并要求全国推广。他亲自参加综合性科学考察工作。身为中国科学院副院长的竺可桢亲自筹划中科院自然资源综合考察委员会，1950—1959 年间，竺可桢直接组织 10 个考察队[1]，深入新疆、西藏、黑龙江、云南等 20 多个省份，为我国地质学、土壤学、植物学与气象学等多学科建设提供了一手资料，对我国自然资源进行全面普查与摸底。他为国家培养科学储备人才。1950 年，担任中国科学院副院长的竺可桢提出"在中国现阶段，要谋科学的发展，尚有最迫切、最重要的一件事，即是科学人才的培养"[2]，并在师资建设、科研院所建设、全国扫盲、科学普及与公派留苏等方面提出真知灼见，"以满足社会主义建设的需要"[3]。他还开展面向群众的科普工作。中华人民共和国成立后，身兼数职的竺可桢仍坚持担任中华全国科学技术普及协会副主席，同时，他还向科普杂志《科学大众》积极供稿，并撰写《中国古代在天文学上的伟大贡献》等科技文章，并向相关部门建议设立科普机构。"北京天文馆、自然博物馆以及周口店

---

① 竺可桢：《竺可桢全集》（第 3 卷），上海科技教育出版社 2004 年版，第 567 页。
② 竺可桢：《竺可桢全集》（第 3 卷），上海科技教育出版社 2004 年版，第 25 页。
③ 竺可桢：《竺可桢全集》（第 3 卷），上海科技教育出版社 2004 年版，第 171 页。

猿人遗址"①等科普机构的建立与竺可桢的提议有着密不可分的关系。

二、科学救国治学治校

竺可桢坚信科学救国之道，以深厚的科学精神为指引，在气象学、地理学等领域取得卓越成就，开创了中国科学史研究新篇章。他提出的"求是"精神，不仅为浙大发展助力，更为中国科学研究和教育发展提供了精神领航。

（一）科学救国思想

出生在内忧外患、国破家亡的特殊年代的竺可桢亲眼见证祖国任人欺凌与宰割，从小就萌生了科学救国的思想。其科学救国思想大致可概括为以下几方面：一是养成与获得科学精神是科学救国的前提条件。竺可桢认为科学精神如同"科学的空气"，科学家则是为其选择合适环境并移栽"科学"的"园丁"，有义务向整个社会开展科学普及，提高学习科学与创新实践的动力，以此实现科学救国的目的。二是树立科学理念与掌握科学方法是科学救国的关键因素。竺可桢的科学理念就是"只问是非，不计利害"，科学家应不受传统思想束缚，不畏强御，不凭主观臆断地追求科学真理。竺可桢曾经讲过"研究科学者常先精神，次方法，次分类"②，为实现科学救国，还需要遵从科学规律，掌握科学方法，进而改造国民性。三是重视科学研究是科学救国的重要环节。竺可桢专门撰写运用科学救国的文章，提出制造飞机大炮，需要地质学、材料学与化学等基础学科作为支撑，想要飞机起飞、炮弹精准，还需要航空学、气象学与弹道学等作为基础，没有科学研究的救国如同无根浮萍。

---

① 尚严伟：《竺可桢的科普思想及实践》，《科普研究》2007年第2期。
② 中国科学社：《科学通论》，上海书店出版社1992年版，第12页。

（二）重要学术成就

1. 奠基我国气象学与物候学

竺可桢在气象学上主要做出以下贡献。一是最早提出以风速等级划分台风强弱，这为我国抗台防灾工作提供重要标准。二是最早开展关于中国区域季风与雨量的关系研究，这为中国农业防御旱涝灾害提供了科学依据。三是最早提出中国气候八个类型区划，并沿用至今。四是毕生精力关注中国古代气候变迁。五是研究我国气候与农作物生产的关系。六是开创了中国农业气象学。

2. 发展与推进中国地理学

竺可桢也开展地理学、地质学与土壤学等相关学科的研究。他认为地理学是一门介于自然科学与社会科学之间的学科，他提出将地理学划分为自然地理与人文地理两大分支开展研究，研究内容可以划分为无机界与有机界。他还主张在"大学科学观"指引下开展地理学的科学考察与区域资源开发。

3. 开创研究中国科学史的新局面

竺可桢是中国科学史重要奠基人。早年留学美国，他创设中国科学社，并在刊物《科学》上撰写《北宋沈括对于地学之贡献与纪述》等关于中国古代气象学相关科普文章。回国后，他仍在《史学与地学》等杂志上发表《论以岁差定〈尚书·尧典〉四仲中星之年代》等中国古代地理学与天文学相关论文。1954 年，竺可桢在《人民日报》上发表《为什么要研究中国古代科技史》，提出了研究中国古代科技史对爱国主义教育的现实意义。竺可桢还大力协助英国科学史家李约瑟撰写《中国科学技术史》，搭建起中外科技史交流的纽带与桥梁。

（三）提出浙大"求是"精神

竺可桢在求是书院的"求是"理念上提炼出浙江大学的"求是"精神。他认为"求是"精神是一种科学精神。[①] 近代科学技术发展滞后导致难以产生"科学方法，

---

① 樊洪业、段异兵：《竺可桢文录》，浙江文艺出版社 1999 年版，第 34 页。

公正态度,果断决心"①的科学精神。竺可桢提倡"只问是非,不计利害"②的科学精神,只有民众秉承公正态度,运用科学方法,下定决心才能够实现科技进步,进而推动国家与民众事业的发展。他认为"求是"精神也意味着奋斗精神和牺牲精神。③竺可桢自身也是"求是"的奋斗与牺牲精神最为鲜活的代表人物。日本侵华战争全面爆发后,他带领浙大学子一路西迁,在迁徙道路上,他忍受国破家亡与失去妻儿的痛苦,依然保证浙江大学"文脉"不断。他还认为"求是"精神就是追求真理的精神。竺可桢提出的"求是"精神脱胎于"求是"思想,又超越"求是"思想。同时,随着国家经济社会的发展,"求是"精神也应做到与时俱进。竺可桢执掌浙江大学 13 年中,用实际行为努力践行涵盖开拓精神、革命精神、牺牲精神的"求是"精神。

三、浙江精神视域下的竺可桢形象

竺可桢是浙江精神在自然科学研究与教书育人事业上的融合者与发扬者。他"科学救国"思想体现爱国图强的浙江精神;他秉承"求是"治校理念见证求真务实的浙江精神;他深耕专业彰显自强不息的浙江精神。

（一）爱国图强:科学教育服务国民

1. 扛起"科学救国"大旗

竺可桢胸怀"科学救国"志向,公费留美求学经历让他明白"唯有民族振兴与国家强大才能让民众活得有尊严"的朴素道理。他认为:"中国自来以农业为本,学习美国先进的农业科学技术,无疑是回报祖国的最好选择"④。于是,他在美留学优先选择农学专业。竺可桢得知西方列强把持中国天气预报权,偌大的中国竟然只能听洋人播报的天气预报,让他有一种巨大的民族羞耻感,也激励他把这一门学问

---

① 樊洪业、段异兵:《竺可桢文录》,浙江文艺出版社 1999 年版,第 34 页。
② 竺可桢:《竺可桢文集》,科学出版社 1979 年版,第 231 页。
③ 樊洪业、段异兵:《竺可桢文录》,浙江文艺出版社 1999 年版,第 110 页。
④ 张彬:《倡言求是 培育英才——浙江大学校长竺可桢》,山东教育出版社 2004 年版,第 8 页。

学懂弄通，将其带回国内，创建起中国气象学专业。同时，在美留学时，竺可桢创办科普社团——中国科学社，并担任副社长，亲自撰写《中国之雨量及风暴说》等科普文章，帮助国人了解科学真谛，营造学习科学与尊重科学的良好氛围。通过研究并撰写中国古代科技史相关文章，向国人明确中国古代存在科学，重拾国人民族信心。学成归国后，竺可桢满怀着"科学救国"理想从事高校教育工作，先后在武汉武昌高等师范学校等多所高校从事地质学、气象学等学科教学工作，直接培养了我国第一代本土地质学、气象学专家学者。从 1950 年到 1965 年，他先后亲率 10 余个科考队，前往我国东北、西北、西南、华中与华南等 20 多个省份，对我国动植物、资源、气候、地貌等进行全方位科考，对我国自然资源进行全面普查与摸底，为国家制定相关政策提供科学依据。

2. 肩负"教育救国"重任

执掌浙江大学时，他提出只有培养出领袖人才，才能使中国成为世界一流强国，"日本或是旁的国家再也不敢侵略我们"[①]。1937 年 11 月到 1940 年初，浙江大学先后在建德、吉安、宜山和湄潭四次西迁建校，横跨浙、赣、湘、粤、桂、黔六省近一千五百多公里，史称这一壮举为浙大"文军长征"。竺可桢派专人负责将藏于杭州文澜阁的《四库全书》随校转移。西迁过程中，学校还正常开展教学科研活动，竺可桢亲自组织学生对驻地的文化、地质、气候等进行实地调研，组织学生到敌后农村开展抗日宣传，组织文艺队义演劳军和戒烟筹款，在当地举办文化补习学校，积极鼓励浙大学子参军保家卫国。在那个特殊年代，他以身教言传方式将爱国主义思想传播给学生，也将爱国主义思想深埋于一代代浙大人心中。

3. 走好"服务惠国"道路

服务国家与社会是大学的重要功能，竺可桢极其注重这项高校功能。在浙大西迁的过程中，在逗留江西泰和半年期间，浙江大学创办了澄江学校，让当地农村子弟受正规学校教育。浙江大学还与泰和县政府共同成立筑堤工程委员会，竺可桢亲自担任该委员会主席，在当地修建起 7.5 千米的防洪大堤，至今仍发挥防洪功

---

① 竺可桢：《竺可桢全集》（第 2 卷），上海科技教育出版社 2004 年版，第 462 页。

效,被当地人亲切称为"浙大堤"。浙江大学西迁也是服务地方,改良社会的过程,既锻炼学生能力,又增强高校服务功能,更打响浙江大学声誉。

(二)务实求真:求是治校万世景仰

1. 以培养领袖人才作为办校理念

1936 年 5 月,竺可桢在就职演讲中讲道:"大学是养成领袖人才的地方"①。后来又将大学培养的领袖人才具体化为"完人""专家"与"思想家"②。在当时中国全体国民文化程度不高的情况下,大学需要向社会输送精英人才,进而造就出一批地方楷模与民众表率,为民"谋食",更为国"谋道"。

2. 以德育并举的导师制为治校法宝

为更好地贯彻"求是"精神,竺可桢在浙江大学推行导师制,以此实现培养领袖人才的教育目标。通过选拔有真才实学且德才兼备的优秀教师担任导师,要求每人带 12 个左右学生,定期开展会议或近距离接触,让学生通过学习导师身上的优秀品质潜移默化地受到感染,师生关系更加融洽,形成自由民主的学风,点燃学生投身科学与文化事业的热情,进而继承追求真理的科学精神、知行合一的实践精神与勇于担当的爱国精神。

3. 以教授治校与民主办学为治校良策

在执掌浙江大学期间,竺可桢选拔教授进入校务委员会,并通过校务委员会表决关乎学校的事业发展的人事、财务、教务等重大事项,逐步形成了民主自由的校风。竺可桢重视培养学生"不盲从,不附和"③的独立性。根据国家社会需要与学生兴趣,引导学生成立各种进步团体。全面抗战爆发前,浙江大学校内产生了传播马列主义的秘密读书会,学生还成立"中华民族解放先锋队"与"呐喊团"等先进组

① 竺可桢:《竺可桢全集》(第 2 卷),上海科技教育出版社 2004 年版,第 351 页。
② 中国科学院南京分院、南京竺可桢研究会:《先生之风 山高水长——竺可桢逝世 20 周年纪念文集》,中国科学技术大学出版社 1994 年版,第 45 页。
③ 杨达寿:《竺可桢》,浙江科学技术出版社 2009 年版,第 154 页。

织。在西迁过程中,浙江大学涌现出"铁犁剧团""回声歌咏队""塔外画社""女同学励进会"等宣传抗日的社团,用民众喜闻乐见的文艺形式宣传进步思想,学生实现自我价值的同时,匡正时弊,服务社会。

(三)自强奋斗:专业精深学风严谨

1.打造科学体系,助力科技强国

竺可桢作为我国近现代著名科学家,奠定我国气象学、物候学、地理学学科基础,打造其学科体系,为我国科学事业做出杰出贡献。竺可桢先后对我国常见的台风、季风、气候划分、降雨规律等多个气象领域长期研究,提出开创性的理论,为我国气象研究提供符合中国实际情况的科学依据。竺可桢通过长期研究,掌握气象与农业生产之间的内在联系,并将规律性的认知定义为物候学,与自己的学生宛敏渭合著《物候学》,构建起全国物候观测网,长期积累物候观测资料,并运用物候规律帮助我国农业生产。竺可桢在地质学、土壤学、植物学等领域都有所建树,为我国独立开展自然科学研究做出突出贡献。

2.培养科技人才,实现人才强国

为实现中国科技强大的目标,首先要培养科技创新型人才。竺可桢让毕业于伦敦大学与利物浦大学的涂长望担任史地研究所副所长,做到人尽其才,才尽其用。同时,竺可桢还为人才解决家庭困难等后顾之忧。例如,在浙大西迁过程中,苏步青因种种原因不敢把远在家乡温州的日本妻子接到贵州遵义,竺可桢请求浙江省政府主席朱家骅开具一张手谕,免予沿途军警盘问,让苏步青一家得以团聚。在竺可桢等老一辈科学家独特的人格魅力影响下,相信中国科技人才会不断涌现,人才强国必将实现。

3.完善科普工作,实现文化强国

科普是让普通群众直接理解科学与支持科学事业发展最有效的途径。留学期间,竺可桢参加并主持赴美留学生组建的中国科学社,并通过在杂志《科学》上撰文向民众进行科普,收到很好的效果。中华人民共和国成立后,身兼数职的竺可桢仍

坚持担任中华全国科学技术普及协会副主席,同时还兼任其他多项行政职务,坚持撰写科普文章。通过竺可桢等科学家一代代的不懈努力,中国科普事业蒸蒸日上,进一步提升了民众科学认知,为文化强国与科技强国奠定坚实的科学素养。

第四节　星耀苍穹、智启航天的钱学森

钱学森是浙江精神在科学救国与强国伟大征程中的学术旗帜、创新楷模与教育典范。他在科学研究领域一丝不苟,精益求精,这与浙江精神中的求真务实精神高度吻合。他在为人处世方面,心胸坦荡、光明磊落,这恰好与浙江精神中的诚信和谐精神若合符节。在爱国方面,他自强不息,拥有强烈的爱国主义情感与品质。他发出世纪之问,并提出大成智慧教育体系,精准服务于国家教育事业,这与浙江精神中的开放图强精神十分契合。

一、顶级学霸报国志

作为吴越钱氏优秀代表的钱学森,自幼便怀揣宏图之志。他凭借卓越的才华与不懈努力,在学术界崭露头角,获得了国内外的高度认可。在历经千辛万苦后,他终于突破重重困难回到祖国,为中国国防事业做出巨大且杰出的贡献,让世界见证了中国力量的崛起。

（一）名门望族人才盛

吴越钱氏家族可追溯到唐末五代十国吴越国开创者钱镠。钱镠临终告诫子孙"心术不可得罪于天地,言行皆当无愧于圣贤"等十条家训,形成了钱氏家训。历代钱氏子孙谨记钱镠遗训,涌现出一批治邦为民的杰出人物。作为吴越王钱镠第33世孙的钱学森便是家族中最为璀璨夺目的明星之一,其父亲钱均夫早年留学日本东京高等师范学校,专修教育学等学科,曾两次出任浙江省立第一中学校长,也曾进京供职于教育部,后担任浙江教育厅厅长与督学。钱均夫极其重视钱学森的教

育,引导其从小广泛阅读中国传统国学经典,还聘请孙廑才与高希舜指导他学习国画与写字,此外,钱均夫亲自为钱学森教授岩石学与伦理学。1969 年钱均夫临终前,将 3 年工资加银行利息 3360 元整①让钱学森交给原单位中央文史研究馆,用身教的方式告诉钱学森什么是爱国与忠诚。钱学森母亲章兰娟出身杭州富商家庭,自小天资聪颖,琴棋书画样样精通,嫁给钱均夫后相夫教子。在钱学森考入北师大附中之前,钱学森的教育与学习都是由章兰娟亲自辅导,"母亲的善良品德与模范行为都给予钱学森深远且连绵不断的影响"②。

(二)年少得志展才华

1. 北师大附校树立志向

1914 年,父亲钱均夫到北京教育部任职,三岁的钱学森随父母来京居住与求学。1917 年,钱学森进入北师大附属小学学习,立志要为国家与人民"做点事"③。1923 年,钱学森进入北师大附属中学,该校校长林砺儒认为"中学教育是全人格教育",学生应"做学习的主人,不做分数的奴隶",林校长的治学思想与人格魅力对钱学森产生了深远的影响。在校期间,钱学森开始广泛阅读《狭义与广义相对论浅说》等科普读物,扩展科学视野,并立下将来探索科学奥秘的宏伟目标。

2. 上海交大"国需"择专业

1929 年 9 月,钱学森顺利考入上海交通大学,攻读机械工程系铁道机械工程专业,每年各科成绩均在 90 分以上。在校期间,他爱好广泛,曾担任军乐团圆号手,并组建学校口琴队。1932 年,钱学森目睹日本法西斯在"一·二八"事变中利用空中优势袭击我军民的情景,萌生了"航空救国"的志向,他选修外籍教员教授的航空工程课程,在图书馆里大量浏览航空理论与飞机飞艇制造相关书籍,为将来从事航空专业奠定了基础。

---

① 涂元季:《钱学森书信》,国防工业出版社 2007 年版,第 125 页。
② 胡申生:《上海名人家训》,文汇出版社 2010 年版,第 230 页。
③ 涂元季:《人民科学家钱学森》,上海交通大学出版社 2002 年版,第 3 页。

3. 赴美留学专攻飞行

1934 年 6 月,钱学森通过考试获得清华大学第二届庚子赔款公费留美名额。1935 年 9 月,钱学森进入美国麻省理工学院航空系学习,只用一年的时间就修完该系所有课程,25 岁的钱学森成为该系最年轻的飞机机械工程硕士。1936 年 10 月,钱学森成为享有"超音速飞行之父"①之称的世界著名空气动力学顶级专家冯·卡门的学生。1939 年 7 月,钱学森只用短短 3 年时间就取得加州理工学院航空与数学双博士学位,震惊整个美国学界。毕业后留校任教,一直与导师冯·卡门共同开展固体力学与空气动力学等学科的理论研究。1947 年,36 岁的钱学森被麻省理工学院聘为教授。1949 年,他重回加州理工学院担任喷气推进中心主任。钱学森与导师冯·卡门共同提出了亚音速气流中空气压缩性对翼型压强分布的修正公式,该公式以导师冯·卡门与学生钱学森名字进行命名,叫作"卡门—钱学森"公式。38 岁的钱学森也成为美国炙手可热的空气动力学领域知名人物。

(三)身怀绝技回国难

1. 掌握尖端技术显才干

1939 年 1 月,美国军方与科学院联合加州理工学院成立火箭研究中心,代号"古根海姆 1 号",主要攻关在短时间短距离助力飞机起飞的火箭助推装置。冯·卡门、钱学森与马利纳等研究中心成员成功研制并试飞装载在 A-20 轰炸机上的硝酸—苯胺燃料火箭发动机,这也成为人类历史上第一次用火箭动力装备战斗机起飞的实验,标志着美国应用火箭研究的正式开始。1942 年 3 月,冯·卡门、钱学森与马利纳在火箭研究小组的基础上成立了航空喷气工程公司,主要生产与销售火箭起飞所需的液体或固体助推发动机,该公司也成为美国第一家商用火箭公司。1942 年,在导师冯·卡门极力推荐下,美国陆军军械署同意钱学森参与从事超音速飞行研究。1943 年 12 月,钱学森与导师冯·卡门向美国政府正式提出远程火箭导弹研究计划(JPL-1 计划),不久后,美国第一枚名为"下士"的导弹研制成功,

---

① 钱学森:《钱学森讲谈录——哲学、科学、艺术》,九州出版社 2013 年版,第 293 页。

极大地提高了美国军队战斗力，钱学森也成为美国导弹事业奠基人之一。1947年，钱学森相继担任美国空军科学咨询团与海军炮火研究所高级顾问，主要向美国空海部队武器装备研发提供技术支持，也成为"美国现代军事科学等重要奠基人"①。

2. 回国被拒遭软禁

1950年，钱学森得知新中国成立百废待兴，急需留学人员回国支援社会主义建设的消息后极其兴奋。同年，美国掀起了狂热的"麦卡锡主义"，钱学森被怀疑为共产党人，美国官方相关部门迅速吊销他参与机密研究的执照，禁止他继续开展高端武器装备研制工作，这让钱学森回国的意愿更加强烈。1950年3月，钱学森向加州理工学院辞职后，又向好友美国海军次长丹尼·金布尔告别，金布尔表示："钱学森在任何情况下都抵得上3～5个师的兵力，宁愿枪毙也不能将其放回中国"②。钱学森被美国海军拦截，并被关押在洛杉矶南部的特米诺岛监狱。关押期间，美国移民局与检察院对其800公斤书籍和笔记本等所有材料进行审查，并没有发现美国军方核心机要文件，加州理工学院为其缴纳1.5万美金巨额保释金后他被释放，出狱后的钱学森出行仍被限制，美国中情局还派出特务跟踪与监视其行踪。

3. 突破藩篱归故国

1955年，钱学森给父亲好友、时任全国人大常委会副委员长的陈叔通写信，信中写道"无一日、一时、一刻不思归国参加伟大的建设高潮""心急如火，唯恐错过机会"③，收到信件后陈叔通向周恩来总理与毛泽东主席汇报，毛泽东主席决定运用外交等一切手段开展积极营救。同年8月，美国同意以朝鲜战争中被俘获的多名美军飞行员作为释放钱学森的交换条件。9月17日，钱学森携妻子与儿女，登上了"克利夫兰总统号"邮轮，踏上返回祖国的旅途，他立志"今后将竭尽努力，和中国人民一道建设自己的国家，使自己的同胞能过上有尊严的幸福生活"④。1955年

---

① 涂元季：《人民科学家钱学森》，上海交通大学出版社2002年版，第3页。
② 涂元季：《人民科学家钱学森》，上海交通大学出版社2002年版，第22页。
③ 涂元季：《钱学森书信》（第1卷），国防工业出版社2007年版，第1页。
④ 涂元季：《人民科学家钱学森》，上海交通大学出版社2002年版，第27页。

10 月 8 日,钱学森终于抵达阔别多年的祖国。

(四)两弹一星扬国威

1. 参加规划献宏献

1956 年 2 月 17 日,回国后的钱学森向党中央、国务院提交了《建立我国国防航空工业的意见书》,建议国家应该成立航空工业部门,从领导、研究、设计与生产等机构着手,发展中国航天工业。其中还重点推荐沈元、罗时钧、任新民、罗沛霖等空气动力学、发动机助推器与火箭研发等领域 21 位尖端技术专家,通过科技人才引领中国航天事业发展,对中国航天与军事事业起到举足轻重的作用。

2."两弹"成功扬国威

1956 年,航空工业委员会成立,该委员会直属国防部,由聂荣臻担任委员会主任,钱学森担任委员,该委员会实为导弹与航空领域的研究机构。同年,钱学森受命组建国防部第五研究院并担任首任院长,该研究院是中国第一个具体研究火箭与导弹的科研院所。经过不懈努力,1960 年 11 月 5 日,钱学森带队研发的我国第1 颗仿造近程导弹在酒泉卫星发射中心成功发射,结束了中国没有导弹武器的历史。1955 年 1 月,毛泽东主持召开的中央政治局会议通过了代号 02 的研制核武器计划。1960 年 8 月,苏联单方面撕毁合作条约,苏共领导人赫鲁晓夫决定撤走一万多名援华技术专家,单方面撕毁数百项专家合同与科技合同,并带走包括原子弹研究的所有关键技术的图纸和相关资料。1964 年 10 月 16 日下午 3 点,在钱学森、钱三强、朱光亚等专家不懈努力下,中国第一颗代号为"596"的原子弹在新疆罗布泊成功爆炸,中国成为全世界第五个拥有核武器的大国。

3."一星"飞天探苍穹

1957 年,钱学森、赵九章等航天专家在中科院座谈会上提议中国也要开展人造卫星相关研究。后因原子弹和导弹试验需要大量的人力与资源的支持,人造卫星计划搁置 7 年之久。1964 年,钱学森、赵九章等专家再次向党中央与国务院提出重启卫星研制计划,1967 年,国防科委通过专家提交的卫星总体论证方案,并将此次卫星研究命名为"东方红一号"。在钱学森的指导下，孙家栋为卫星总负责人，戚发轫为卫星技术领导小组组长，组织18人的卫星科研攻关队伍，克服种种困难，经过不懈的奋斗，1970年4月24日，我国第一颗名为"东方红一号"的人造卫星发射成功，也标志着中国成为继苏美法日等国之后的第五个拥有人造卫星的国家，开启了中国航天事业的新纪元。

二、国之重器显担当

钱学森在中国人民心中具有举足轻重的地位，他为我国"两弹一星"的成功研制做出了重大贡献，他是当之无愧的中国现代航天事业奠基人。他秉持马克思主义哲学思想指导科学技术研究，创设现代科学技术体系，他也是一位举足轻重的科学技术哲学家与马克思主义思想家。

（一）中国现代航天事业奠基人

2003年10月15日至16日，《中国青年报》社会调查中心面向全国不同地区不同年龄段的1000多名中国公民进行电话调查，调研主题是："谁是中国首席科学家？"经过调研，前三名分别是钱学森、华罗庚、袁隆平，支持率分别是33.2％、16.9％、12.8％，可见钱学森是一位影响力巨大、功勋卓著的科学家。钱学森长期从事火箭、导弹与航天器的理论与实践研究。他在我国近中远程导弹与长征系列火箭、人造地球卫星等航天事业上做出突出贡献，并享有"中国航天之父"的美誉。钱学森也是国际公认的力学大师。回国后的钱学森带头成立了中国科学院物理研究所物理力学研究组，亲自培养中国第一批物理力学研究人员。中国科学技术大学成立后，钱学森亲自担任力学研究所所长。而后，他相继担任中国力学学会与中国自动化学会第一届理事会理事长、中国宇航学会与中国系统工程学会名誉理事长等职务。钱学森1957年获中国科学院自然科学奖一等奖，1985年获国家科技进步奖特等奖，1989年获"世界级科学与工程名人"和"小罗克韦尔奖章"。1991年，国家授予钱学森"国家杰出贡献科学家"荣誉称号，中央军委授予他一级英雄模范奖章。1999 年,国家授予钱学森"两弹一星功勋奖章"。

(二)成为科学技术哲学家

钱学森是我国现代科学技术体系的"开山鼻祖"。1954 年,钱学森出版了《工程控制论》,该理论的提出也标志着我国现代科学技术体系思想发端。1978 年,钱学森在刊物《哲学研究》发表理论文章《科学学、科学技术体系学、马克思主义哲学》,在文中提出了现代科学技术体系概念、分类与任务,标志着我国现代科学技术体系思想初步成型。1993 年 6 月,钱学森在给堂妹钱学敏的信中,将性智和量智加入手绘现代科学技术体系结构图当中,并阐明加入的理由,标志着我国现代科学技术体系思想已逐步成熟。1996 年,钱学森将建筑哲学纳入进来,作为该体系的第 11 大部门,标志着现代科学技术体系理论构建完成。钱学森提出的现代科学技术体系,从横向结构分析:该系统分为哲学、技术、基础与工程四大科学部分。从纵向结构分析:该系统涵盖自然、社会、数学、系统、思维、人体、地理、军事、行动、建筑、文艺理论,共计 11 大部分。各部分之间互为整体,形成动态调整的开放有机体。现代科学技术体系思想是科学与哲学的有机统一,并将哲学作为学科分层构建的桥梁,同时,明确了马克思主义哲学在系统中的核心地位[①]。现代科学技术体系极大地丰富了我国理论思想,也成了钱学森的哲学思想的核心要义。

(三)秉持马克思主义的思想家

钱学森取得伟大的科学成就与信仰马克思主义有着密切的关联。在上海交通大学求学期间,钱学森相继阅读了普列汉诺夫的《论艺术》与布哈林的《唯物论》,对马克思主义唯物史观与辩证法有了比较浅显的认知。留美期间,钱学森加入加州理工学院教职工组建的马列主义学习小组,他认真学习马克思的《资本论》、恩格斯的《自然辩证法》和《反杜林论》等。在思想上,他已经认同自己是一个朴素的唯物

---

① 北京大学现代科学与哲学研究中心:《钱学森与现代科学技术》,人民出版社 2001 年版,第 21—22 页。

主义者。回国后，他还阅读列宁的《哲学笔记》、毛泽东的《矛盾论》等马列主义和毛泽东思想著作。1959 年，钱学森光荣地成为中国共产党党员。作为一名信仰马克思主义的科学家，钱学森有意识地将马克思主义哲学基本原理与普遍真理运用到科学研究当中，他认为"只有用马克思主义哲学武装起来的⋯⋯才是有智慧的人"[①]，"试图用马克思主义哲学指导我的工作"[②]，钱学森认为复杂物质离不开系统，研究事物复杂性，应该先研究"复杂巨系统"[③]。在他提出的现代科学技术体系思想当中，马克思主义哲学应是最重要的指导思想。

三、浙江精神视域下的钱学森形象

钱学森是浙江精神在科学研究领域的重要体现者，其求真务实的科研精神与浙江精神高度契合，展现出强烈的创新勇气和攀登科学高峰的决心。他以诚信和谐的人格魅力，完美地诠释了浙江精神中的道德伦理和社会责任感。钱学森的爱国情怀和自强不息的精神则充分体现了浙江精神中开放图强的核心要义。

（一）自强不息：我的归宿在中国

钱学森曾讲过："我的事业在中国，我的成就在中国，我的归宿在中国"。心中永远装着国家与人民，他将个人命运与国家事业紧密相连。

1. 矢志不渝的爱国主义情感

家训与家风是钱学森爱国主义养成的有效途径。自幼受到江南钱氏家训熏陶，父亲钱均夫亲自辅导钱学森学习中国传统国学经典，用中国传统文化潜移默化地浸润并影响着钱学森。学校教育对钱学森爱国主义养成也起到重要作用。钱学森在就读北师大附小与附中时，老师们绝大多数是爱国知识分子，甚至有中共地下党员。例如：中学教师董鲁安等老师除了教授知识之外，还对钱学森进行思想教

---

① 涂元季：《钱学森书信》（第 4 卷），国防工业出版社 2007 年版，第 92 页。
② 涂元季：《钱学森书信》（第 5 卷），国防工业出版社 2007 年版，第 4 页。
③ 涂元季：《钱学森书信》（第 10 卷），国防工业出版社 2007 年版，第 258—300 页。

育,以不断培养其爱国之情。

在美留学的不公待遇更加坚定钱学森的爱国情感。他清醒认识到,如果国家不强大,海外留学生与华人华侨在异国他乡就容易遭受外国人欺辱。种种歧视与周遭际遇更加坚定了钱学森将个人命运与国家命运紧密相连。社会主义国家建设更加激发钱学森的爱国热忱。新中国各项事业百废待兴,人民生产生活热情高涨,国家领导人高度重视现代科学技术,钱学森更加坚定并一心投入"让同胞们过上有尊严的幸福生活"的伟大目标中。

2. 淡泊名利的爱国主义品质

以钱学森为代表的新中国第一批科学家们都具备艰苦奋斗、甘愿奉献与淡泊名利的爱国主义品质。20世纪60年代,在科研与生活条件极其艰苦的情况下,钱学森等老一辈科研人员数十年扎根戈壁荒漠开展导弹、原子弹以及火箭实验,他们用坚定的信念和无畏的勇气,诠释了科研人员的担当与奉献。1986年,在召开全国政协会议期间,钱学森曾向记者讲道:"中国科研人员难题都不怕,国家与人民交给的任务,坚决完成"。钱学森曾立下"四不"做人原则,即不为别人题词、不为别人写书序、不出席应景活动与不接受媒体采访,把主要精力全部放在对国家与人民有意义的科研活动当中,他以身践行,用实际行动展现了深厚的爱国主义品质,为我们树立了榜样。

3. 无悔奉献的爱国主义行为

从钱学森选择的学习专业与研究方向可窥见其深厚的爱国主义情怀与坚定的行为实践。他受到孙中山先生"实业救国"的思想影响,选择交通大学铁道机械工程专业,立志成为像詹天佑一样的铁路工程师。1932年,日本对华发动淞沪战争,日本军机疯狂轰炸上海,钱学森萌生了"航空救国"的想法,他将自己所学的铁道专业改为航空专业。在美求学期间,他发现航空事业的发展必需有先进的航空理论作为引领与指导,于是,他的志向从航空工程师转变成为专门研究航空理论,并拜世界顶级空气动力学专家冯·卡门为师,后成为空气动力学方面的专家。回国后,他又根据国家需要,将学术理论研究转变为科技工程方向,帮助国家尽快研制出P—仿苏导弹、"596"原子弹与"东方红一号"人造卫星等国之重器。钱学森激励广大人民干事创业热情，也奠定了中国在国际社会的地位。

（二）图强之问：忧国育才须改革

2005年新年伊始，时任国务院总理的温家宝前去看望钱学森，钱学森对中国教育发出"这么多年培养的学生，还没有哪一个的学术成就，能够跟民国时期培养的大师相比"的感叹，并再次追问："为什么我们的学校总是培养不出杰出的人才？"后人将这一深刻问题定名为"钱学森之问"。这一问题的提出反映了钱学森对中国教育的担忧，也成为一道事关中国教育事业发展的艰深命题。钱学森在10多年前已经在探索该问题的解决办法，并提出大成智慧教育[①]。该教育是以"集大成，得智慧"为培养理念，并借鉴中国新儒学代表人物之一的熊十力提出的"性智""量智"的观点，将这两种观点运用到大成智慧教育体系中。

1. 提出培养全才通才以及创新型人才的人才观

钱学森认为，我国教育不仅旨在教授学生科学知识，还要让他们了解并掌握马克思主义哲学，通过理工与文艺的融合，强化信息化网络手段的运用，逐步培养国家与社会所需要的人才。学校应重视"通识类教育"，通识类教育做得好，学生们会逐渐变成"通才"与"全才"，进而获得"大智慧"，为国家打造"一批工程师加科学家加思想家的人才"[②]。

2. 打破教育与科技学科界限，树立全新创新观

钱学森认为创新就是打破常规与破旧立新的过程，一个具备创新思维与创新能力的人，绝对不会"人云亦云"与"思想随大流"，而是敢于打破现有秩序进行重新排列组合，这就需要教育与科技打破现有的学科界限，做到"寓教于技"。这样才能够促进创新思维发展。

3. 整体设计与推进，建立现代教育系统论

钱学森认为教育也是一个庞大的系统，也应该按照系统论的方式对教学理念

---

① 钱学敏：《试论钱学森的"大成智慧学"》，《首都师范大学学报（社会科学版）》2001年第3期。

② 陈华新：《集大成 得智慧——钱学森谈教育》，上海交通大学出版社2007年版，第254页。

进行迭代更新,实现教育范式转换,改进教学模式以及整合优化教学资源。这就需要教育主管部门加强顶层设计、中层协同与基层创新,按照一个系统构建的方式推进现代教育事业。

4. 提出源于实践与注重实践检验的教育科研实践论

钱学森反对"以科研带动教学"这一观点,认为容易导致形而上的问题,他提倡教学与科研都不能有所偏废,应该两手抓两手都硬,同时,他还强调教学与科研都是为实践服务,教研内容与方法也应该来源于实践,同时,教研质量也应该经得起实践检验。最终培养出国家所需要的具备大智慧好品德的社会主义接班人。大成智慧教育不仅是钱学森提出的现代科学技术体系的重要延展,更是他对国家人才建设深思熟虑后的智慧结晶。它承载着钱学森对教育事业的崇高期许,致力于培养新时代的卓越人才,为国家繁荣昌盛注入不竭动力。

第五章　浙江"最美"系列名宿与浙江精神

2010年以来,浙江大地涌现出众多救死扶伤、助人为乐、诚信敬业的"最美"现象,有"最美妈妈""最美爸爸""最美司机"等"最美"个体,也有联手接坠楼女童的八位"最美快递哥"、"7.5"公交车起火事件与"7.21"商铺燃爆事故中涌现的"最美杭州人"等"最美"团队。广大人民群众对他们所作善举给予了高度评价,并冠以"最美"定语,表达深深的敬意和赞扬。这些善行和美德通过网络的广泛传播产生巨大正向舆论效应。他们也变成了群众热议与追捧的草根明星与平民英雄。

第一节　浙江"最美"系列名宿与浙江精神的逻辑关系

浙江"最美"系列名宿与浙江精神有着密切的因果关联。浙江"最美"系列名宿是浙江精神的存在产物、有效载体与不竭源泉,浙江精神是浙江"最美"系列名宿追求目标与价值引领,更为其提供精神动力。在实践过程中,浙江精神对浙江"最美"系列名宿具有激励、引领与鞭策等具象作用。

(一)"最美"系列名宿是浙江精神的生动体现

1. "最美"系列名宿是浙江精神的存在产物

精神对人的品质塑造起着重要的作用,人的品质本身就是精神存在的产物,是人们在长期的生活实践中形成并表现出来的优秀内在精神特质,是精神作用下重要体现和反映。例如,"最美"系列名宿无疑是浙江精神的存在产物。在浙江精神的指引下,浙江省出台了《公民道德建设纲要》,提出了浙江人共同的价值观,开展了一系列"礼让斑马线""讲文明树新风"等弘扬主旋律活动,公民思想道德不断提高,公民思想觉悟不断提高,"最美现象"自然不断涌现,"最美"系列名宿也随之出现,他们的出现不仅丰富了浙江精神的内涵,也进一步印证了浙江精神在塑造人的品质和行为中的重要作用。

2."最美"系列名宿是浙江精神的有效载体

浙江精神的传播既需要党和政府大力宣传,也需要社会力量的支持,更需要广大民众的广泛参与。浙江精神要想深入人心,沧肌浃髓,就需要"最美"系列名宿作为有效载体进行具象化传播。"最美"系列名宿具有"草根性"与"时代性""亲民性",不仅能够被整个中国社会熟知与认可,还能够在国际社会产生深远影响。例如,美联社、法新社、英国《每日邮报》、美国《纽约时报》等国外媒体竞相报道"最美妈妈"吴菊萍先进事迹,这不仅是对她个人的赞誉,更是对浙江精神的一种有力宣传。

3."最美"系列名宿是浙江精神的不竭源泉

浙江精神强大的生命力在于认同、传播、弘扬与践行,尤其是弘扬与践行环节最为艰难,需要社会各界人士广泛参与。政府人员率先垂范,新闻人员大力宣传,文艺人员多出精品,普通民众积极践行,才能形成强大的社会文化践行场域。而在这个场域中,各种社会关系相互关联与作用,最终才能产生了最能代表浙江精神的"最美"系列名宿。他们不仅是社会各界的杰出代表,更是平民形象的化身,以无私奉献和为民情怀展示了浙江精神的核心价值。这些"最美"名宿的存在,不仅激发社会各界对浙江精神的认同和践行,更为其传承和发展注入源源不断的新动力。

(二)浙江精神是"最美"系列名宿的精神内核

1.浙江精神是"最美"系列名宿追求的目标

随着我国经济社会迅猛发展,尤其是浙江作为经济社会最发达的省份之一,在实现物质丰盈后,开始追求精神满足。浙江省最先提出"物质富有、精神富裕"发展目标,又提出公民思想道德建设的"浙江实践",后探索出"求真务实、诚信和谐、开放图强"的浙江精神。"最美"系列名宿深受浙江精神的熏陶,不断追求思想的高度和境界的升华,以卓越的觉悟和站位,积极践行社会主义核心价值观,传播正能量,塑造社会新风尚。他们以实际行动诠释了浙江精神的深刻内涵,为社会树立了光辉榜样,推动了浙江精神的广泛传播与深入人心。

2. 浙江精神为"最美"系列名宿提供动力

普通民众出身的"最美"系列名宿出现看似是巧合之举,实则是浙江精神影响下的必然现象。浙江大地通过各种"最美"选树活动,进而不断宣传与弘扬浙江精神,例如:浙江省道德模范、"浙江骄傲"、"最美人物"、"平民英雄"等活动的评选,将"求真务实、诚信和谐、开放图强"的浙江精神潜移默化地变成社会群体意识,也为普通民众注入强大的价值能量,在强大能量与底气作用下,"最美"系列名宿也必然产生,产生后的"最美"系列名宿更是以浙江精神为动力,砥砺前行,奋发有为。

3. 浙江精神是"最美"系列名宿价值引领

成为"最美"系列名宿后,被社会更多关注,具有了更多社会头衔,同时也具备巨大的商业价值,利益诱惑随之变多,进而不断冲击与考验个人价值定力。时至今日,浙江"最美"系列名宿群体或者个体并没有凭借这一知名"最美"社会头衔接商演、搞活动、捞取利益好处,更多的是利用"最美"头衔作为当地形象或公益大使,对外宣传家乡与开展公益事业,解决更多困难群体急难险重的问题,主要原因在于浙江"最美"系列名宿始终以浙江精神作为精神引领,不断约束自我,让整个社会崇尚"最美",传递"最美",更争当"最美"。

(三)浙江精神激励、引领与鞭策"最美"系列名宿

1. 浙江精神激励"最美"系列名宿

进入新时代,尤其是 2010 年以来,以吴菊萍、吴斌等为代表的浙江"最美"系列名宿呈"井喷式"涌现,浙江"最美"现象从"盆景"逐渐变成"风景",这与浙江精神的

持续激励和深远影响密不可分。政府与社会不仅对于浙江"最美"系列名宿给予物质上的奖励,还给予名誉上的鼓励,更有浙江精神的激励。当前,党中央赋予浙江高质量建设共同富裕示范区这一重任,需要浙江"最美"系列名宿在内的全体浙江儿女以浙江精神为动力,干在实处,走在前列,勇立潮头。

2. 浙江精神引领"最美"系列名宿

当前,浙江精神是高质量推进共富事业重要的精神建设抓手。浙江精神能够凝聚各界力量,汇集各类正能量,集结各种时代先锋为共富事业添砖增瓦,贡献力量。浙江"最美"系列名宿作为"公众"人物,更应该利用好这一正能量头衔,以浙江精神为重要引领,让社会主义核心价值观与浙江人共同价值观实践"日常化、大众化、常态化、自觉化"①,发挥好"最美"系列名宿榜样力量,推进民众道德自觉,提升道德水平。

3. 浙江精神鞭策"最美"系列名宿

浙江"最美"系列名宿是浙江人民在不断践行社会主义核心价值观与浙江人共同价值观中成功选树起来的典型人物,是浙江人民弘扬浙江精神不断涌现出来的鲜活代表。他们源于群众,服务于群众,并依靠群众力量不断前行。当前,浙江正处于改革发展转型期,社会矛盾也随之增加,浙江"最美"系列名宿充分发扬浙江精神,引领社会新风尚,创造更多文明成果,更好地促进社会主义核心价值观的践行与落地。

第二节　托举生命的"最美妈妈"吴菊萍

吴菊萍不仅是弘扬与践行浙江精神的杰出代表,更是浙江精神文明建设中一面熠熠生辉的旗帜。她以无私的奉献和勇敢的担当,彰显了浙江人民勇立潮头、敢为人先的精神风貌,同时也传递了守望相助、共克时艰的温暖力量。吴菊萍的英勇

---

① 蒋旭明:《践行社会主义核心价值观的路径探究——基于"浙江最美现象"的视角》,《浙江工业大学学报(社会科学版)》2015年第1期。

事迹，不仅是对生命的尊重与守护，更是对社会主义核心价值观的生动践行。她的行为激励着每一名浙江儿女，在浙江精神文明建设的道路上不断追求更高的道德境界，共同书写浙江精神的新篇章。

一、学林探路与有为乐业

吴菊萍少时体虚多病，促使她以敬畏之心珍视生命。求学之时，她以卓越的成绩和高尚的品格赢得师生认可，被公推为班长。入职阿里后，她以明星员工的身份，热心公益，不仅助人为乐，更传播正能量，彰显生命的厚重和人生的价值。

（一）体弱多病，敬畏生命

1980 年，吴菊萍出生于嘉兴市秀洲区王江泾镇洪典村。父母都是农民，以种地与织布为生，父母极其勤劳，每天织布到深夜，"甚至夫妻二人轮流 24 小时织布"①。吴菊萍和妹妹吴丽萍从小都挺懂事，她们也承担起一定的家务，有时也会帮助爸妈织布，充分遗传了父母吃苦耐劳、善良质朴的优良作风。1985 年，5 岁的吴菊萍得了重感冒，后引发支气管炎，病情较为严重，并且很难根除。父亲带着吴菊萍把嘉兴的大小医院跑遍了，每周至少三四天都需要乘船去医院看病，这样的生活持续了 7 个年头，父亲从未嫌弃过吴菊萍，并用厚重且细腻的父爱呵护着吴菊萍体弱多病的身躯与敏感且脆弱的心灵。1992 年，吴菊萍病情大为好转，后来不用服药，病也不再复发，基本康复。7 年的病痛让吴菊萍更加懂得身体健康与生命安全的重要性，这也成为她在发生人命关天的幼童坠楼事件之时，能够毫不迟疑且勇敢地去营救的重要原因之一。

（二）求学生涯，公推班长

1995 年 9 月，吴菊萍进入嘉兴市秀洲区荷花乡中学（现王江泾镇中学）读书，

①　吴菊萍：《天使降临》，红旗出版社 2013 年版，第 9 页。

病愈后的吴菊萍学习格外用功,初一期末考试,她在班级名列前茅。初二第一学期,她开始担任班长,成为班主任得力助手。1997年,即将中考的吴菊萍在一次体育测试中左腿骨折,本应在家休息的她却选择住校参加初三复习。班主任徐荣根征求全体同学意见,询问谁愿意照顾受伤的吴菊萍,全班同学都踊跃报名。每天清晨与傍晚,班级男同学四人轮流抬着她上下楼梯,女同学负责日常护理与辅导功课,这让吴菊萍感受到集体的温暖。在师生大力支持与帮助下,吴菊萍顺利通过中考,虽没有考上理想的重点高中,但她还是很知足,选择了离家较近的一所中专就读。1997年9月,吴菊萍考入嘉兴农校(现嘉兴职业技术学院),入学后,在班主任季宏与全班同学公推下,吴菊萍再次成为班长。在校期间,她学习刻苦用功,学习成绩一直位居专业前列。除学习本专业知识外,她最喜欢到图书馆观看文学书籍。她还加入学校的文学社团,多篇原创文章被校园广播站采纳播放。吴菊萍还利用业余时间组织并参加关爱孤寡老人与无偿献血等志愿活动。据该校学工部童云飞老师介绍,吴菊萍等人在校开展的结对帮扶活动项目至今保留且越做越大,还拥有自己的志愿服务队名称——嘉和志愿者服务队。该队助力嘉兴职业技术学院荣获2013年感动中国大学排行榜50强。这一份成绩的得来离不开吴菊萍等人的始创之功。

(三)入职阿里,明星员工

2004年12月,吴菊萍通过笔试和面试顺利进入阿里巴巴有限公司BTB诚信通服务部工作,主要负责与诚信通老会员维系好关系,让老会员们持续与诚信通续签并保持长期合作关系。她每天需要工作9个小时,呼出100多个电话,有效联系35个客户,不仅需要回答与解决客户千奇百怪的问题,还要学会用情倾听与有效沟通。这不仅是对脑力与体力的考验,更是对耐力与毅力的磨炼。2008年,吴菊萍从诚信通服务部转岗至品控部,该部门主要负责帮助销售人员提升服务质量,提高客户满意度,类似于销售人员的"督查官"。吴菊萍将她对接的销售部门人员都加为旺旺好友,只要有事情可以第一时间联系到她,吴菊萍会很耐心地倾听并给予帮助。整个公司销售部的服务效果也得到明显改善。吴菊萍成了该团队的明星员工，荣获 2008 年度"最佳质量奖"。2012 年，吴菊萍参与阿里巴巴"溯源行动"等公益活动，与近千名志愿者共同护送 8000 余条中华鲟幼鱼放生于长江。2011 年，吴菊萍因施救坠楼女幼童手臂粉碎性骨折康复后，重新回到阿里巴巴，她被调入阿里巴巴有限公司的社会责任部，该部门主要负责社会公益事业与慈善项目等，吴菊萍开始负责多项公益事业。她也以"最美妈妈"的社会影响力帮助着需要帮助的人。

二、危急时刻张开爱的臂膀

在生死攸关之际，吴菊萍以母爱之名，义无反顾地张开了她的双臂，稳稳接住了"从天而降"的小生命，她的这一举动，不仅是对生命的尊重与守护，更是对社会正能量的传递与弘扬。

（一）女童挂窗命悬一线

2011 年 7 月 2 日中午，家住杭州滨江区闻涛社区白金海岸 23 幢 10 楼的吴菊萍在家等待同事商量装修事项，听见小区有嘶哑的吼叫声，吴菊萍赶紧来到楼下了解情况，发现隔壁 22 幢 3 单元 10 楼的卧室窗户外延位置传来小孩哭声，一位老太太则对着窗户外的小孩大喊"别爬，危险"，吴菊萍顺着声音看到这家窗户外阳台上坐着一个小女孩，手还用力地拉着窗帘，右腿已经跨出窗外，整个人挂在窗户上，稍不慎就有坠楼身亡的危险，情况十分紧急。与事发楼层距离最近的 2 单元 9 楼的潘先生观察到小孩子两只手使劲扒着窗台，双脚已经悬空，此时的他迅速拿来 2.5 米长的家用梯子，试图通过自家阳台斜插到事发楼层，营救小女孩。潘先生家的阳台与事发楼层的窗户斜插距离有 3 米，他将身体探出去并伸长胳膊用力将梯子伸向小女孩脚的位置，尝试利用梯子的隔断将即将下坠的孩子拉回来。潘先生让弟弟赶紧跑到事发住户家中，只见小女孩的奶奶正与对面住户一同在撬卧室门。小孩子悬空在窗外持续了 1 分钟，因体力不支最终摔了下去。

（二）张开双臂营救坠楼女童

在孩子即将下坠的那一刹那，吴菊萍丢掉手中的伞，脱掉脚上的高跟鞋，直接冲到孩子即将跌落的草坪处,张开双臂迎了上去,抬头就看到正上方有一个黑影极快地砸向自己。在距离地面一人高时,吴菊萍用双手接住了孩子并一起重重摔倒在地。小女孩头朝东仰面躺在吴菊萍左手臂上,两人都躺在草坪上,没有了动静。吴菊萍后来回忆:"她就像一块大石头一样直接砸到了我的左手臂上,我和孩子瞬间倒地。砸倒的那一刻,我感觉大脑漂了起来,如果是平行撞击我可能会飞出去很远。接着一阵剧痛袭来,我意识到自己还活着,而且我接住了孩子,她没有直接摔到地上,还有救。"①目击事情整个经过的业主俞大姐对记者说:"看她没有犹豫直接迎上去接孩子,我下意识认为救孩子的女士应是小孩的妈妈。"小区物业保安冯清政等人赶紧跑过去抱起了孩子,孩子先是愣了一下,后来哭出声来。好心的居民先后拨打110与120,救护车随即赶到现场,直接将吴菊萍与坠楼的小女孩分别送到武警医院与浙江省儿童医院进行医治。

吴菊萍因疼痛晕厥过去,到武警医院后才慢慢苏醒。拍摄 X 光片后得知,吴菊萍左手臂粉碎性骨折,两根骨头都断了,其中一根断成了两截,另一根断成了三截。与丈夫陈建国商量后,吴菊萍转院至杭州市富阳区中医骨伤医院进行医治。该院副院长金登峰讲:"吴菊萍是冒着生命危险救孩子,如果下坠孩子落到脖子上,她可能高位截瘫;落在头上,就可能当场死亡。"该院院长张玉柱高度重视,迅速组建专家组为其医治,检查出吴菊萍左尺桡骨多段粉碎性骨折,为表达对这位"平民英雄"的敬意,经医院党政联席会议决定免除其 5 万多元的治疗费,并向她确保 3 周住院,3 个月康复训练,半年后基本痊愈。送去省儿童医院普外科的坠楼女孩妞妞情况无大碍,该院普外科章跃滨医生讲:"小女孩从十几层高楼坠落至地面,一般头必然受损,头出事后往往救不回来。经检查小女孩脑部没有任何问题,这算是一个奇迹。"小女孩妞妞躯干与四肢均无外伤,内脏有损伤。小女孩妞妞昏迷十几天后,竟然可以开口叫"爸爸、妈妈",奇迹般地得救了。

(三)爱的力量铺满大地

2011 年 7 月 3 日,杭州《都市快报》刊登了一篇名为《吴菊萍:勇敢的妈妈伟大

① 吴菊萍:《天使降临》,红旗出版社 2013 年版,第 71 页。

的母亲》通讯报道,这篇文章在网上引起热议,有网友称赞吴菊萍是中国"最美妈妈",这个词瞬间火遍全网。区、市、省以及国家级各新闻媒体纷纷前来采访与追踪报道吴菊萍的先进事迹。央视新闻频道为此还制作长达 20 分钟的报道节目。网友更是在网络上不断讨论。有心的物理老师还将此次事件作为重力题目,让学生们通过计算感受吴菊萍当时承受的冲击力有多大。题目是:假设小女孩妞妞 30斤,从 10 层楼跌下来,请问冲击力有多大? 坠楼速度是多少? 经测算,吴菊萍 1 秒钟接住下坠的妞妞相当于接住了高速下坠的 375 公斤的重物。从物理学与生物学角度,一个常人接住这个冲量几乎不可能,但是"爱的世界没有力学。就在那一瞬间,一个平凡的女人创造了一个奇迹"①。外国媒体也纷纷报道,美联社、路透社、法新社、英国《每日邮报》、美国《纽约邮报》、新西兰《先驱报》、加拿大广播公司、福克斯电视台等欧美媒体、中东媒体、巴基斯坦媒体都报道了"最美妈妈"吴菊萍的事迹,并赞扬吴菊萍"勇敢""无私""机智""干得好",是一个"守护天使"。

三、浙江精神视域下的吴菊萍形象

被广大网友赞誉为"最美妈妈"的吴菊萍因双手托救起坠楼女童而成为全国闻名的"平民英雄",她的感人义举是在浙江精神下催发出来的,同时,在浙江精神这一力量支撑与行为导向指引下,浙江涌现出各类"最美人物",如同蒲公英种子一样播散成为"最美风尚"。②

(一)为爱果敢:聚焦公民道德建设

1. 见义勇为凝聚道德力量

《论语》中讲到"见义不为,无勇也"③,这也是最早关于"见义勇为"的文字记载。中华民族自古以来对"见义勇为"的行为就有至高无上的敬意,后成为本民族

---

① 杨登峰、黄宗治:《"最美妈妈"》,《当代劳模》2011 年第 8 期。
② 张姝:《我爱新闻事业就像爱生命——从"最美妈妈"吴菊萍的故事说起》,《中国记者》2019 年第 11 期。
③ 李泽厚:《论语今读》,生活·读书·新知三联书店 2004 年版,第 75 页。

的传统美德。见义勇为也是我国社会主义核心价值体系中的重要组成部分。随着我国市场经济制度逐步深入,在一些不良的社会风气影响下,出现了民众"见义"想为却不敢为的尴尬境遇,一方面是国家关于见义勇为的法律法规不够完善,另一方面则是公民道德观念淡薄,缺乏社会责任感,也反映出道德教育的不到位。随着弘扬与践行社会主义核心价值观与浙江精神的工作不断深入,在强大的道德力量驱使下,像"最美妈妈"吴菊萍这样的见义勇为行为,不断将民众尘封内心的"真善美"追求重新唤醒,对普通民众起到了道德示范作用。

2. 伟大的母爱巩固道德文化基础

古希腊著名军事家米尔曾经讲到:"母爱是世间最伟大的力量。"苏联大文豪高尔基也曾讲过:"世界上的一切光荣和骄傲,都来自母亲。"中国唐代诗人孟郊也曾写过《游子吟》歌颂母爱。2011感动中国人物对于吴菊萍的颁奖词中写道:"千钧一发之际,你把生死置之度外;电光石火间,一个生命因你而重生。母亲,只有母亲,才会迸发出如此惊天动地的能量。天之大,唯有你的爱,纯洁无瑕。"[①]母爱作为道德文化的基础,源于其无条件、无私的特性,体现了对生命的尊重与关怀。母爱的示范作用在道德文化传承中占据核心地位,应用诸如母爱这样最美的人性、最赞的"真善美"唤起人们心中被遗忘的情感道德[②],引导民众遵守道德行为准则,养成良好的道德行为习惯,才能巩固我国道德文化基础。

3. 树立"最美"优化道德环境

"'最美',生动、朴素、接地气,带着浓浓网络语言风格"[③],这种"道德标记符"能够直观表达人民群众对于道德模范的崇敬与爱戴之情。通过寻找发现、选拔树典、表彰奖励等多措并举开展"最美"现象宣传与人物选树工作,在国家与社会层面逐步营造见贤思齐的良好道德环境。例如:"最美妈妈"吴菊萍先进事迹发生后,《杭州日报》《浙江日报》《中国青年报》等争相报道,浙江卫视、央视新闻频道等数十

---

① 吴菊萍:《天使降临》,红旗出版社2013年版,第156页。

② 吴新平、蔡海波:《道德模范人物在公民道德建设中的影响——以杭州最美妈妈吴菊萍为例》,《人民论坛》2015年第2期。

③ 张姝:《我爱新闻事业就像爱生命——从"最美妈妈"吴菊萍的故事说起》,《中国记者》2019年第11期。

家主流电视频道滚动播出，在各大平台微博、贴吧、论坛与新闻板块引起热议。当年吴菊萍先后荣获杭州市"三八红旗手"、全国"三八红旗手"、全国见义勇为模范称号、2011年感动中国人物等荣誉。杭州市邀请著名艺术大师韩美林先生用一个月时间赶制的"天使之手"矗立在杭州市民之家门口。近年来，浙江连续开展"最美浙江人""浙江好人"等评选活动，通过"道德、银行"与"道德讲堂"，鼓励民众行善举，做好事，这些道德建设创举为推进公民道德建设发挥了重要作用，同时，也是浙江精神的生动诠释，浙江精神为最美人物地树立提供了道德基础和精神支撑，而最美人物则通过自己的行为和事迹弘扬了浙江精神，进一步推动了社会的道德进步。

（二）以诚相待：推动和谐社会建设

1. 和睦邻里促进社区人际和谐

在整个营救坠楼女童过程中，社区邻里之间相互协助。隔壁楼宇的潘先生试图站在阳台上用梯子营救，虽然没有成功，但是却用梯子触碰到女孩身体，让她摆正位置，不至于头部朝下，在营救过程中也起到了重要作用。吴菊萍用双臂接住小女孩并双双倒地后，围观群众迅速涌上去，打电话报警的，叫救护车的，抱起女孩的，询问吴菊萍情况的。吴菊萍与坠楼女童住院后，社区与社会其他群众自发到小区出事地点点燃爱心蜡烛，为他们祈福。吴菊萍因救人受伤必须服药，狠心地把儿子的奶提前断掉，正处于哺乳期的女士踊跃报名为吴菊萍抚育孩子。吴菊萍在医治过程中也极其挂念坠楼女童妞妞，得知女童有惊无险地恢复健康后，两家都以诚相待，互认干亲。良好的邻里关系也是促使吴菊萍做出这样义举的重要动力之一，而吴菊萍的"生命托举"也让城市邻里关系更加融洽。

2. 团结同事促进公司组织和谐

吴菊萍对待同事更是把他们当成朋友，转岗到诚信通品控部后，主动添加服务部的全部工作人员为旺旺好友，方便他们出现问题后第一时间咨询处理办法。吴菊萍一般会按照相关操作流程，帮助他们改掉服务缺点，避免类似事件发生，进而提升服务品质。吴菊萍团结同事的行为也体现出浙江精神中所倡导的"诚信和谐"价值取向，塑造了一种深层次的伦理道德典范。这种道德典范超越了表面的人际关系,它引领人们超越个体利益,追求共同福祉,为组织的稳定、繁荣与和谐发展提供了强大的精神支柱。

3. 参政议政促进社会层面和谐

2012年6月,吴菊萍在浙江省第十三次党代会上被选为党的十八大代表,为了胜任这一神圣职责,她花了整整3个月进行走访调研,先后准备了《关于建立儿童福利制度》和《关于对中小企业的扶持》。为了提出行之有效的儿童福利方案,中央电视台专门外派一组记者协助吴菊萍深入杭州儿童福利院、民工学校进行调研,通过多次修改最终成稿。关于对中小企业扶持的调研,她联合阿里同事利用互联网对2000多家中小微企业进行调查,了解他们的现状与需求,寻找对策与措施并在此基础上形成提案。2012年11月,中共第十八次全国代表大会中外记者见面会上,吴菊萍向记者介绍了浙江杭州在全国率先开展"斑马线礼让行人""邻里节""市民大讲堂""平民英雄"评选等社会主义精神文明建设方面的成就与做法。吴菊萍成为浙江对外宣传社会和谐的典型代表,为浙江和谐社会建设作出重要贡献。

吴菊萍利用个人影响参与、动员与组织社会公益事业。她深入学校、企业、戒毒所、未成年人管教所进行事迹报告与交流帮教,带头成立环保公益组织,成为法院特邀调解员,担任阿里巴巴公司公益大使。此外,借助阿里巴巴社会事业部"人人3小时"公益平台成功帮助残疾或贫困妈妈通过电商创业与就业,通过个人实际行动激发社会向善的正能量,致力于创造一个人人有爱的"大同"社会。

第三节　恪尽职守的"最美司机"吴斌

吴斌是浙江精神在职业风范与社会责任方面的杰出代表与光辉典范。在危急时刻,他舍生忘我、临危不乱、处乱不惊,凭借精湛的驾驶技术守护24名乘客生命安全。他爱岗敬业,安全文明驾驶,表现出一丝不苟、求真务实的工作态度。他乐于助人,在关键时刻挺身而出,折射"最美"人物人性中的善良和勇敢。他舍己为人的精神闪现出浙江精神的璀璨光芒,也将激励更多浙江儿女以浙江精神为指引,奋力开创社会主义建设崭新篇章。

一、军属俊彦与城交楷模

军人家庭出身的吴斌，家教严谨，品格卓越。凭借学识与体魄，成为公交界翘楚。他肩负责任，守护乘客安全，屡获殊荣，书写城市交通人的传奇。

（一）军人家庭家教严

1965年，吴斌出生于杭州，祖籍浙江温州平阳萧江镇棋盘桥村。吴斌的父亲吴招松早年当兵入伍，后转业到温州平阳县纪委机关部门工作。母亲范敬珍是杭州市余杭区塘栖人，早年在杭州机床厂工作，后调到杭州某银行上班，对待工作一丝不苟，并以"不争不抢不抱怨，把自己事情做好"来教育吴斌。父母工作繁忙，无暇照顾年幼的吴斌，将吴斌送回温州平阳县萧江镇爷爷家抚养。1973年，吴斌父母将女儿吴冰心与快八岁的儿子吴斌一同接回杭州生活。由于父亲军人形象的影响，吴斌养成了遵守纪律、勤俭朴素的好习惯。上学时，吴斌穿着父亲淘汰的军服旧裤子，同学们却投来羡慕的目光，军人家属的身份让他内心无比骄傲与自豪。

（二）在校学习体魄优

1980年9月，吴斌因学习成绩优异，体育成绩出色，顺利考入杭州第七中学。在校期间，吴斌仍是一位酷爱各种体育项目的学生，也让他练就了强健的体魄，这为他很好地胜任将来舟车劳顿的司机职业打下了基础。2012年5月，杭州第七中学迎来110周年校庆，吴斌的先进事迹也让他被评为优秀校友，杭七中美术班亲手设计一尊吴斌雕塑树立在校园门口，吴斌也成为杭七中思想政治教育最鲜活、最有影响力的人物之一。

（三）工作敬业能力强

1983年，从杭七中高中毕业的吴斌先进入杭州环保设备机械厂做钣金工，对待工作兢兢业业，勤勤恳恳，并积极学习汽车驾驶技术。1987 年，吴斌被调到杭州第三汽车运输公司担任卡车司机，为取得这份工作所需的驾驶证，他虚心请教驾校师傅，还从师傅身上"偷学"到各种实用的驾驶技术，最终他以优异成绩拿到梦寐以求的 A 类驾驶证。1991 年，吴斌从杭州第三汽车运输公司调至杭州公交公司，担任中巴驾驶员。母亲范敬珍对他叮嘱："大客车比货车要紧得多，你肩上扛着一车生命呀。"吴斌牢记母亲对他的嘱托，时刻将行车安全放在首位。2003 年 1 月，吴彬考入杭州长运运输有限公司担任城际大客车司机。他被分派到该公司旗下杭州汽车客运中心城际客运东线与南线。吴斌非常珍惜这份工作，每次上班，他都端端正正穿好工作装，整理好仪容后再出门上班。2003 年 8 月直至因公殉职，吴斌一直担任杭州到无锡专线城际公交客车司机，每年"春节""五一""十一"等假期，驾驶员加班加点成为常态，吴斌从未抱怨过。同事家里有事，找他换个班或者替个班，他都爽快答应，司机之间甚至达成"要换班，找吴斌"的共识，这是对吴斌人品的高度褒奖，更是对他的深深信任。2008 年，中国南方遭受冰雪灾害，多条公路因冰冻封路，汽车站大量乘客滞留，杭州长运集团组织驾驶技术过硬的老司机送游客回家，吴斌第一个报名，并安全地将乘客送到目的地，乘客们离开时都向他致以一声"感谢"，这让他感觉自己工作得到公众认可，无比欣慰。杭州长运集团有限公司为加强客运司机的安全行驶与文明载客，出台《客运汽车驾驶员工资分配实施办法》，按照安全里程作为计薪标准，吴斌每年各项考核均为优秀，在安全文明驾驶方面从未扣分。在空余时间，吴斌还刻苦钻研汽车驾驶与修理技术，从 2010 年到 2012 年连续两年被公司评为"节油王"。公司评选 2 条"平安文明线"，吴斌驾驶的"浙A19115"杭锡专线便是其中一条。他在"杭锡平安文明线"创建中荣获优秀驾驶员荣誉称号，"杭锡平安文明线"在以吴斌为代表的司机们的辛勤创建下成为"连接两座城市的靓丽的风景线"①。

---

① 孙侃：《吴斌：中国最美司机》，人民交通出版社 2012 年版，第 91 页。

二、"最痛一瞬"与"最美一停"

危急时刻,吴斌忍受剧痛,平稳停靠车辆,疏散群众,保证了广大乘客的生命安全。他做到了常人无法想象的行为,被群众赞誉为"中国最美司机"。

（一）始料未及飞来横祸

2012年5月29日11点10分,杭州长运集团长途客车司机吴斌驾驶浙A19115尼奥普兰大客车,搭载24名乘客从无锡汽车站向杭州汽车北站行进。11点39分23秒,大巴车行驶到沪宜高速阳山出口往宜兴方向两公里处,行车记录仪显示:吴斌身穿天蓝色短袖制服,并戴有一副黑色太阳镜,双手紧握方向盘,行进在高速公路最内侧的快车道,突然一块来路不明的铁块从高速公路对面的车道上急速飞奔过来,不偏不倚地击穿大巴车的前挡风玻璃,先是撞击驾驶室仪表盘,导致车辆仪表盘破碎,后又转向继续运动,直接插入吴斌的右下腹部,他当场鲜血直流。

（二）危急时刻方显本色

1. 平稳刹车,疏散群众

大客车在高速公路行驶过程中,稍有闪失就会酿成交通事故。11点39分24秒,吴斌用右手按住被铁块击中的右腹部,拼命将右脚伸直缓慢地踩刹车,11点39分55秒,浙A19115尼奥普兰大客车靠高速公路左侧应急车道处缓慢停稳,吴斌左手拉上手刹,开启双闪灯,以避免后车追尾。11点40分05秒,吴斌解开安全带,并努力站起来告知24位乘客有序安全疏散,11点41分,强忍剧烈疼痛的吴斌等最后一名乘客下车后,耗尽了最后一丝力气重新坐回座位。

2. 紧急求救,多方救援

恰好沪宜高速公路对面也有一辆同属杭州长运客车二公司的大客车路过。司机吴坚停稳自己大客车,翻过隔离带看望吴斌,吴斌已经呼吸急促,呻吟不断。他火速拨打110、120,并联系公司安技科陈一波。陈一波查看实时监控录像后,迅速向公司领导反映。杭州长运二公司经理孟连建紧急抽调 8 名工作人员组成第一特别组火速赶往无锡事发现场。接到报警电话后,江苏省高速公路交警总队无锡高速交警支队三大队副队长曹建平火速出警。120 急救车随即抵达,将吴斌迅速送往无锡市解放军 101 医院。担架抬进吴斌后,医院迅速安排肝胆损伤专家方征与李松为其医治,经 CT 扫描得知,吴斌的肝脏左右两侧均严重受损,破碎成坏絮状。该院院长王标迅速集结呼吸科、普外科、胸外科与急诊科进行专家联合会诊,连续进行三次手术,进行为期 64 小时的抢救。吴斌求生欲望强烈,意志极其顽强,抢救他的解放军 101 医院罗昆仑主任表示:"吴斌不是军人,但他表现得像个军人,甚至比一般军人更加出色,更让人敬佩。"[①]

3. 网络传播牵动人心

2012 年 5 月 29 日,"无锡交警"微博上发布吴斌先进事迹后,这条微博迅速传播开来。杭州长运客运二公司将 76 秒事故视频也上传网站,该视频被大量观看与转载,引起网络热议。当天,吴斌姐姐吴冰心也在自己微博上发布一则弟弟吴斌急需 A 型血的帖子,引来无数网友留言,都对吴斌崇高的职业精神表示佩服,并送上衷心祝福,祈求他早日康复,更有热心网友自发前往医院进行献血。6 月 1 日 4 时,吴冰心在自己微博上发布:"我终于没能留住弟弟,他于 2012 年 6 月 1 日凌晨 3 点 45 分过世,享年 48 岁,感谢所有关心他和祝福他的朋友。"广大网友都表示无比悲痛,并送上一路走好等悼词。

(三)技术追查,精神可贵

1. 成立专案组迅速破案

无锡市公安局交巡支队迅速成立"5·29"事故调查组开展专项调查。以肇事铁块为重要案件线索,以高速监控视频为重要案件依据,对锡宜高速、杭宁高速、沪宁高速等 20 多个收费站 50 多小时监控画面进行测算、分析与比对,在 3000 多辆嫌疑车辆中锁定分别来自浙江、安徽与江西的 3 辆车,并派出民警赶赴三地追查。

[①] 孙侃:《吴斌:中国最美司机》,人民交通出版社 2012 年版,第 38 页。

在江西宜春公安局配合下,车牌为赣 CG09＊＊的拖挂车被找到,专家对该车第五排左侧车轮、制动毂与轮胎钢圈进行鉴定,发现肇事铁块与拖挂车轮毂材质与弧度一致,断面吻合。经过一系列程序后,无锡交警在召开的新闻发布会上宣布该车辆为事故的肇事车辆,并宣布该车辆并没有超载与超速行为,制动系统也没有加装与改装现象,该事故纯属意外,肇事司机不用负事故责任与赔偿。

2. 专家技术分析,切身感受吴斌精神伟大

交通技术专家推算"肇事车轮毂铁块"瞬间速度,以及巨大冲击力与破坏力。吴斌驾驶大客车速度 94 公里/小时,对面车道肇事大货车按照最低限速 70 公里/小时,肇事车轮毂铁块速度为两辆车速叠加之和,瞬速最低在 164 公里/小时,该速度相当于军用手枪 1/10 的出射速度,巨大车轮毂铁块击穿 9 毫米挡风玻璃只需0.0002 秒,超过 4 倍挡风玻璃的承受力标准。该铁块重量为 2.5 公斤,以 30 米/秒的速度穿过挡风玻璃直插吴斌腹部,相当于该铁块从 50 米处高空直插入吴斌腹部,如同被力度相当于 1 吨半撞击力的"炮弹"击中,[①]导致肋骨断裂,整个肝脏全部毁坏。在这种情况下,吴斌强忍剧痛平稳停车,疏散乘客,彰显了他高尚的职业道德与超乎寻常的意志品质。

三、浙江精神视域下的吴斌形象

时任浙江省委副书记、浙江省省长的夏宝龙对吴斌英雄事迹做出重要批示:"吴斌同志是浙江人民的优秀代表,在他的身上,体现出了一种可贵的情怀与品行,闪现出浙江精神的耀眼光芒。我们要学习吴斌同志的优秀品质,弘扬他的可贵精神,自觉把与时俱进的浙江精神作为自己的力量支撑和行为导向,以不断开拓进取的精神面貌和不断创作的新业绩,赋予浙江精神和浙江发展新的内涵和生命力。"[②]

---

① 王旸:《最美司机吴斌——"炮弹"击中刹那,强忍剧痛保乘客平安》,《职业技术》2012 年第 6 期。
② 孙侃:《吴斌:中国最美司机》,人民交通出版社 2012 年版,第 139 页。

（一）舍身忘我：危难之处显身手

1. 紧急关头彰显职业素养

在生命最后时刻，吴斌用超人般意志力严格按照驾驶员职业操作流程减速慢行，制动刹车，拉死手刹，启动双跳灯。技术娴熟到位，车载 24 名乘客没有感觉颠簸与摇晃，做到缓慢平稳停车，并用微弱而清晰的声音叮嘱乘客："别乱跑，注意安全。"无锡交警勘查事故现场，发现吴斌驾驶大客车刹车痕迹笔直，车胎印迹并不明显。这都足以证明吴斌平时严格要求自己，专业技能过硬，在出事故的紧急关头还能够做出职业要求的标准动作。"这是长期滋润的爱的促使，是职业本能的条件反射"①。在生命的危急关头，吴斌展现了与浙江精神相辉映的卓越职业素养和无私奉献的精神，用行动诠释了对职业的忠诚和人民的责任。

2. 临危之际立判道德高低

学者黄承地认为："危急时刻体现了道德的巨大作用和检验管理者道德修养的水平。"②当面临危急时刻，人总会启动趋利避害的防御机制以保护个体安全，但社会属性又驱使人做出道德判断，考验道德意志，体现道德情感，并做出道德的行为。时任浙江省委书记赵洪祝在批示中写道："吴斌身处致命打击的危急关头，行为英勇，这是他长期道德修养铸就的。"③吴斌的行为有力地反映出浙江民众在学习与践行社会主义核心价值观教育与浙江精神中取得重要成果。吴斌作为浙江民众中优秀分子，在危急时刻做出正确的道德行为规范，无愧于"最美司机"④称号。

（二）求真务实：恪尽职守爱岗敬业

1. 百万公里见真章

以"敬业"等 12 个关键词构建起的"社会主义核心价值观"，在 2018 年正式写

---

① 筱陈：《"最美"的是用爱滋润的责任感》，《领导文萃》2012 年第 18 期。
② 黄承地、薛恒：《危急时刻管理者的道德研究》，《辽宁行政学院学报》2011 年第 6 期。
③ 孙侃：《吴斌：中国最美司机》，人民交通出版社 2012 年版，第 139 页。
④ 《最美司机——吴斌》，《求是》2012 年第 13 期。

入我国宪法，也标志着国家从法律层面重视并关注公民"敬业"价值维度。敬业不仅成了我国公民在从事职业工作时必须履行的责任与义务，而且得到了国家法律的明确认可和保障。吴斌同志就是敬业精神的杰出代表，他凭借着持之以恒的"爱岗敬业"热忱，取得了"100 万公里无事故"的骄人成绩，当时全省获此殊荣的仅有1300 人，吴斌是其中之一。为此，吴斌被交通运输部授予"爱岗敬业驾驶员楷模"的荣誉称号，可谓实至名归。

2. 苦练本领为安全

自 2003 年进入杭州长运集团担任大客车司机后，吴斌始终将乘客的安危放在首位，勤于钻研驾驶技术，努力提高服务本领，视手中的方向盘为生命。每次出车前，他都认真检查车辆的油路、水路与电路以及轮胎与车体等，保证每次出行没有安全隐患。在出车间隙，他都拿出安全手册与驾驶相关书籍进行学习。对待乘客他总是笑脸相迎，认真回答乘客的各类问题，做到文明驾驶。吴斌在生命最后时刻，还不忘提醒乘客安全，抢救苏醒后，开口讲话竟然是询问："乘客安排好了吗?"可见，吴斌对于司机职业的无限热爱与对乘客安全的高度负责。

3. 遵守法规四个"零"

吴斌安全行驶 100 万公里，载送旅客 13 万余人次，从未发生过一起交通事故，车辆没有一次抛锚，没有一次违章记录，没有一起旅客投诉，他始终秉持求真务实的工作态度，认真学习并严格遵守交通安全法规，以确保乘客生命财产安全，吴斌的卓越表现不仅体现了他对职业理想的追求，更彰显了他对职业精神的坚守。

（三）友爱和谐：一座城送一个人

1. 乐于助人纾民困

"助人为乐的精神内核是与人为善"[①]，吴斌在工作中以诚待客，乐于助人。经常帮助乘客搬运沉重行李，主动搀扶老人与小孩上下车，归还遗落在车上的贵重物

---

① 赵爱玲：《雷锋助人为乐精神的当代诠释》，《学校党建与思想教育》2012 年第 10 期。

品。吴斌的职业行为有力诠释了"助人为乐"的精神内核,他秉持以人为本的服务理念,视乘客如亲人,将车厢打造成温馨家园。在面临挑战时,他展现高度社会责任感和勇于担当的精神,成为职业道德建设中的典范。

2. 万朵鲜花送吴斌

英雄已逝,精神长存。广大人民群众通过电视报纸与广播网站等多种渠道得知吴斌的先进事迹,由衷地敬佩他高尚的人格与伟大的行为。出殡当天,简短的出殡线路两侧站满人民群众,大家低声哭泣,目送英雄离去。路上车辆自发鸣笛,向他致敬。时任交通运输部副部长冯正霖、时任浙江省委书记赵洪祝、时任省长夏宝龙、时任省交通运输厅厅长郭剑彪、时任杭州市委书记黄坤明以及数万名群众一起到杭州市殡仪馆瞻仰吴斌仪容,依依送别。追悼会上,潘维写下《今天叫吴斌》的追悼词缅怀这位平凡英雄:"今天,整个杭州只有一位司机;今天,所有的事情连同西湖的水光都只是乘客;今天,司机用生命把客车停靠在岁月的宁静里;今天,离开的是死亡,留下的是责任、爱和伟大的平凡;今天,叫吴斌。"[①]表达了对"平民英雄"吴斌的无限致敬。

3. 行车志愿会助安全

2012年6月4日,吴斌亲属吴冰心、汪丽珍、吴悦等人发起组成了"吴斌安全行车志愿会"。该志愿会成立的目的是:希望民众吸取用吴斌生命的代价换来的惨痛教训,提高民众对行车安全的重视,组织民众为安全行车共同出力,谨防"吴斌之殇"重演。[②] 该志愿会得到了民众的广泛支持。吴斌用义举感动中国,他是践行浙江精神的"平民英雄"。

第四节　全国"最美点灯人"钱海军

钱海军是在为民服务领域践行浙江精神的"时代楷模"。他胸怀"亲民""为民"

---

① 《写给"最美司机"吴斌》,《新湘评论》2012年第14期。

② 丽嫚:《向"最美司机"吴斌致敬》,《汽车与安全》2012年第7期。

与"惠民"和谐精神,23年如一日,连续志愿服务时长突破2.5万个小时,结对帮扶100多名空巢孤寡老人,对27名困难学子开展捐款助学。他肩负"干一行,钻一行,爱一行"的爱岗敬业的务实精神,秉承"三好三用"工作标准与要求,总结出了"五解服务法",以劳模精神坚持不懈为民服务。他以"国家与人民哪里有需要,哪里就有钱海军"的图强精神,发起"千户万灯"助困扶贫活动,让光明的灯火照亮和温暖更多家庭,传递向上向善的人间大爱。

一、用爱点亮千万家

钱海军家族承袭贤德家风,践行雷锋精神,用知识与技能传统慈善温暖。从电工到社区经理,钱海军自学成才,义务为邻里解困,被誉为"万能电工"。他深知民情,以民为本,被老人赞誉为"好儿子"。钱海军的事迹不仅彰显了个人的崇高品质,更激励了后辈投身公益,成为社会的温暖之光。

（一）满门贤德宅心仁厚

1970年,钱海军出生于浙江省宁波市慈溪市周巷镇一户农村家庭。父亲是一名农村电工,同时也是一名共产党员,经常为父老乡亲免费维修电灯与更换保险丝,父亲的这一善举也潜移默化地影响到钱海军。钱海军中专毕业后也成为一名电工,在父亲的谆谆教诲下,钱海军虚心学习专业知识,耐心向老电工师傅请教技术,从电厂维修工转变为电气设备技术员,最后升任社区经理。胞弟钱傅军现在是宁波永耀供电服务有限公司慈溪分公司总经理,在父亲与哥哥钱海军的感染与影响下,他也与哥哥一道为社区居民开展免费线路维修服务。身为社区医生的钱海军妻子也定期为社区老人开展义诊。在钱海军的影响下,女儿钱佳源也组织同学利用课余时间开展诸如交通志愿者、结对助学、爱心义卖等志愿活动。慈溪市新世纪实验学校发现钱佳源的服务事迹后,在校成立"钱佳源青年志愿社团",并积极参加钱海军组织的"千户万灯"志愿项目,帮助残疾人和贫困户收拾房子,打扫卫生等,增强同学们的服务社会意识,为和谐友爱社会贡献绵薄之力。

(二)知书达理以身垂范

1978 年 9 月,钱海军就读于宁波市慈溪市周巷镇中心小学。在小学三年级时,他参加学校组织的学雷锋活动,公益的种子在钱海军心中扎下了根。1987 年 10 月,钱海军考入宁波市慈溪市周巷职业中学钳工班。在校期间,学校集体收看了关于上海劳动模范徐虎的"便民服务箱"先进事迹的央视报道,钱海军暗下决心,也要像前辈徐虎那样做一名技术精湛、全心全意为人民服务的合格电工。从事慈善事业而成名之后,钱海军更加注重用自己实际行动来影响和激励在校学生。2006 年,钱海军参加了慈溪市周巷职业中学成立的环保小分队,主要参与治理社区白色垃圾与河道清理等志愿服务。每一学期"开学第一课"与每年"学雷锋日",只要钱海军有空他都参加,分享个人志愿服务经历,帮助同学树立正确的人生观与价值观。2012 年,学校将环保小分队更名为周巷职高"钱海军"志愿服务队。钱海军也被聘为该校成长导师与志愿服务队指导教师。他根据服务对象需求,制定扶老助残、扶贫济困、帮学助教与公益环保等志愿服务活动,亲自参加指导学生志愿服务活动,定期到校开展志愿服务讲座,激励更多周巷职高学子投身助人为乐的爱心公益与志愿服务行列中来。

(三)扬技之长怀善之心

1. 初当义工,自印名片,成为社区"电力 110"

1998 年 10 月前,钱海军从周巷老家搬到中兴小区。社区文书陈亚丽主动邀请他利用专业特长帮助小区义务处理用电安全问题。钱海军答应后自费做了 500 张名片,名片上面赫然写着"电力义工钱海军,服务热线 137＊＊＊＊4267"[1]。在走访与帮助老年人的过程中,钱海军将名片分发给有需要的人,坊间流传起"用电有困难,请找钱海军",而"马上到、马上修、马上好"[2]也成为钱海军对邻居的衷心

①　陈富强、潘玉毅:《点灯人》,中国电力出版社 2022 年版,第 51 页。
②　曾毅:《一盏"宁波灯"一颗赤诚心》,《光明日报》2022 年 5 月 6 日。

承诺。

2. 自学技术，涉猎家电维修，成为社区"万能电工"

2000 年左右，随着社区"小钱师傅"名气响起来，社区老人但凡跟"电"字相关的东西都找钱海军来维修。为了帮助社区老年人维修好常用的电视机、电冰箱、电磁炉等常用电器，他自费购买书籍与电子元器件边学理论边实践，经过几年努力，对于常用家电的"疑难杂症"，他基本上都能够维修。在街道社区甚至在整个宁波慈溪，钱海军拥有了一个闪亮的"万能电工"雅号。钱海军则辩解："万能是不可能的，只是不忍叫求助的人失望罢了。"①

3. 了解民情，纾解民困，成为社区老人共享的"好儿子"

2008 年，公司领导集体商议决定将钱海军调入客户服务中心担任社区经理，主要服务慈溪市区 22 个社区近 6 万名居民。为了做好"最后一公里"的供电服务，钱海军对每个住户家庭成员基本情况以及家庭用电与安全隐患等情况都调查得一清二楚，记载信息的小本子也被同事称赞为"服务指南"。他所服务的街道社区，十几年来始终保持 100%客户满意率。钱海军所辖社区有 100 多位"空巢老人"，他们用"电"方面的故障与难题，一直是他工作的重点，所用到的电线、开关与电灯等物件都是他自费购买的，从不收取老人们一分钱。维修过程可能花费十几分钟，但是，陪伴老人聊天起码要一两个小时，看到老人们精神得到慰藉，钱海军认为都是值得的。钱海军不仅自己服务与陪伴老人，还经常带着妻子、女儿一起参与服务与陪伴老人公益活动。久而久之，他成了社区孤寡老人们共同的"儿子"，"为老人的晚年增添温暖"②。2017 年 2 月 3 日，钱海军联合志愿服务中心同事共同举行"情系夕阳，圆梦北京"带老人看北京公益活动。此次活动费用是志愿者捐款所得，活动对象主要是 7 位失独与"空巢老人"及抗美援朝老兵，年龄最小 69 岁，最大 95 岁，途中他还请来医生志愿者陈新桥全程陪护。在此过程中，老人们观看了盼望已久的天安门升旗仪式，游览了故宫博物院、颐和园、居庸关长城等，此次活动也被

---

① 谢晔，等：《守灯人》，《浙江日报》2022 年 5 月 6 日。
② 郭静原：《甘为人梯无私奉献》，《经济日报》2022 年 5 月 6 日。

《北京晨报》以《雷锋精神让城市更温暖》进行报道,文中充分肯定了钱海军等志愿者学雷锋、做雷锋的无私奉献精神。

二、博施济众成榜样

钱海军及团队以"博施济众"为行为准则,在电力、扶贫与抗灾等领域发挥模范作用,展现卓越技能与无私奉献精神。从"表后"维修到"千户万灯"活动,始终以身作则,诠释共产党员的责任与担当,赢得社会赞誉,成为新时代典范。

(一)钱海军共产党员服务队

2012年1月,钱海军挑选同事唐洁、胡海峰、姚乙鸣、林吉园共同组建党员攻坚服务班,后经上级党组织同意,以"钱海军服务班"命名这支党员服务班。后经过自愿报名与集体选拔从国网慈溪市供电公司内部挑选126名专业技术扎实、讲究奉献、服务意识强的员工,共同组建"钱海军共产党员服务队",并出台国家电网浙江电力(宁波钱海军)共产党员服务队标准化《管理手册》与《服务手册》,规范管理制度,健全组织形式,完善服务流程,细化考核评比。对8个共建社区与48个街道乡镇供电服务驿站开展联动用电服务。2013年,受台风"菲特"影响,余姚爆发百年不遇的水灾,21个乡镇与街道受灾,受灾人口达到80多万人。国网慈溪市供电公司总经理王伟让钱海军挑选58名技术骨干组建"钱海军共产党员服务支援余姚临时分队",迅速赶赴余姚救灾。钱海军党员服务队与其他工作人员共同奋战8个昼夜,最终余姚电网全部恢复正常,实现城乡居民"户户复电"的艰巨任务。2019年年末,突如其来的新冠疫情暴发,钱海军带头捐款2.6万元,钱海军党员先锋队与地方党组织一道成立联防联控共产党员先锋队,连续奋战54天,坚守抗疫一线。面对自然灾害等重大任务,钱海军党员服务队总是冲锋在前,奋战一线,体现出共产党员的责任担当与初心使命。

(二)钱海军志愿者服务队

2014年,经过国网慈溪市供电公司领导同意,在自愿申请的基础上成立由93

名志愿者共同组建的"钱海军志愿者服务队"。该服务队也是钱海军党员服务队的重要组成部分。2015年3月5日，在学雷锋纪念日当天，钱海军将志愿者服务队正式改名为志愿服务中心。钱海军志愿服务中心开展六大主题志愿服务项目：一是"表后"维修项目。以居民用电电表为界，电表之前（简称：表前）的线路维修归供电公司负责，电表之后（简称：表后）的线路由用户个人承担。往往"表后"维修项目更多更复杂，仅2015年一年时间，钱海军志愿服务队就开展了1.4万场次的"表后"检修，为居民真正解决"用电最后一米"的困惑。二是未成年社会体验站项目。钱海军志愿服务队先后举办"让小候鸟把安全带回家""星星点灯大课堂"等公益主题活动，向未成年人传播电力常识，将安全用电意识深深根植于幼小心灵。三是无偿献血项目。钱海军带头献血，志愿者队员也积极响应，其中队员周丰权坚持献血16年，队员柴建华参与献血88次，几年来，全队累计献血量突破4.12万毫升。四是关爱"空巢老人暖心"项目。钱海军以服务队为依托，动员队员自愿与100多名老人结对子，为其送上物质上的帮助与精神上的慰藉。五是扶贫助学项目。钱海军先后为27名贫困学子捐款以帮助他们完成学业，在钱海军的带领下，服务队先后前往布拖县特木里镇依撒小学与黄泥河镇威虎岭小学等多所学校开展扶贫助学。六是"千户万灯"贫困户室内照明线路改造项目。2015年9月，志愿者服务队多方筹集资金，共获得社会各界捐赠100多万元用于开展"千户万灯"残疾人住所照明线路改造项目。钱海军志愿服务队主体已有25支志愿服务分队，拥有在册志愿者1200多人。此外，慈溪市消防中队、宁波大学科学技术学院、周巷职业高级中学等16家单位成立的志愿者服务队都以"钱海军"冠名，共同构建"钱海军"公益慈善矩阵。

（三）"千户万灯"帮扶行动

2015年9月，慈溪市钱海军志愿服务队先后对慈溪94个文明村的998户残疾人家庭开展调研，将家庭状况与用电安全隐患点登记入册，为后续室内照明线路改造提供依据。国网慈溪市供电公司联合市慈善总会、市残联共同发起"千户万灯"志愿服务活动。活动通过政府注资、公益创投、企业家捐赠以及义卖、义捐与义演等多种方式筹集资金。志愿者在施工期间,不拿户主一分钱,不喝一口水,不吸一口烟,恪守职业道德,感动不少人民群众。"千户万灯"帮扶志愿活动服务区域从宁波全市 11 个县市区,扩展到浙江省 8 个地市,并在浙江全省推广实施。该公益活动先后获 2017 年与 2018 年中央财政支持后,钱海军志愿服务队先后前往西藏自治区日喀则市仁布县、贵州省黔西南州安龙县、四川省凉山州布拖县、吉林省延边朝鲜自治区敦化市开展"千户万灯"帮扶志愿活动,钱海军等志愿者为残疾人困难家庭进行照明线路改造,为困难群众送太阳能移动电源和多功能自发电灯,为村电工开设培训班,资助 7 名品学兼优的藏族孩子来宁波开展"藏娃寻海,'浙'里有家"看海关爱活动。对浙、藏、贵、吉四省(自治区)"6047 户残疾或贫困家庭开展照明线路改造,超过 24 万米管线铺设,1.3 万余只各类开关插座安装,20 余万公里行程,惠及 2.5 万余人"①,用行动践行共同富裕道路上"一个都不能少"的承诺。② 当地群众也亲切地称钱海军为"来自宁波的点灯人"。

三、浙江精神视域下的钱海军形象

在浙江精神的映照下,钱海军的形象更加生动形象。他亲民、为民、惠民,将服务人民作为终身使命,展现了共产党员的崇高品质。他肯干务实、爱岗敬业、勤学苦练成为"万能电工",以劳模精神引领风尚。他注重个人德才与团队协作,以公益"蝴蝶效应"激发社会正能量。钱海军不仅是浙江的骄傲,更是时代的楷模,他的事迹和精神在浙江大地上广为传倾,激励着更多人争做钱海军式的奉献者。

(一)"三民"和谐:为民服务无怨无悔

1. 亲民原则铸就党群"连心桥"

作为优秀共产党员的钱海军始终胸怀为人民服务的根本宗旨,用实际行动践行亲民原则,筑牢党群关系。国网慈溪市供电公司结合公司实际,主动树立典型,

---

① 《"千户万灯"公益项目再获中央财政支持》,《宁波通讯》2018 年第 10 期。
② 《在平凡中发光》,《宁波通讯》2022 年第 10 期。

创设钱海军党员志愿服务队，并通过《管理手册》与《服务手册》健全组织构架，规范服务流程，完善管理制度，实施严格考核等办法，逐渐构建起一支会为民服务，能为民服务的供电系统党员"铁军"。在历次抗洪抢险与抗击新冠疫情战役中，都能够体现出"平常时候看得出、关键时刻站得出、危急关头豁得出"英勇精神与坚定决心。钱海军与钱海军党员志愿服务队也成为连接中国共产党与人民群众之间的"情感纽带"与"连心桥梁"。

2. 为民情怀造就群众"贴心人"

钱海军为民情怀体现在非血缘关系的慈孝文化之中。"慈孝"从字面解释既包括"慈"，又包括"孝"。"慈"本义是爱。[①] 狭义上是指长辈对晚辈的关心与疼爱。广义上是指对人宽容博爱。"孝"有对父母赡养敬重、延续子嗣后代、爱护家庭等多层意思。后来将"慈"与"孝"连在一起，逐渐演变为"上慈下孝"，作为中国传统文化重要组成部分的慈孝文化已有上千年历史，2000 年前孟子提出了著名的"老吾老以及人之老，幼吾幼以及人之幼"论断，慈孝文化也从血缘关系延伸到非血缘关系，逐渐演化成社会普遍公认的道德规范。进入新时代，慈溪致力于打造"中国慈孝文化之乡"，钱海军及钱海军志愿服务队更是有力践行"慈孝文化"，在关爱老人方面做足文章，钱海军为帮老人解决"表后"用电问题，自费购买电线、电灯与开关等物资，一年 365 天"在岗"，24 小时"开机"。为解决老人孤寡无人陪的现象。周末两天休息时间都用于帮助老人这件有意义的活动上。为了帮助老人处理好一切跟"电"有关的问题，钱海军自学电子原理，最终练就常用家电都能够维修的本领。他成了 100 多名孤寡老人的"亲儿子"，真正践行了用技术服务人民，用真情温暖人间的初心使命。

3. 惠民宗旨成就公益"点灯人"

钱海军通过公益事业将"光明""爱"与"希望"惠及整个慈溪、宁波、浙江，甚至是整个中国。惠民字面解释为使人民得到实惠，钱海军首先将"光明"带给需要的人。23 年的志愿服务中，他始终坚持"多做一点儿、多帮一个"，为广大人民群众，

---

① 王玉德：《〈孝经〉与孝文化研究》，崇文书局 2009 年版，第 11 页。

特别是为孤寡、失独与"空巢老人"们解决与"电"相关的问题;在抗洪抢险中开展电力抢修,保障人民群众尽快恢复正常生活;在抗击新冠疫情中,为广大工作人员提供持续有力的电力保障。钱海军还将"爱"投送到人民群众中去。在"千户万灯"帮扶志愿服务活动中,钱海军充分为了人民群众,充分发动人民群众,让人民群众受惠。干好这项伟大的志愿服务项目,只靠个人努力远远不够,需要充分发动更多的人参与到志愿服务中,钱海军党员志愿服务队队员 126 人,钱海军志愿者服务队注册会员 1200 人,冠名钱海军的 16 家志愿者服务队队员有 500 余人,还有更多的志愿者源源不断加入公益慈善事业中来,真正实现"灯暖千万家"志愿目的。钱海军还将"希望"洒满中国大地。从东海之滨的浙江到世界屋脊的西藏,从云贵高原的贵州到长白山涧的吉林,他将"希望"送到祖国最需要的地方,钱海军所到服务之地,除为困难群众开展线路改造以外,还对当地电工进行专业培训,到当地中小学开展电力科普教育,为困难群众送慰问物资,将爱心人士捐赠的生活与学习用品提供给需要的群众,甚至为边远山区儿童实现"看海"的愿望……钱海军始终践行努力将"光明""爱"与"希望"送到最需要的人民群众之中,谱写出人生乐章的乾坤气象。①

（二）肯干务实:爱岗敬业矢志不渝

1. 刻苦钻研授人以渔

钱海军给自己与团队制定了"技术好、服务好、口碑好"的"三好工作标准"②。首当其冲的是"技术好",钱海军对自己技术方面要求非常严苛,在社区担任电力义工时,一位阿婆对他提出维修老式黑白电视机的请求时,他意识到只懂常规强电知识远远不能满足志愿服务需要,于是他勤学苦练,最终从一名普通电工华丽转变为"万能电工"。在担任社区电力服务经理时,他又总结出了"五解服务法",即有疑必解释、有问必解答、有难必解决、为群众解困、为政府解忧。为了进一步扩大电力公

① 姬建民:《平凡如沙,亦能伟大》,《共产党员》2022 年第 15 期。
② 谢晔,等:《守灯人》,《浙江日报》2022 年 5 月 6 日。

益事业,他还到慈溪周巷职业中学与社区农村开设电工培训班,将最实用的电工技术传授给他们,增强服务能力,让更多热爱公益事业的志愿者成长起来。

2. 劳动模范榜样示范

凭借服务时间之久、服务内容之杂、服务范围之广、受益群众之多,钱海军成为人民群众心中当之无愧的劳动模范。钱海军从 1998 年 10 月开始从事电力义工以来,志愿服务从未间断过,从风华正茂的"小钱同志",到两鬓斑白的"老钱师傅",他时刻以一名优秀共产党员标准要求自己,365 天在岗,24 小时开机。钱海军对社区老人服务内容不只是解决"表后"用电问题,他还负责处理看病拿药、生活救助、心理慰藉、打扫卫生等等日常问题。他服务的范围从所居住的中兴小区到白沙路街道,从 22 个社区近 6 万名居民到整个宁波 10 个市县区 960 多万人,从浙江多个地级市到藏、贵、吉三省(区)多市县。钱海军服务对象从社区"空巢"与独居老人到留守儿童与农民工子弟等未成年人。从他所做的平凡的小事中看到他高尚的"品行",在平凡的岗位上干出不平凡的业绩,他的伟大事迹应该写入全体中国人民共同学习的"教材"①。

(三)爱的火种:人人都争做"钱海军"

1. 注重打造团队,发挥团结协作作用

钱海军的伟大之处在于引领了"公益一人、培养一批、带动一方"的公益"蝴蝶效应"。钱海军深知要想让整个社会和谐共生不能只靠个人努力,更需要团队力量。2014 年,钱海军在党员服务队业务范围外,又成立了"钱海军志愿者服务队",注册人数达到 1200 人。此外,还有 16 家兄弟单位共同打造"钱海军"志愿队服务矩阵。整个服务队服务用时累计超 21.3 万工时,当中也涌现出志愿服务的佼佼者,例如:无偿献血 10 多年的周丰权,累计献血量 60000 毫升;第一个捐献人体器官的登记者胡群丰,全国捐献编号是 410;在团队中总能够第一个认领任务的王军浩,儿子高考也没有阻止他志愿服务的脚步;钱海军共产党员服务队指导员兼支部

① 马佳:《为新时代奋斗者厚植发展沃土》,《国家电网报》2022 年 5 月 17 日。

书记唐洁,专门组织 450 多期"星星点灯"大课堂,2 万多名未成年人接受体验。在浙江精神的指引下,一个钱海军变成千万个"钱海军",从"人人学钱海军"变成"人人都是钱海军"。

　　2. 注重宣传教育发挥辐射带动作用

　　2022 年 5 月 6 日,中共中央宣传部决定授予钱海军同志"时代楷模"称号[1],"钱海军"三个字瞬间成为一座城市,一个省份乃至一个国家的精神地标。[2] 让我们携起手共同宣传与学习他"走千户、修万灯、暖人心"的实干精神,宣传与学习他23 年如一日,持之以恒,专注社会特殊人群的公益慈善精神,宣传与学习他干一行、钻一行、爱一行的爱岗敬业精神,宣传与学习他带头示范、引领团队的团结协作精神,宣传与学习他深入藏、贵、吉多省(区)边远地区为民服务的精神。钱海军始终用奉献、友爱与互助的志愿精神与求真务实、诚信和谐、开放图强的浙江精神,让一盏志愿服务"灯",走进"千户"。

---

① 《中共中央宣传部关于授予钱海军同志"时代楷模"称号的决定》,《人民日报》2022 年 5 月 7 日。
② 黄琳、唐瑾瑾:《浙江:树典型发挥榜样力量》,《国家电网》2020 年第 10 期。

第六章　浙江艺术名流与浙江精神

浙江具有深厚的历史底蕴与文化气质,深刻渗透并影响艺术领域,也涌现出众多杰出艺术名流,例如近现代以来,浙江在书法艺术领域先后涌现了赵之谦、陆维钊、沙孟海等杰出代表;在绘画艺术领域,则有吴昌硕、黄宾虹、潘天寿等人的卓越贡献;音乐艺术领域涌现了李叔同、吴梦非、任光等杰出艺术家;戏曲艺术方面,施银花、袁雪芬、顾锡东等人成就显著;而在工艺美术领域,嵇锡贵、徐朝兴、朱炳仁等人也展现了非凡的才华。他们在艺术领域精耕细作,砥砺奋进,树立起一个个标杆与一座座丰碑,他们的成就不仅代表着个人的辉煌,更展现了浙江精神在艺术领域的传承与创新,并形成良好互动与深层关联。

第一节　浙江艺术名流与浙江精神的逻辑关系

浙江艺术名流的艺术风格与人格形成中都彰显浙江精神。浙江精神有助于艺术名流形成文化自觉、文化自信与文化自强。在浙江精神的成就、提升与激发下,艺术名流还将持续"井喷式"涌现。

一、浙江艺术名流彰显浙江精神

浙江艺术名流以精湛技艺和独特风格传承越文化精髓,彰显自强不息的浙江精神。他们不仅在艺术领域独树一帜,更在民族大义面前展现坚定立场,成为浙江精神的璀璨名片。

(一)艺术风格与技法流派体现浙江精神

浙江原有的越文化虽经过荆楚文化与中原文化多次融合,其勇悍气质与外向开拓的品质仍保留了下来。在近代文艺领域,这种越文化痕迹尤为明显,以浙江画派为例,其笔力以粗硬刚烈为特色,与软糯的吴派画风形成鲜明对比。例如,浙派画风代表人物潘天寿,用笔高华质朴,画风雄阔奇崛,呈现出霸悍无敌的阳刚之气与深沉雄大的格局。他的六个入室弟子中,金华义乌人金鉴才、台州玉环人叶尚青、湖州吴兴人李大震、上海人江枫都得到潘天寿的真传,追求雄浑的意境,展现了深远的艺术追求。这种艺术风格与技法流派,正是自强不息的浙江精神在艺术领域的生动体现,是自然去雕饰的艺术结晶。

(二)浙江艺术名流人格映现浙江精神

在抗战时期,著名海派画家浙江海宁人杭穉英生活异常艰难,举债度日,遭受日寇威逼利诱,他坚决不为其绘制月份牌画像,这种坚守民族气节的行为备受民众钦佩。抗美援朝时期,"越剧十姊妹"在袁雪芬的带领下,联合上海越剧界开展大义演,为人民志愿军捐献一架飞机,命名为"越剧号",以浙江越剧之名支持人民志愿军抗击美帝国主义。浙江艺术名流在民族大义与大是大非面前,始终发扬立场坚定、旗帜鲜明、忠贞不渝的优秀品质,这些真实的事迹正是自强不息的浙江精神的真实写照。

二、浙江精神成就、提升与激发浙江艺术名流

浙江精神作为地域文化的精髓,深刻影响着浙江艺术名流的精神风貌和创作实践。它不仅激发了艺术名流的文化自觉和文化自信,更促使他们自强不息,追求艺术卓越。同时,浙江精神也是提升艺术名流专业水准和实现个人价值的重要动

力，引领他们不断超越自我，为浙江艺术的发展贡献智慧和力量。

（一）浙江精神成就浙江艺术名流

1. 有助于浙江艺术名流形成文化自觉

学者李艳认为，文化自觉是"运用辩证逻辑揭示文化世界，描述文化世界，把握文化世界，完成对文化的深刻觉知。"①艺术名流的文化世界应是通过艺术形式所表达出来的价值观以及所传达的真善美的意境。他们通过所擅长的绘画、书法、音乐、舞蹈等多种艺术形式对文化世界加以描述，在描述的过程中参悟文化世界奥妙，进而获得超越常人的文化洞见。在这个参悟文化世界的过程中，浙江精神作为精神引领与力量支撑，不仅引导艺术名流深入探索文化世界的内涵，还激励他们不断超越自我，提升艺术境界。当浙江精神融入整个文化世界参悟过程中时，艺术名流的格局得以拓展，境界得以提升，从而创作出更具深度和广度的艺术作品，为传承和弘扬浙江文化作出卓越贡献。

2. 有助于浙江艺术名流形成文化自信

文化自信是民族和国家对自身文化价值的高度认同，并在实践中加以落实②。在中西文化相互碰撞与融合的过程中，浙江艺术名流在对比中对西方文明有着客观公正的认知，并深刻体会到了中华民族与中国文化的独特优势，坚定了文化自信。进入新时代，浙江艺术名流更应该以浙江精神为精神指引，充分利用专业优势，深入挖掘和弘扬社会主义核心价值观，从而进一步巩固文化自信。他们通过艺术实践，让更多人感受到中国文化的魅力，为国家文化软实力提升贡献自己的力量。

3. 有助于浙江艺术名流形成文化自强

学者云杉曾解释，文化自强中的"自"是指依靠本国综合国力，彰显自身文化特点，坚定本国文化发展道路之意；文化自强的"强"应是本国或者本民族文化的吸引

① 李艳：《高校思想政治教育的中国文化自觉》，东北师范大学 2015 年博士学位论文。
② 赵银平：《文化自信——习近平提出的时代课题》，《人民日报》2016 年 8 月 5 日。

力、影响力与竞争力。① 艺术是能很好体现文化"自"与"强"的重要载体,浙江艺术名流在充分践行浙江精神的过程中厚积薄发,其区域艺术特点更加鲜明,艺术技法更加精进,自然让外省人民与外国人众对浙江艺术流派更加尊敬,进而实现文化自强的目标。通过他们的群体努力,浙江艺术流派得以广泛传播,进一步彰显了浙江文化的独特魅力和强大影响力。

(二)浙江精神提升与激发浙江艺术名流

1. 浙江精神有助于提升浙江艺术名流专业水准

浙江艺术名流人才济济,俊彦辈出,这与浙江精神的鞭策与激励密不可分,身为浙江籍艺术家都应领悟浙学渊源与浙江精神,也应以杰出浙籍前辈为楷模,研习浙派专业技法与特长,结合自身实际情况,逐渐形成既有浙学传统又有时代创新的"新浙派"艺术风格,以此彰显浙江文化的独特魅力与持续创新的力量。

2. 浙江精神有助于引导浙江艺术名流实现个人价值

浙江艺术名流应认真学习求真务实、诚信和谐、开放图强的浙江精神,并用与时俱进的浙江精神指导个人艺术创作实践。浙江艺术名流应树立为人民服务的求真务实的学艺求艺思想,将艺术实践与人民群众的需求紧密相连。同时也应努力淬炼艺德,坚守诚信底线,追求艺术和谐,努力成为受人民爱戴的德艺双馨的艺术家。在开放图强的浙江精神鼓舞下,浙江艺术名流应勇于开拓创新,不断突破自我,为艺术事业的繁荣和发展贡献自己的力量。

3. 浙江精神有助于提升浙江艺术名流精神境界

每一个浙江艺术名流都应追求类似于"书之妙道,神采为上,形质次之"的艺术境界,只有搞清楚"我是谁,为了谁"这一艺术追求核心问题,才能到达较高的精神境界。浙江精神则是回答这个核心问题的关键要素,它引导艺术名流深入探寻自我,明确艺术追求的方向,提醒他们始终坚守为民服务的初心。在浙江精神的照耀

---

① 云杉:《文化自觉 文化自信 文化自强——对繁荣发展中国特色社会主义文化的思考(下)》,《红旗文稿》2010 年第 17 期。

下，浙江艺术名流将不断激发内心精神力量，提升个人的精神境界，为艺术事业与社会进步贡献卓越力量。

第二节　耗尽一生研究从白到黑的黄宾虹

黄宾虹是浙江精神在国画艺术领域的弘扬者与践行者。他"引书入画"创新笔法，提出"墨分七色"以革新墨法，并倡言"内美"以创新艺术境界，在正本清源与勇于创新中展现图强变革的浙江精神。他正面驳斥"中国书画衰败论"，撰写文论，结交文友，致力于保存国粹，发扬国光，在钩沉中国传统美术史中为国人树立文化自信，体现了励精图强的浙江精神。他躬身投入革命洪流之中，坚定文艺救国思想，彰显了自强不息的浙江精神。

一、艺海春秋照人生

出身书香门第的黄宾虹，自幼受名师启迪，学养深厚。青年时期，维新反清，胸怀强国之志。壮年之时，在沪执笔艺论文章，参加文人社团，传播国学之精髓。老年时代，鉴别故宫国宝，执教湖山。一生致力于艺术，被誉为画坛巨匠。

（一）名师问业与反清结社

1. 书香门第与名师举业

1865 年，黄宾虹出生于浙江金华府城西铁头岭寓所，其母方氏是地道浙江金华人。黄宾虹祖籍安徽徽州，祖上皆为饱学之士。明代，宗族前辈庠生黄白山，著有《字诂》和《义府》，两书皆入四库全书，也开创乾嘉朴学先河。清朝嘉庆年间，族人进士黄承吉先后著有《梦陔堂文说》《经说》等经典。二人皆是黄宾虹敬重的家族楷模，两人的经典著作也成为黄宾虹幼年启蒙教育的主要书籍。黄宾虹的曾祖父黄碧峰是"新安江画派"的重要成员，曾指导过黄宾虹音律与丹青。黄宾虹父亲黄定华在其父去世后,家境困顿,后来到浙江金华经商,在经商的过程中,大量收藏古玩字画,有"雅好诗文,钟情书画"①的兴趣爱好,这对黄宾虹有言传身教与潜移默化的影响。黄宾虹四岁延师启蒙,先后师从于李芴仙、李咏棠、赵经田等当地著名私塾先生,先后习得汉、宋诸儒训诂之学。1876 年,黄宾虹随父回到祖籍安徽歙县参加童子试,成绩名列前茅。1879 年,黄宾虹返回金华考入丽正书院,并跟从义乌籍画师陈春帆学习写真。1882 年,再次回安徽歙县应考院试。1886 年,在父亲安排下,黄宾虹师从光绪庚辰进士西溪人汪仲伊,该师曾"授生徒以剑术,以此为人立身与救国之本"②,黄宾虹深受其师的品学修养以及爱国主义思想影响。1893 年,黄宾虹放弃科举考试,到南京坐馆教书。1897 年,进入安庆敬敷书院学习,师从于老画师郑雪湖,次年肄业。

2. 支持维新与结社反清

1895 年,康梁二人联合进京赶考的 1300 多名各省举人"公车上书",居家丁忧的黄宾虹向康梁二人致书表示坚决拥护,并提出"政事不图革新,国家将有灭亡之祸"③的观点。同年,谭嗣同由浏阳赶赴上海途经安徽贵池(现池州),经扬州人萧辰介绍,黄宾虹与谭嗣同会面,谭嗣同慷慨激昂地痛陈时弊,并提出"不变法无以利天下"的振聋发聩的主张,黄宾虹对谭嗣同等维新派志士更是由衷佩服。1898 年,戊戌变法失败后,黄宾虹得知戊戌六君子以身护法的噩耗后,放声痛哭,感慨道:"复生兄,豪侠中人,维新爱国,不惜头颅,可敬!可佩!可叹!"1906 年,黄宾虹回到歙县董理堨田,开办"三日学堂",宣传维新思想以启民智,并说服同县武举人洪佩泉与王佐臣在岳营滩开设教场,召集乡民练习拳术,为反清斗争积蓄力量。同年,经陈去病等人介绍,黄宾虹加入同盟会。在与陈去病共同担任新安中学教员时,他们成立反清革命组织"黄社",核心成员除了黄陈二人外,还有"许承尧、陈鲁、汪律本"④等人,他们以"诗文鼓吹革命"⑤,用文学力量激励国人,共同推进反清革

---

① 黄宾虹:《歙潭渡黄氏先德录》,《黄宾虹文集·杂著编》,上海书画出版社 1999 年版,第 463 页。

② 王中秀:《黄宾虹年谱》,上海书画出版社 2005 年版,第 24 页。

③ 杨樱林:《中国书画名家画语图解·黄宾虹》,中国人民大学出版社 2003 年版,第 286 页。

④ 王中秀:《黄宾虹年谱》,上海书画出版社 2005 年版,第 45 页。

⑤ 王中秀:《黄宾虹年谱》,上海书画出版社 2005 年版,第 47 页。

命进程。1907 年 8 月初，黄宾虹被人以"维新派同谋者"以及"革命党"等罪状告发，被迫出走上海。

（二）作画编刊与壮游神州

1. 发起、参与各类爱国文人社团

1907 年 8 月，黄宾虹到达上海后，加入同乡邓实与黄节举办的"国学保存会"。该保存会是邓实与黄节等仁人志士在上海成立的以研究国学，保护国宝文物，弘扬我国书画金石艺术为己任的民间协会组织。黄宾虹应邓实之邀，担任《神州国光集》与《国粹学报》以及《国学丛书》编辑，并在《国粹学报》上开辟"滨虹论画"专栏，黄宾虹的加入对于国学保存会来说可谓"如虎添翼"。后来著名学者刘师培、马叙伦、柳亚子等也相继加入国学保存会，该会以"革命"之名保护国粹，受到国人追捧，在国内文化界也掀起了声势浩大的国粹运动。1909 年 11 月，黄宾虹、柳亚子、陈去病等 17 位文人学者创立了素有"文有南社，武有黄埔"之称的革命文化团体——南社，黄宾虹先后六次参加南社雅集，为日渐式微的国学注入新的活力。1912 年，49 岁的黄宾虹与宣哲共同发起"保存国粹，发明艺术，启人爱国之心"的贞社。该社持续十年之久，是当时中国久负盛名的学艺团体。1925 年，62 岁的黄宾虹创建"中国金石书画艺观学会"，开创学会刊物《艺观》，以启迪民众对金石书画艺术鉴赏为重要作用。1928 年，黄宾虹与张大千等人创办烂漫社，并合作出版《烂漫社画集》。1930 年，67 岁的黄宾虹创办了中国文艺学院，亲自担任院长并主持工作，该校以中国国画为主要科目，不设西画系，这完全符合黄宾虹一贯提倡的弘扬国粹思想理念。

2. 担任各类报刊主编主笔

1911 年至 1915 年，黄宾虹在《神州日报》"神州日旦"专栏担任笔政，袁世凯派筹安会重要成员来上海收买黄宾虹，被他断然拒绝，表示坚决不做倒行逆施与助纣为虐的帮凶。1911 年，黄宾虹与邓实等人共同开启重大文化工程——"美术丛书"编修工作，该丛书有 4 集 40 辑，共辑录 257 种美术论著，直到 1936 年最终出齐，耗时 25 年时间。1912 年，黄宾虹协助岭南画派领军人物高剑父与高奇峰兄弟在上

海编纂《真相画报》,并在该报刊登画论、画史以及艺术作品,后因办报理念不同,黄宾虹退出。1916 年,康有为创办《国是报》,极力邀请黄宾虹担任副刊主编,黄宾虹后来与康有为的"保皇保守思想"产生了严重分歧,最终脱离该报。1918 年,黄宾虹在《美术周刊》上撰写《篆刻塵谈》等数百篇文章,其美术思想基本涵盖其中。1922 年至 1925 年,黄宾虹担任商务印书馆编译所美术部主任,负责美术编辑管理与美术顾问等工作。1926 年,黄宾虹与他人共同筹资出版四期《艺观画刊》,并在该刊物上积极撰稿。1928 年至 1932 年,黄宾虹担任《国粹月刊》与《画学月刊》主编。根据王中秀等学者统计,从 1907 年至 1937 年 30 年间,黄宾虹"先后有 1100 多篇文章发表在各类报纸杂志上"[①]。

3. 饱览祖国大好河山宽眼界

"艺术源于自然与生活",艺术家只有近距离走近自然与亲近生活才能够获得艺术灵感。有专家曾经统计过:黄宾虹曾四次游览西湖祭拜岳庙,五次上九华山,九次上黄山,每次采风他都有所收获,许多名篇佳作诸如《黄山纪游册》《浙东纪游诗画册》都是源于以上艺术游历中的所见所感。1933 年,年过七旬的黄宾虹孑然一人游览巴山蜀水,此次游历在他所有外出采风写生中具有重要位置,是游历时间最长、采风路程最远、写生收获最多的一次,黄宾虹曾高度评价这次蜀游意义,在游览过程中,他对"知白守黑"绘画哲理彻底顿悟,蜀游在黄宾虹艺术之旅与中国绘画史上具有重要意义。

(三)伏居燕市与长居湖山

1. 鉴别故宫国宝文物

1931 年,日寇悍然发动"九一八事变",国家文物部门为避免国宝文物遭受兵燹之灾,决定将部分故宫文物精品秘密转移到上海中央银行保管库,并制定了缜密的故宫文物南迁计划。1935 年 12 月,上海文物博物馆聘请黄宾虹担任故宫古物陈列所古画鉴审员。黄宾虹以笔法、墨法、章法与气韵等构成的"内美"审美标准,

---

① 王鲁湘:《黄宾虹全集》(上),河北教育出版社 2008 年版,第 16 页。

对故宫古画的纸张、颜料、墨材与图章等"外美"艺术呈现载体进行鉴别，并给出真伪、临摹与疑真等鉴定结果，他还将其整理成数十万字的《故宫审画录》，该书成为鉴别故宫藏品重要的评判标准与依据，也丰富了中国书画古籍鉴定方法与思想。1937年4月，为鉴定故宫古物陈列所留京的古书画，黄宾虹携家眷前往北平，同时，他还兼任中国国画研究院导师与北平艺专教授，因日寇发动"七七事变"，全家身陷北平无法南归。

2. 蛰居北京潜心学问

1937年，古稀之年的黄宾虹在《自叙生平》中曾描写他蛰居北京十一年，选择"谢绝应酬，惟于故纸堆中，与蠹鱼争生活，书籍、金石、字画竟日不释手"[①]。在此期间，他笔耕不辍，先后撰写《浙江大师事迹轶闻》等文章，编纂《石蹊、石涛画谈》等著作。1944年底，黄宾虹迎来了八十大寿，北平艺专日本"辅佐官"伊京等人曾不止一次向黄宾虹"索画"，对于日本人求画，黄宾虹给出"经年不一应"的坚决态度，并改字为"予向"，标榜个人忠贞不渝的爱国志向，这一举动充分展现了黄宾虹这位传统知识分子的风骨与节气。

3. 南下归杭墨隐丹青

1948年，黄宾虹终于离开蛰居11年的京城，南下回到阔别已久的浙江杭州，并担任国立杭州艺专教授，居住在西湖风景区附近的艺专宿舍。1949年，杭州解放后，黄宾虹被聘为中央美术学院华东分院教授，后兼任该校国画研究所所长。1953年，中华全国美术工作者协会与中央美术学院华东分院联合举办"画家黄宾虹先生九十寿辰庆祝会"，华东行政委员会授予他"中国人民优秀画家"称号。1955年3月25日，91岁的黄宾虹因病医治无效病逝于杭州，家属遵循遗嘱，将其自作与收藏书画作品无私地捐献给国家。

二、追寻艺术浑厚华滋

中国近现代绘画史群星璀璨，熠熠生辉，其中有两颗最为明亮的巨星，一是追

---

① 杨樱林：《黄宾虹》，中国人民大学出版社2003年版，第24页。

求雅趣浑然与朴素浪漫的擅花鸟画的齐白石，另一位则是追求浑厚华滋、郁勃澹宕的擅长水墨山水画的黄宾虹，史称"南黄北齐"。两人艺术风格与意境追求迥异，黄宾虹在探索画理、探寻画史、探求画法等方面做到了独擅其美，独树一帜。

（一）画理扎实循道求变

1. 遵循"道尚圆通"的艺术思想

黄宾虹曾讲过："学画者不可不读老庄之书"①。在其自作的艺术佳品、撰写的艺术评论与艺术史论中都能够看出富有老庄痕迹的"道尚圆通"的艺术思想，黄宾虹将老子哲学思想运用到艺术探寻上来，提出："笔有顺有逆，法用循环，起承转合，始一笔。由一笔起，积千万笔，仍是一笔。"②黄宾虹喜好读《庄子》，崇尚庄子超尘脱俗、浪漫率性的个性，他根据庄周梦蝶典故，生发出"蝴蝶之为我，我与蝴蝶，若蚕之为我……如能钻穿脱出，化为飞蛾，便可栩栩欲飞，何等自在"的浪漫创作心态。此外，黄宾虹在艺术鉴赏与创作中提出的"离象取意""游心太玄""艺必以道归"也都深受老庄思想的影响。

2. 追求"内美"的艺术境界

中国传统美学演化出"内"与"外"两分法，黄宾虹承续并创新该美学两分法，他认为中国传统书画作品可分为"外美"文人画与"内美"士夫画。

黄宾虹一般用类似于概括西画"写实"派的"栩栩如生""布置恰当""形象逼真"等语言表述"外美"文人画，专做"外美"画的文人们可谓："一知半解，师心自用，以为可以推翻古人，压倒一切"③。黄宾虹认为士夫画具备"风神气象"的"内美"境界，尤其是宋代苏轼与米芾等大家引书入画，注入学识涵养于其作品中，雅格高古之气油然而生。他强调"理法"与"士气"是"内美"士夫画的核心要素，需要画家养"一己之身心"，成"一国族之精神"，超越娱人感官的"外美"，以此表达文人志趣。

---

① 赵志钧：《黄宾虹论画录》，浙江美术学院出版社1993年版，第25页。
② 王伯敏、钱学文：《黄宾虹画语图释》，西泠印社出版社1993年版，第83页。
③ 赵志钧：《黄宾虹论画录》，浙江美术学院出版社1993年版，第31页。

艺术"内美"理论属于传统中国画守正与创新之举，对于中国画现代转型具有重要指导意义。

3. 师法"自然"的寻艺之道

黄宾虹早年学画师法"古人"与"古画"，他曾"遍求唐、宋画章法临之几十年"。后对明代画家唐伯虎、文徵明、周明与董其昌等的绘画技法进行研摹。他的"五笔七墨"也是在古人"墨分五色"的基础上创新而来。在掌握艺术技法之后，黄宾虹转向师法"自然"，他穷尽毕生之力饱览祖国大好河山，并将名山大川、江河湖海、花鸟鱼虫变成取之不尽的绘画素材。感受自然造化之神奇后，黄宾虹更加坚定他的用笔用墨技法，例如：在游历巴山蜀水后，他逐渐悟出"雨淋墙头""月移壁"与"沿皴作点"等点线笔墨。黄宾虹在师法自然中创造出"卧游可居"山水画，也造就了风神气象的人生大格局。

（二）画史爬梳溯本清源

1.《真相画报》上初探中国绘画史

黄宾虹最早对外宣传中国绘画史始于《真相画报》。1912 年，黄宾虹协助岭南著名画家高剑父与高奇峰兄弟在上海编纂《真相画报》，黄宾虹在该报上连续刊登了《上古三代图画之本源》《两汉之石刻图画》《论魏晋记载之名画》等文章，探寻中国画在尧舜禹时期的发迹历史，钩沉两汉石刻、魏晋名画、隋唐画法、五代院画等历史，该报后因旗帜鲜明反对袁世凯称帝而被查封。但这些作品开启了黄宾虹等近代中国文人系统研究中国绘画史之先河。

2.《古画微》上断代中国绘画史

1925 年 12 月，上海商务印书馆出版了黄宾虹的《古画微》，该书是一本关于中国绘画史的通识类读物。该部著作上起夏商周，下至清末，以朝代为时间线索，将其划分为夏商周、两汉、六朝等七大时期。着重对每个时期绘画风格与技法、画家与名作进行鞭辟入里的分析，并对比较有代表性的绘画门类进行专题整理与归纳，将其划分为隐逸高人、闺媛女史、缙绅巨公、沪上名流与金石家等，对每个专题进行画史溯源,追踪演变流向。该作品对后来的陈寅恪、潘天寿、郑午昌、王伯敏、汪世清、卞孝萱等研究中国绘画史的史学家与绘画家都有重要的指导意义。

3. 美术丛书览揆中国绘画史

黄宾虹加入国学保存会与神州国光社后,开始广泛收集中国历朝历代名家字画并开展专题研究。从1911年3月到1936年,黄宾虹与邓实等人耗时25年开展重大文化工程美术丛书编修工作,这套丛书共计4集,每集分10辑,共计40辑257部。黄宾虹与邓实秉承"考古名家,如珍玮宝,摊泉冷客,频问陈编"①的艺术理念,研究范围涵盖书法绘画、玉石瓷铜、摹印雕刻、传奇词曲与杂志五大类,此外,还涉猎古董彝器、刺绣服饰、笔墨纸砚等,可谓是广义上的"美学"范畴研究。该书还辑录了笪重光、董其昌、李日华等的论画文章,摘编了谢赫、李嗣真、何良俊等的画品篇幅,辑佚了朱景玄、文嘉、米芾等关于画史的文本。黄宾虹通过编著美术丛书及时有效地抢救散逸绘画文献,在搜寻爬剔各个"美术"门类的过程中,以宏大叙事方式书写中国美术史学,为"后学提供津梁"②,为新中国美术史学术研究奠定了重要史料基础。

(三)画法有度笔墨氤氲

1. 墨法上求变化

中国传统书画创作中最重要的部分莫过于笔墨之法,关于墨色运用,中国古代文人发明了"青、赤、黄、白、黑"五种墨色,而黑白两色是极其难把握的两种墨色,正如老子关于黑白辩证的说法:"知其白,守其黑",黑白转换之间充满变化,例如"求淡以浓""求白以黑",充满着人与自然相处的哲学之道。60岁以后的黄宾虹,饱览祖国山河,尤其是蜀游中"夜游瞿塘"与"青城坐雨",对其触动极大,令其感悟极深。他进而在绘画上大量运用焦墨、泼墨、干皴加宿墨,提出"五笔七墨"笔墨之法,形成"黑、密、重、厚"的画风,给人以"浑厚华滋"之感。

---

① 黄宾虹:《重刊美术丛书序》,《黄宾虹文集·书画编》(上),上海书画出版社1999年版,第352页。
② 王伯敏:《中国绘画通史》(下),生活·读书·新知三联书店2000年版,第567页。

2. 笔法上求发展

黄宾虹在绘画笔法上主要有以下尝试与贡献:一是笔法上尝试引书入画。黄宾虹认同"书画同源"的艺术观点,他尝试将真、行、草、隶、篆中的经典笔法运用到绘画中,在不断尝试与总结中探索出"平、圆、留、重、变"五种用笔方法。二是总结了笔法上的弊病。他称之为"邪、甜、俗、赖"[①]用笔"四病":用笔不正谓之"邪",画无"内美"谓之"甜",意境不高谓之"俗","泥古"模仿谓之"赖"。

3. 章法上求气韵

中国书画都讲究章法,所谓章法是指字画与纸、字画中对象与对象之间呼应与照顾的关系,可以简单理解为:书写绘画的布局与结构。黄宾虹在绘画中极其重视章法气韵,并用中国阴阳虚实之哲学思想处理章法。他指出:"画有笔、墨、章法三者,实处也;气韵生动,处于三者之中,虚处也。"在章法布置上实中有虚,虚中带实,画面气韵灵动,才能展现中国画章法之美。

三、浙江精神视域下的黄宾虹形象

黄宾虹是浙江精神在国画艺术领域的弘扬者与践行者。他钩沉与爬梳中国美术史,为国人树立文化自信,体现了励精图强的浙江精神。他躬身投入革命洪流之中,坚守文艺救国思想,彰显了自强不息的浙江精神。

(一)勇于创新:正本清源中求新求变

1. "引书入画"笔法创新

1935年,黄宾虹对学生朱砚英讲道:"中国画法从书法中来"。这种观点来自"书画同源"理论。1944年,黄宾虹在给画家傅怒庵的书信中讲道:"画源书法,先学书论"。后又提出"画诀通于书诀"观点。黄宾虹不仅持有这种观点,而且他还亲身施行。黄宾虹将"真行草隶篆"多种书体用笔方式运用到绘画中,不断探索创新

---

① 南羽:《黄宾虹谈艺录》,河南美术出版社1998年版,第28页。

与归纳总结出"平、圆、留、重、变"五种笔法,其中"变"主要强调笔趣,如"四时迭运",讲究"不囿于法"。① 这种"引书入画"的实践不仅体现了笔法的创新,更彰显了中国传统艺术的求新求变艺术特征,而这种艺术特征与浙江精神中蕴涵的勇于探索、敢于创新特质相得益彰,相互契合。

2."墨分七色"墨技创新

明末画家石涛曾提出过"笔墨当随时代"观点,黄宾虹通过研究中国绘画史充分验证了这一观点,并在古人用墨"焦、浓、重、淡、清"五色论的基础上,又提出"浓、淡、破、积、泼、焦、宿"七墨法,他认为一名画家具备七种墨法属于"法备"水准,最少要会三种,少于三种墨法则"不能成画"。② 黄宾虹所提出的"七种墨法"是在传统墨法守正的基础上进行的一次挑战、一次创新,不仅展示了黄宾虹个人的艺术造诣,更是浙江精神中坚持传统与创新发展的完美体现。

3. 追求"内美"艺道创新

近代以来,中国绘画大有"以夷变夏"趋势,对国画国粹审美情趣与中国现代绘画观念也造成重大冲击。在这种大历史背景下,黄宾虹提出了"内美"的美学观念,其主要创新观点有二:一是概括了"内美"从技术层面获得的过程。中国国画中笔、墨、章法是核心构建,只修三法,且能用语言进行描述的是绘画"实处",皆为"外修",在将富于变化的"五笔七墨"运用到极致后,产生气韵生动的"虚处"之美,则出现"内美"。二是凝练了"内美"在精神层面的核心要素。"内美"不仅需要笔墨淬炼,更需要画家以聪颖天资、精深学问、丰富阅历、超凡学养、磊落人品、豁达胸襟等人格精神倾注于绘画艺术之中,最终形成风神气骨的"内美"。"内美"追求直接拔高了现代中国绘画艺术境界,对中国绘画艺术产生积极的正向激励作用。

---

① 李嫣:《至广大　尽精微——浅议黄宾虹的画学思想和山水画艺术成就及影响》,河南大学 2007 年硕士学位论文。

② 叶子:《山高水长——黄宾虹山水画艺术论》,上海人民美术出版社 2005 年版,第 24 页。

（二）业精图强：钩沉画史中树立自信

1. 驳斥"中国书画衰败论"

近代中国，西学东渐思潮盛行，中国传统文化与国学遭到巨大质疑。尤其是新文化运动兴起后，新派激进知识分子对中国书法与绘画等为代表的传统文化进行全盘否定。对于书法文字方面，激进知识分子力争"废弃中国文字"[①]。对于中国国画，新文化运动领袖陈独秀提出"中国近世之画衰败极矣，盖由画论之谬也"[②]。黄宾虹对此据理力争，他对全盘否定中国传统文化的观念表示坚决反对，他认为新派激进知识分子属于"空疏无术者"，以推倒古人为能事，实为"荒谬之风"。他认为应用复古革新的形式重振中国书画事业，并提出了国画"民族性"等观点，他认为"画有民族性，虽因时代改变外貌，而精神不移"[③]，黄宾虹的坚持与努力，不仅是对个人艺术理念的追求，更是对民族文化精神的坚守与传承。他的观点与行动，为当下传统文化的传承与发展提供了宝贵的借鉴与启示。

2. 在探究中国绘画史中找寻文化自信

泱泱中华五千年，中华美术史伴随中华文明共同发展，积淀了厚重的底蕴。只有搞清楚中国美术史才能够克服"舍中取洋"的错误思潮，才能找到真正的"文化自信"与"民族自信"。黄宾虹先后在《真相画报》连载有关中国绘画史的文章，向民众宣传历久弥新的中国绘画，后又撰写通识类中国绘画史著作《古画微》，对中国绘画史进行断代分期，并对专题画史溯源。黄宾虹与友人邓实等人耗时 25 年开展美术丛书编修重大文化工程，为新中国美术史学术研究奠定了史料基础，彰显了他坚守本土文化的自觉性，同时增强了国人的民族自豪感。

3. 结社刊文努力复兴国粹

黄宾虹所生活的年代是一个风雨如晦的年代，他选择以办报与结社等方式参

---

① 王中秀：《黄宾虹十事考之十——故宫读画》(上)，《荣宝斋》2002 年第 9 期，第 238 页。

② 《万木草堂所藏中国画目·序》，引自周宪：《艺术理论基本文献·中国近现代卷》，生活·读书·新知三联书店 2014 年版，第 30 页。

③ 杨樱林：《黄宾虹》，中国人民大学出版社 2003 年版，第 5 页。

与到复兴国学与国画改良的伟大事业中。黄宾虹是一个撰写画评、画论与画史的优秀报人。他是《艺观画刊》与《艺观》的合伙办报人,担任过《美术周刊》《画学月刊》主编,担任过《国粹学报》《真相画报》《政艺通报》等十余个报刊的编辑,在《国学周刊》等数十个报刊上刊登过文章,广泛阐述他的中国画学术研究成果。黄宾虹还是一个积极组织与参加文艺类社团的爱国文人。他先后以发起人身份组建研究金石书画的贞社、艺观学会、百川书画会;以组织人身份参与到烂漫社、中国学会、中国画会;以参与者的身份加入国学保存会、南社等社团。这些文艺社团都以"复兴国粹,发扬国光"为创会宗旨,秉承"以艺救国"的思想,以文人结社的方式,捍卫民族文化瑰宝,医治萎靡不振的孱弱的民族自信,对抗"人格日益卑,文化日益落"的世风。

(三)爱国守节:从投身革命到文艺救国

1. 投身爱国革命事业

黄宾虹一生不仅是为国人树立艺术自强与文化自信的一生,也是积极参与中华民族抵抗外侮的革命的一生。黄宾虹青少年时期经历了列强侵华的苦难,作为有强烈民族责任感的艺术家,在戊戌变法之前,他以举子读书人身份声援"维新变法"。百日维新失败后,他开办"三日学堂"、开设教场召集乡民习武,与同乡陈去病等教员共同成立"黄社",以求文艺救国,又与柏文蔚等人发起"岳王会",参加孙中山组建的"同盟会"。尔后,他意识到"自来文艺升降,足觇世运之盛衰"[①],一心致力于振兴国粹艺术,以实现文以致治的目的。目睹日寇盘踞新华门时,愤然创作《黍离图》,以画表达爱国情感。日寇曾多次索画,他断然拒绝,并改字为"予向",以此表达忠贞不渝的爱国风骨与气节。

2. 热爱祖国大好河山

黄宾虹深知师从自然造化是求艺的必经之路,只有游览名山大川,看遍江河湖海,通达花鸟鱼虫,澄怀观道后,才能够运笔舒畅。有学者统计过:黄宾虹一生曾经

---

① 黄宾虹:《古画微》,商务印书馆 1929 年版,第 2 页。

四登泰山，五去九华山，九上黄山，此外还游览了天目山、庐山、衡山、武夷山、石钟山、雁荡山、岳麓山、罗浮山、青城山、峨眉山等名山大川，每到一处都在不断积累绘画素材，为日后的绘画创作奠定了坚实基础。在游遍祖国大好河山后，他感慨道："中华大地，无山不美，无水不秀"①，爱国情怀溢于言表。

第三节　漫画世界的温情守望者张乐平

张乐平是浙江精神在美术界的鲜活代表者与生动体现者。他以漫画为抗战宣传武器，揭露日本侵略者滔天罪行，讴歌中国人民不屈不挠的英勇抗战事迹，展现出爱国图强的浙江精神。他通过漫画艺术关爱与引导青少年群体，让整个社会重视青少年群体的培养与教育，为社会主义建设事业培养合格接班人，体现出和谐友善的浙江精神。他以独特时政观察视角与诙谐的漫画表达对国家发展、民族昌盛、社会和谐与人民幸福的关照，呈现出踔厉奋发的浙江精神。

一、一生漫画闯天涯

张乐平自幼受母亲启蒙，对美术的热爱如痴如醉。他以"三毛"形象名扬沪上，其民族自尊心与正义感跃然纸上。抗战期间，他组建抗战漫画宣传组织，激发民众抗战热情。新中国成立后，他致力于公益漫画事业，耕耘儿童园地，将爱心传递后人。他的一生是漫画与正义的完美结合的一生，他是当之无愧的平民漫画大师。

（一）画坛新秀才华横溢

1. 自幼爱画与学徒生涯

1910 年，张乐平出生于浙江海盐县庵头村，其父张舟若曾是晚清秀才，后从事农村小学教育。母亲朱书擅女红、刺绣与剪纸，靠手艺赚零钱以贴补家用，在母亲

---

① 王伯敏：《黄宾虹画语录》，上海人民美术出版社 1978 年版，第 48 页。

言传身教下，张乐平从小对美术有着极高兴趣，可以说，母亲是他最早的美术启蒙老师。1923 年，曹锟安排手下吴景濂等人公开拉拢议员，以一票 5000 元明码标价选票，结果贿选成功，当选民国大总统。这一事件为国人所不齿。浙江海盐县小学教师陆寅生知晓张乐平绘画水平较高，在他指导下，让张乐平创作一幅讽刺北洋军阀曹锟的漫画，主要内容是：一头大肥猪背上放着许多银圆大洋，陆老师还为这幅图加上"一豕负五千元"的标题，作为插画贴在街道壁板上，这是张乐平平生第一次创作讽刺漫画。① 1925 年，因家中无力承担中学费用，张乐平便辍学到南汇县（今浦东新区）万乡镇一家木行做学徒，学徒生活极其痛苦，却为他将来从事漫画事业积累了丰富的生活素材。1927 年，张乐平加入海盐县迎北伐军宣传队，用画笔歌颂北伐。

2. 初涉漫画崭露头角

1904 年，上海《警钟日报》编辑在其报纸上刊登名为"时事漫画"作品，普通民众由此逐步了解这种西方艺术形式。1925 年，丰子恺在上海《文学周报》刊登了类似简笔画的特殊绘画作品，主编郑振铎将其命名为"漫画"。自此，"漫画"以夸张、隐喻与象征等表现手法迅速在中国大地上广为流传，张乐平也被这种特殊的艺术表现形式深深吸引。1928 年，在姐夫的资助下，张乐平顺利进入上海一家私立美术学校系统学习美术，这为他日后从事美术创作奠定专业基础。1929 年，19 岁的张乐平在上海一家广告公司就职，从事广告设计，主要为教科书或小说配插画以及做一些时装设计方面的杂活，他还利用业余时间创作漫画，尝试向《申报》《新闻报》等报纸投稿。

3. 早期三毛扬名沪上

20 世纪 30 年代，中国漫画迎来了繁荣发展时期，上海先后出现《时代漫报》《现象漫报》《中国漫画》等 20 多种漫画专门期刊，同时，《申报》《新闻报》《时代日报》《晨报》等知名报刊都开辟漫画副刊或专栏，这为我国漫画事业发展提供了绝佳的发展平台。同时，也涌现出叶浅予、丰子恺、丁悚、丁聪、鲁少飞、张文元、董天野

① 张乐平：《我的漫画生活——张乐平》，中国旅游出版社 2007 年版，第 3 页。

等一大批漫画家,青年张乐平也是他们中的一员。1935 年,具有强烈民族自尊心的张乐平,对"一二·九"运动中国民政府当局血腥镇压爱国群众事件义愤填膺,他在《人言周刊》刊登了漫画《对内与对外》,成为敢于公开谴责国民政府与日本侵略者的漫画家,在普通大众中赢得了广泛赞誉与深刻共鸣。1935 年 7 月 28 日,《晨报》副刊《图画晨报》专用漫画家叶浅予生病,副刊主编直接找到张乐平并恳请他救急。张乐平开始在报纸上刊登连环漫画《三毛》。从 1935 年到 1937 年,张乐平先后在《图画晨报》《新华画报》《上海漫画》《时代漫画》等 20 多家报刊上刊登 200 多幅"三毛"漫画,以及少量的单幅漫画。"三毛"与"王先生""牛鼻子"成为当时中国漫画三大明星,被媒体称为"滑稽大亨"。

(二)新锐画家抗日战士

1. 组建抗战漫画宣传组织

1937 年,抗日战争全面爆发,上海漫画家们迅速集结并投入抗日救亡运动中,成立上海漫画界救亡协会。在协会中又成立救亡漫画宣传队,叶浅予与张乐平被公推为正副队长。1937 年 9 月,上海救亡漫画队北上南京,先后自费赶制 200 多幅漫画,并在南京新街口大华电影院与夫子庙等多处举办抗敌漫画展览。该漫画宣传队后来被纳入军事委员会政训处管理,主要负责为各部队绘制队标与队旗,还负责绘制日文版宣传单页与投诚通行证等。1938 年,国民政府将军事委员会政训处改为国民政府军事委员会政治部,周恩来担任副部长,该政治部下设三个厅,专门负责抗日救亡文字宣传、艺术宣传与国际宣传。第三厅为艺术宣传,郭沫若担任厅长,救亡漫画宣传队隶属该厅,叶浅予与张乐平仍担任该宣传队正副队长,张乐平负责该宣传队常务管理工作。宣传队主要负责配合时局创作宣传张贴画并开展漫画画展,以及绘制对敌宣传的印刷品等。宣传队先后抵达安徽、江苏、浙江、江西等南方十省多地开展抗日宣传。宣传队接受中共领导,也逐渐成为中共在国统区开展抗日民族统一战线的重要宣传队伍。

2. 组织并开展多种形式活动,宣传抗日

1937 年 11 月,张乐平担任《抗日漫画》主要编辑,他也是在该刊物刊登作品最

多的漫画家,其中《不愿做奴隶的同胞都起来了!》《将来我们所看得见的结果》都成
为漫画佳作,坚定民众抗日决心与必胜信念。1941 年,张乐平还在《前线日报》创
办副刊《星期漫画》,编绘并油印《漫画旬刊》,还负责《士兵之友》与《兵与民》刊物的
编印,到浙赣沦陷区散发,鼓励沦陷区人民坚持抗日。张乐平每到一处都会迅速组
织人员开展战地采风,并在采风基础上创作漫画,开展抗日漫画画展,同时,还在人
员流动较多的墙壁上绘制抗战墙绘,向民众散发抗战漫画宣传品,收到较好的宣传
效果,国民政府为其颁授嘉奖令。1939 年,日本漫画界召开座谈会,曾直言在宣传
方面已被中国漫画界打败。张乐平还在金华地区义卖画像,并将全部款项捐赠给
穷人,当地报纸曾这样报道:"应绘者颇为踊跃,实开浙江省画展未有之新纪录
云"①。1941 年,张乐平提出漫画宣传队与演剧队联合宣传的倡议,根据当时参与
联合宣传队的导演殷振家回忆:"张乐平一大发明,他让我们演剧队演员扮演成农
民、工人、军人或小市民等扛着漫画牌子行走在城市街头巷尾,农村乡镇与部队前
线,再配合街头话剧与演讲歌咏,受到广大国民一致好评,这对整个东南战场产生
了一定影响。"为了进一步激发民众抗战热情,张乐平领衔的漫画宣传队深入农村、
工厂与部队一线,开办漫画训练班,招收有一定绘画基础的绘画爱好者,免费给予
漫画绘画技术指导,广泛发放"漫画示范"资料,为抗战漫画宣传培育有生力量。
1945 年,张乐平的绘画被美军第 14 航空队军官看上,并邀请他为航空队服务。张
乐平绘制向中国境内日伪军聚集地散发的漫画宣传单页,并由航空队在沦陷区上
空投放,激发反战情绪,造成敌方军心不稳的宣传效果。张乐平还绘制日文版抗战
宣传单页,由航空队飞往日本本土空投散发,让日本民众了解中国抗日的真相,用
日本民众的力量阻止日本军国主义侵华行径。

（三）平民大师公益漫画

1. 为解放奔走相告

1946 年,张乐平参与发起成立上海美术作家协会,亲自担任常务理事。同年,

---

① 张乐平纪念馆:《百年乐平》,上海社会科学院出版社 2010 年版,第 31 页。

他还成为中华全国漫画作家协会11个理事之一。《申报》副刊《自由谈》连载张乐平的《三毛从军记》，奠定了张乐平的大师级漫画家地位。1947年，张乐平被聘为《大公报》特约绘画记者，并在《大公报》上连载《三毛流浪记》，引起民众强烈反响，社会开始更加关注流浪儿童问题。1949年，上海昆仑影业股份有限公司将张乐平漫画《三毛流浪记》改编为电影，赵明与严恭联合执导，著名童星李龙基扮演三毛，著名剧作家阳翰笙担任编剧，赵丹、上官云珠、黄宗英等50余位知名演员甘愿跑龙套，电影深深反映了旧社会对于儿童的冷漠、欺凌与戕害，也反映了社会制度的黑暗、腐朽与弱肉强食的本质。1949年4月4日，孙中山遗孀宋庆龄先生个人以及她领导的中国福利基金会联合张乐平共同发起三毛生活展览会，主要展出张乐平创作的三毛原画作，整个展览现场人头攒动，甚至出现一票难求的景象。张乐平现场赶制30多幅三毛水粉画并推出200多本《三毛流浪记》亲笔签名版画册进行义卖，共计收获3206块银圆，他将以上所得全部捐给流浪儿童。上海解放前夕，张乐平与郑野夫等人一起筹备迎接解放军等工作，赶制一大批迎接解放军的宣传画，带病坚持赶画的张乐平感动了许多同行，大家鼓足干劲为上海解放做出艺术界独特贡献。5月29日，上海一解放，张乐平就联合郑野夫、庞薰琹等进步美术家在《大公报》公开发表"美术工作者宣言"，表明美术界对于解放上海的支持态度，这也成为上海乃至中国美术史上重要的历史事件。

2. 以笔为锄耕耘儿童园地

1949年上海解放后，张乐平赴北京参加中华全国文学艺术工作者第一次代表大会。1950年，张乐平担任中华全国美术工作者协会上海分会副主席兼创作研究部部长，并与米谷等人联合创立《漫画》，该份期刊是新中国第一份漫画期刊，对于新中国漫画事业具有重要开创意义。张乐平还历任中国美术家协会理事、中国文联委员、全国政协委员等职务。中华人民共和国成立后，张乐平仍然孜孜不倦地运用绘画的方式开展儿童教育事业。一是继续开展公益漫画创作。张乐平相继推出《三毛迎解放》《三毛今昔》《三毛防百日咳记》《三毛翻身记》《三毛的控诉》《三毛日记》《三毛学雷锋》《三毛与体育》《三毛旅游记》《三毛爱科学》《三毛学法》等"三毛"系列作品，他被人们亲切地称为"三毛之父"。此外，张乐平还创作《二娃子》《父子春秋》《小萝卜头》等连环漫画,丰富了儿童精神文化生活。二是张乐平长期为儿童作画并亲自辅导儿童绘画。中华人民共和国成立后,张乐平长期深入学校、青少年宫等儿童活动场所辅导儿童绘画,帮助儿童形成正确的审美观与价值观,曾连续多次获"全国先进儿童工作者"荣誉称号。三是他创作了大量时事漫画与社会漫画。张乐平还创作《向官僚主义批评到底》《光荣参干》《滔滔不绝》《"深入"生活》等作品,既有对社会生活中真善美本质的歌颂,也有对假丑恶现象的精准揭露,哪怕在"文革"中遭受批斗,他仍笔耕不辍坚持创作。1988 年,鉴于他对中国漫画事业的重大贡献,张乐平与华君武、廖冰兄等八位漫画家荣获首届中国漫画美猴奖。

3. 热心公益泽被后人

1983 年,文化部牵头在京举办"张乐平画展",在这次画展仪式上,身患帕金森综合征的张乐平将《三毛流浪记》原稿捐赠给中国美术馆收藏,供后人观瞻。1985年,张乐平担任刚创刊的《漫画世界》主编一职,克服病痛坚持创作,并在杂志上刊登漫画连环画《人到老年》,这种执着追求艺术的态度感动国人。1986 年,张乐平因病常年住院,但每逢"救灾义卖"等公益活动,他都坚持用颤抖的右手继续绘画,奉献精湛的艺术佳作为灾区送上绵薄之力。1991 年 4 月 4 日,张乐平在《解放日报》上发表了最后一幅讽刺漫画《猫哺鼠》,以辛辣的画笔讽刺社会上的不公现象。1992 年 1 月,张乐平将《三毛从军记》原稿捐献给上海美术馆。1992 年 9 月 27 日下午 6 时,张乐平因病抢救无效病逝于上海,享年 82 岁。我国著名剧作家、评论家柯灵曾评论:"室迩人遐,艺术长寿,三毛永生,乐平不死!"

二、与"三毛"有不解之缘

张乐平以画笔诠释人生,展现社会百态。从"三毛"诞生到迎新公益漫画,每一笔都凝聚着深刻的社会洞察与人文关怀。张乐平以"三毛"为媒介,传递正义与良知,唤醒社会的温暖。通过"三毛",张乐平与读者结下了不解之缘,也共同见证了中国社会的变迁与进步。

（一）"三毛"诞生记

1935 年 7 月 28 日，在上海《晨报》副刊《画图晨报》上本应刊登漫画家叶浅予的连载漫画"王先生"，但叶先生因身体抱恙不能如期出刊，晨报副刊主编找到张乐平救急，张乐平在副刊《画图晨报》上发表了两幅三毛漫画，"三毛"形象正式面世，民众反响强烈。于是，张乐平开始在该报副刊连载三毛漫画，也开创了无文字儿童连环漫画的先河。

之所以叫"三毛"这个名字，有两种解释。一是在江浙沪地区，"三毛"是一个极其普遍的称呼，过去中国人认为小孩子贱名好养，小名一般用"毛""蛋""狗""傻""栓"等带有贬义的字词。"三"一般是按照家里子女出生顺序，所以三毛就是家中排名老三的孩子。二是张乐平的儿子张慰军曾听父亲讲过，"三毛"的原型是一个住在上海石库门弄堂里的普通小孩，他调皮捣蛋但却富有正义感，他身处社会大染缸中却本性天真无邪，他最初有一个温暖的家，后来却沦落成为以乞讨为生的苦孩子，张乐平通过反差惊醒民众，唤回久违的良知。

张乐平之所以能够成功地塑造流浪的"三毛"形象，这与他困苦的童年经历有很大关联。张乐平笔下的"三毛"更是自己童年的真实写照，他曾经发誓要让自己的画笔永远不停地为这些被侮辱与被损害的小孩们控诉[①]，要为无辜的苦难的孩子们服务。

民国时期，中国文盲比例极其高，毛泽东主席在《论联合政府》中曾经讲道："从 80％的人口中扫除文盲，是新中国的一项重要工作。"虽然 80％的文盲比例可能是个估值，但是足见文盲现象比比皆是。张乐平曾经讲过："我想尽可能减少借助文字的帮助，让读者从我的画笔带来的线条去知道他所要知道的。"[②]张乐平深知要让普通大众能够读懂与欣赏漫画，应该尽量通过传神的绘画让观众意会解读，而非用文字有限诠释。

---

① 张乐平：《我的漫画生活——张乐平》，中国旅游出版社 2007 年版，第 20 页。
② 张乐平：《我的漫画生活——张乐平》，中国旅游出版社 2007 年版，第 68 页。

（二）"三毛"迎新记

在中国共产党的领导下，人民翻身做主人后，"新三毛"有衣服穿、有食物吃、有学校上，爱讲卫生，不用遭受警察的毒打，与"旧三毛"形成鲜明的对比。张乐平将这种对比创作为漫画《三毛今昔》，并于 1959 年 5 月 30 日开始在《解放日报》陆续刊登，轰动一时。此外，他还有《三毛翻身记》《三毛日记》《三毛新事》等漫画作品，表达了张乐平对新中国政权的真心拥护之情。

"三毛"在新中国成立前夕应该做些什么事情？担任《解放日报》美术摄影编辑组组长的张乐平一直在思考这个问题，为此《解放日报》还专门召开会议进行商讨，最终作家郑时峰作诗，张乐平配画，名字初定为《三毛在迎接解放的日子里》，该部作品于 1962 年 6 月 1 日至 9 月 19 日在《解放日报》连载。张乐平随后将这部作品的名字改为《三毛迎解放》，并以单行本的方式出版发行，累计印数超过 100 万册。

三、浙江精神视域下的张乐平形象

张乐平是浙江精神在美术界的鲜活代表者与生动体现者。他挥舞画抗击日寇，针砭时弊，彰显自强不息的浙江魄力；他以艺术为媒，关爱青少年成长，传递和谐友善的浙江情怀；他敏锐洞察社会变迁，以独特视角与幽默笔触描绘国家与人民命运，展现踔厉奋发、勇立潮头的浙江风采。

（一）爱国图强：墨韵抗战激励国人

1. 以画为戈宣传抗战

漫画家黄茅曾讲道，"美术的作用已成了增加抗战的政治意识的有力武器"[①]，而美术作为"武器"是以美术作品传递事实真相与价值观念，让民众产生情感共鸣后自发支持与参与抗战，具有巨大的政治宣传、舆论宣传与意识形态宣传的功效。

---

① 杨益群：《抗战时期桂林美术运动的作用意义及影响》，《广西社会科学》1988 年第 2 期。

张乐平早年在上海三友实业社担任绘图员时,亲历日本蓄意制造僧侣被打事件,悍然出兵上海,制造"一·二八"事变,这也坚定了他抗日的决心。抗战伊始,张乐平不囿于艺术的象牙之塔,自觉地置身于战争洪流之中,运用一技之长积极为抗战赶制抗战漫画,编辑出版《抗战漫画》刊物,为美军第 14 航空队赶制投放抗战传单,践行了一名美术工作者肩负的时代使命与历史担当。

2. 携笔从戎参加抗战

漫画家胡考曾提出"漫画家不仅是抗敌的宣传工作者,而一定要是为国家民族不顾一切牺牲的战斗员"[①],抗战初期,张乐平与叶浅予等人迅速组建上海救亡漫画宣传队,后北上南京接受国民政府军事委员会政训处领导。张乐平又担任抗敌漫画宣传队副队长,在他领导下,漫画宣传队先后辗转沪、苏、浙、赣、皖、闽、桂、粤等多省多地,他们用手中的画笔作为武器,一面愤怒地谴责日寇野蛮行径与疯狂罪行,一面热情地歌颂抗战将士浴血奋战与英勇杀敌,通过漫画艺术呼吁全民抗战总动员,为抗战事业注入了强大的精神力量。

3. 义卖作品支持抗战

抗战期间,艺术家们将艺术事业与国家命运、人民切身利益紧密结合在一起。在抗战最为焦灼的 1941 年,张乐平与宣传队员深入到浙江宁波与金华地区,目睹战争导致百姓流离失所,生活困苦不堪,他当即做出义卖画像决定,将所得全部款项捐给穷人,此次活动也得到了中共地下党的大力支持。张乐平还通过开办漫画培训班,广为散发"漫画示范"资料,帮助民众认识并掌握漫画技巧,以此共同创作抗战漫画作品。张乐平百折不挠地宣传抗战的先进事迹,也成为中国漫画史上浓墨重彩的一笔。

---

① 陈池瑜:《中国现代美术学史》,黑龙江美术出版社 2000 年版,第 141 页。

（二）推陈出新：以画代字关爱青少年

1. 以画代字关注青少年群体

漫画家丰子恺曾讲道："看见了当时社会里的虚伪骄矜之状，觉得成人大都已失本性，只有儿童天真烂漫，人格完整，这才是真正的人。"[①]张乐平也曾讲道："大家总喜欢称我是儿童漫画家，我也乐意接受这个称号。"[②]漫画家之所以喜欢青少年群体，主要原因是这种艺术形式更容易被青少年群体喜欢与认同，用最本真的艺术手法关注他们，是对祖国下一代的最好的关照。

2. 以画代字关爱青少年群体

旧社会与新社会初期，全民识字率不高，而漫画更加直观形象地反映问题和贴近普通人的日常生活，能够起到很好的宣传效果。在抗战中，张乐平通过漫画艺术形式到农村去宣传抗战，收到很好的效果。同时，漫画能够更好地关照青少年的成长。青少年在心理上会渴求独立，但心智尚未成熟，对许多事物似懂非懂，漫画作为一种易于被青少年接受的艺术形式，能够更容易引起青少年的情感共鸣。青少年从漫画中吸取成长所需各种"营养"，促进他们健康成长。

3. 以画代字引导青少年群体

漫画具有教育引导功能，主要体现在几方面。一是漫画能够让青少年学到科学知识。张乐平努力从基础科学与尖端科学等众多科学门类中挖掘漫画题材，先后创作了酚酞溶液显字形、电光捕鱼、激光切割等《三毛爱科学》漫画组图，对青少年进行科普教育，张乐平也荣获了首届中国科普美术展览荣誉奖。二是漫画具有激发学习兴趣的功效。随着改革开放发展，人民生活水平不断提高，体能与体质却不断下降，张乐平随即创作了《三毛与体育》，通过漫画让青少年了解体育健康的重要性，积极倡导体育锻炼。三是漫画能够引导青少年世界观、人生观与价值观正确

---

① 丰子恺：《丰子恺文集》，丰陈宝、丰一吟、丰元草编，浙江文艺出版社、浙江教育出版社 1990 年版，第 389 页。

② 张乐平纪念馆：《百年乐平》，上海社会科学院出版社 2010 年版，第 85 页。

构建。1963年,毛泽东同志提出"向雷锋同志学习"伟大号召,雷锋精神代代相传,熠熠生辉。改革开放初期,张乐平创作了《三毛学雷锋》,号召广大青少年向雷锋同志学习,将雷锋精神发扬光大,促进形成社会新风尚。

第四节　品洁如雪、艺传芬芳的袁雪芬

袁雪芬是浙江精神在戏曲艺术领域的践行标杆与弘扬表率。她一生践行"做人要做好人,戏也要演好戏"的承诺,新中国成立前,她在国统区冒险将鲁迅名篇《祥林嫂》改编为新编越剧剧目,她联合各大越剧名角义演《山河恋》,彰显了敢于突破与求真务实的浙江精神。在表演中她表现出柔中带刚的浙东艺术风格,用真情实感演绎剧中人。她以热忱的初心使命推动越剧戏改、人改、制度改,彪炳勇立潮头、锐意进取的浙江精神。

一、此生只为越剧生

袁雪芬从学戏自立到勇当杭沪头牌,再到越剧改革辉煌新篇,每一步都走得坚定而执着。她自费改革,整顿剧团,培育新人,弘扬国粹,以越剧为媒,传递正能量,提升观众审美。袁雪芬的一生,是对越剧艺术的热爱与坚守的一生,更是对传统文化的传承与发扬的一生。

（一）为求自立学唱戏

清朝末年,农村经济日渐萧条,贫苦的嵊县(现嵊州市)农民在农闲时靠唱书以贴补家用,这种半农半艺的唱书形式很快流行起来,当地人叫"落地唱书"。1906年清明节,唱书艺人们在剡溪之南的东王村香火堂前,将"四工唱书调"唱书变成舞台演出的戏剧形式,越剧自此诞生。培养早期越剧艺人的戏班在嵊州各地迅速涌现出来,当地人称之为"小歌班"或"的笃班"。1922年3月26日,在嵊州施家岙女子越剧小歌班成立的前一年,隔壁杜山村袁家诞生了一女婴,取名袁雪芬。袁雪芬

的父亲袁茂松,因体弱多病无力种田,在村中办私塾赚取微薄收入以维持家计,被村民尊称为"茂松先生"。袁雪芬6岁时跟从父亲读书,父亲除了教她读书识字以外,还向她传播男女平等与自立自强等思想,袁雪芬深受其影响。1933年7月,11岁的袁雪芬志愿加入柳岸村兴福庵"四季春班"学戏,师从于男艺人鲍金龙,起初专攻青衣正旦,后改老生兼演武小生。学习期间,学员们不准回家,每天从早到晚吊嗓子、背唱词、练把式等。1934年初夏,12岁的袁雪芬跟从"四季春班"流动演出,平时吃住皆在船上,演出地点多半是城隍庙与祠堂等小戏台。1936年,"四季春班"从绍兴到萧山火神庙演出,邀请小生屠杏花与青衣王杏花担任客师,袁雪芬向两位前辈虚心学习与请教,两位前辈也不吝赐教。两位前辈的唱腔与表演,对袁雪芬日后表演艺术也产生了一定影响。

（二）勇闯杭沪挂头牌

1. 挂头牌"红遍全沪"

1936年,袁雪芬跟随"四季春班"进入杭州,头牌艺人王杏花因母亲病危回家探亲,扮相与唱功不错的14岁的袁雪芬被戏班推为头牌,每月包银20.8元,袁雪芬除留下极少零花钱外,绝大多数都寄给父亲以贴补家用,此时的她俨然已成为家里的顶梁柱。1936年秋,袁雪芬随戏班闯荡上海滩,临行之前,父亲袁茂松给她留下了"毋娇、毋奢、不赌、不吸烟,人格贵在自立"的训言,袁雪芬铭刻于心,恪守不渝。在沪期间,袁雪芬与钱妙花共同演绎的《方玉娘苦塔》成为中国女子越剧的第一张唱片。1938年6月,袁雪芬擢升头肩旦,并与"闪电小生"马樟花合作演出,迅速"红遍全沪",两人还将越剧传统剧目《梁祝哀史》去芜存菁,通过电台广播方式对外传播,这也是女子越剧历史上第一次通过电台的方式播唱。两人还参加了上海难民救济协会与绍兴旅沪同乡会举办的女子越剧大会客串义演。两人在舞台上配合默契,生活上相互照料,不是亲姐妹胜似亲姐妹。1940年10月,马樟花选择退出大来剧院,珠联璧合的一对艺术搭档自此拆散。

2. 自费越剧改革终不悔

1942年之前的越剧处于"路头戏"与"幕表戏"阶段,上演的仍是"私订终身后花园，落难公子中状元，才子佳人大团圆"的千篇一律的剧情，更有越剧剧团上演色情戏以及照抄京剧的连台本戏，与同时代的其他艺术形式相比：内容感人不如话剧，身段唱词不如昆曲，桥段安排不如电影。1942 年 10 月，从嵊州养病归来的袁雪芬在爱国话剧等进步艺术的启发下开展越剧改革，20 岁的袁雪芬提出将自己90％的薪水拿出来聘请专职人员参与舞台改造，大老板陆根棣同意改革，并成立剧务部主持演出活动，通过公开招考方式选拔编剧，聘请电影导演担任新越剧导演，选择认同越剧改革的艺人担任演员，并请话剧剧务、服装、舞台灯光师为每一场戏量身打造布景、服饰与舞美。10 月 28 日，袁雪芬演出了新编越剧剧目《古庙冤魂》，取消了越剧的琐碎进出场，改水粉化妆为油彩妆，将大包头改为古装头，采取立体式布景，让舞台更加逼真。虽仍有许多不尽如人意的地方，但它却成为新越剧改革路上的一次重要尝试。接下来，剧院又相继推出了新编越剧剧目《情天恨》《断肠人》《蛮荒之花》《雨夜惊梦》《侠骨柔肠》《就是他》《乱世佳人》《雪地孤鸿》《儿女英雄》《长恨天》《明月重圆夜》《木兰从军》等。

3. 雪声剧团整戏风

1944 年 9 月，养病归来的袁雪芬与范瑞娟合作，在上海九星大戏院成立了"雪声剧团"，对全部上演剧目进行整顿。一是根据袁雪芬之前的越剧改革经验，推出了《梁红玉》《忠魂鹃血》《绝代艳后》等新编剧目；二是整理与改造传统剧目，为后来的演出打下了良好的基础；三是对改革以前编演的新剧重新加工。如《卖花女》便是在改革之前新编剧《月缺难圆》的基础上加工改编的。袁雪芬打造"雪声剧团"进行艺术改革的同时，还萌生了将演员从"戏子"改变为艺术家的愿望。袁雪芬希望剧团全体演员能够全心全意从事艺术创作，并对他们在道德、情操与品格等方面提出了高标准要求，希望通过正能量剧目培养观众良好的观戏行为习惯，进而提升观众的欣赏水平与审美观念。

4. "冒大不韪演红戏"

1946 年，抗日战争胜利后，国统区上海上空仍笼罩着高压统治。为纪念离世10 周年的鲁迅，5 月 6 日，在征得鲁迅爱人许广平先生同意后，新编越剧《祥林嫂》在明星大戏院预演，邀请了田汉、胡风、欧阳山尊等一大批文化界知名人士前来观看,袁雪芬在剧中将命运悲惨的祥林嫂演绎得活灵活现,入木三分。《文汇报》评论为:"如果因为《祥林嫂》的改编,而使绍兴剧走上一条新路,这事极为有意义。"①《世界晨报》则评论为:"《祥林嫂》为改编绍剧开辟了一条新的道路,并且赋予了他新的生命。"②《时事新报》则对袁雪芬的演出给予充分肯定,评价她为"热忱而可敬"③。袁雪芬通过《祥林嫂》演出结识了欧阳山尊、于伶、田钟洛等众多进步文化工作者,解放区来的欧阳山尊还将《白毛女》的剧本带给了袁雪芬,袁雪芬大胆地在剧场门口贴出了《白毛女》的海报,此举遭到了国民党特务组织盯梢与地痞流氓迫害。1946 年 8 月 27 日,袁雪芬乘坐黄包车前往电台播唱的途中,被地痞流氓用粪便污身,社会各界都对此事件表示深恶痛绝,并要求政府相关部门严惩凶手。

5. 越剧"十姐妹"义演

1947 年,袁雪芬决定联合越剧名角筹办越剧学馆与实验剧院,为越剧培养人才。她先后说服尹桂芳、竺水招、范瑞娟等十位在沪越剧名角筹集越剧学校与剧院经费,后人称她们为越剧"十姐妹",她们分工明确,共同排练与演出《山河恋》。她们打破了争角色大小的戏班旧习,在角色分配上,袁雪芬只扮演一个送信的小丫头季娣。袁雪芬之所以扮演一个小角色,主要原因有二:一是作为总负责的袁雪芬牵头事情太多;二是避免有人从中挑拨离间大做文章。她们通过电台宣传、预售戏票等方式扩大影响,半个月时间戏票全部抢购一空。1947 年 8 月 18 日,《山河恋》在黄金大戏院正式上演,演出轰动整个上海滩,同时也遭到了国民党多次迫害,但以"十姐妹"为首的越剧界却空前团结,田汉还为此撰写文章《团结是力量》,高度赞扬这种团结精神。"十姐妹"联合义演预期效果虽未达成,却为国统区"反饥饿、反内战、反迫害"民主爱国运动贡献了巨大精神力量。

---

① 梅朵:《且向歌台看巨人》,《文汇报》1946 年 5 月 7 日。
② 俞苹:《祥林嫂》,《世界晨报》1946 年 5 月 8 日。
③ 叶平:《"祥林嫂"评》,《时事新报》1946 年 5 月 27 日。

(三)越剧翻身新辉煌

1. 为解放不懈奋斗

1949年5月12—27日,上海解放战役打响,27岁的袁雪芬怀着高涨的革命热情,迅速在上海八仙桥联合五个越剧剧团,通过电台播放越剧选段的方式为人民子弟兵加油鼓劲。上海解放后,袁雪芬重建雪声剧团,并在九星大剧院为人民解放军做专场越剧集锦演出。7月,上海市军管会文艺处举办第一届地方戏剧研究班,袁雪芬当选为中队长。在研究班上,她系统地学习了《社会发展史》《在延安文艺座谈会上的讲话》《中国革命和中国共产党》等理论文献,进一步坚定了为工农兵服务思想。

2. 改制改戏更改人

1951年3月5日,在党的正确领导下,为大胆开展戏曲改革,华东军政委员会决定成立华东戏曲研究院,袁雪芬担任该院副院长兼越剧实验学校校长。以原先"雪声"与"云华"剧团为主体联合成立新中国第一个国营剧团——华东越剧实验剧团,袁雪芬任该团团长。该实验剧团成立,一方面编排紧跟形势的现代题材越剧,例如:反映工人生活的《柳金妹翻身》,东北翻身农民积极参加抗美援朝的《父子争先》等;另一方面主要整理与改编传统剧目,并经常性组织演员到军营、工厂与农村体验生活与开展文艺演出。袁雪芬曾率团回杭州演出,杭州《当代日报》评价该实验剧团做到了"'人''戏''制度'的创新,可谓三新"[1]。该实验剧团在各地如火如荼演出时,袁雪芬与越剧界姐妹们用发起联合义演的方式支持抗美援朝,实验剧团先后推出了《父子争先》与《杏花村》,将义演所得款项购买成两架飞机,取名为"越剧号",以此表达越剧界对人民子弟兵的支持与敬意。

3. 宣传国粹育新人

1952年,为响应毛泽东主席《在延安文艺座谈会上的讲话》精神以及实现"百

---

[1] 金倚萍:《华东越剧实验团介绍》,《当代日报》1951年3月11日。

花齐放,百家争鸣"文艺方针,文化部等多部门牵头,在北京举办第一届全国戏曲观摩演出大会,华东越剧团推出了两出戏,一出戏是《梁山伯与祝英台》,主要演出者是傅全香与范瑞娟;另一出戏是《白蛇传》,主要演员是袁雪芬。在此次大会上,越剧《梁山伯与祝英台》分别在编、导、演、音乐与舞美上都被评为一等奖,《白蛇传》不参与评奖,却被毛泽东主席钦点为招待国宾的剧目。会演中,中共中央与国务院为表彰袁雪芬在新中国成立前同国民党反动派英勇斗争,以及对越剧改革的重大贡献,授予她"荣誉奖"。1953 年 3 月至 7 月,袁雪芬与范瑞娟合作拍摄新中国第一部彩色戏曲影片《梁山伯与祝英台》,该片在卡罗维发利国际电影节上获得"音乐片奖"。周恩来总理在参加日内瓦会议期间,向外国记者们介绍并称该片为中国版的《罗密欧与朱丽叶》。同年 11 月,为庆祝中朝协定签订,招待金日成同志,中央指派袁雪芬、范瑞娟与傅全香出演越剧《西厢记》,在中南海怀仁堂演出,受到中外来宾的一致好评。1954 年,袁雪芬当选第一届全国人民代表大会代表。1955 年,袁雪芬担任刚成立的上海越剧院院长,期间,她大力提倡"男女合演",主持与组织一系列新剧目,她个人几乎每年都会重拍经典剧目或者推出新剧目,例如,重新排演《白蛇传》《祥林嫂》《梅花魂》,推出新剧目《纺纱闯将》《红花绿叶》《壮丽的青春》《双烈记》《秋瑾》《金山战鼓》《碧玉簪》《火椰村》《接旗》等,受到广大人民的一致好评。1966 年,袁雪芬主演的电影《舞台姐妹》遭到批判,她受到牵连被隔离审查。1977 年,为纪念周恩来总理逝世一周年,时隔十一载未曾演出的袁雪芬重新回到舞台,排演新编越剧《万里长空且为忠魂舞》。1978 年,重新担任上海越剧院院长的袁雪芬出演电视版《祥林嫂》,受到全国观众的广泛热议。1985 年,袁雪芬基本上已经退居二线,把主要精力用于培养新人,先后培养出刘觉、张国华、赵志刚以及史济华等当代越剧表演艺术家。1995 年起,袁雪芬担任上海白玉兰戏剧奖评委会主任,始终坚持"请客不到,送礼不要"的原则,公平公正地评奖,将最优秀的演员与最优秀的作品选出来,为中国戏剧事业做出重要贡献。2009 年,袁雪芬荣获首届中国戏剧奖终身成就奖。2011 年 2 月 19 日下午 2 点,袁雪芬在上海病逝,享年 89 岁。

二、让越剧从传统走向现代

《吕氏春秋·尽数》曾讲道"流水不腐,户枢不蠹",越剧艺术发展同样适用这一理论,传统旧式越剧不适应时代的发展,就必须予以改革。袁雪芬采取编、导、演、音、舞美与服装立体式改革,使越剧现代化改革迈出了实质性一步,也促使越剧成为继京剧后的中国最大的地方剧种。

(一)综合立体式越剧改革

1. 借助现代话剧与电影开展越剧编导改革

传统越剧没有固定剧本与唱词,只有故事梗概、分场提纲、出场次序以及人物名单,张贴在剧场后台,演员根据剧情需要灵活变通运用,并在场上即兴发挥,这种制度被称为"幕表制"。在传统戏剧表演中,演员们逐渐形成了一套约定俗成的表演套词套话,但戏剧内容与形式毫无创新可言,严重影响传统戏曲的发展。袁雪芬在新越剧改革中将"幕表制"抛弃掉,通过编剧考试的方式招募大量有话剧写作背景的编剧与从事电影行业的导演入团,例如:于吟(姚鲁丁)、南薇(刘松涛)、蓝明(蓝流)、洪钧(韩义)等,并采取块状结构撰写翔实的越剧分幕剧本,剧本中详细表达剧情、人员、语言、动作、表情以及灯光舞美等。导演则把控全场灯光舞美、演出节奏以及与观众互动等。演员可专攻表演,不用关心俗套开场。采取现代编导方式便于戏剧文化传承,也有利于越剧与时俱进发展。

2. 借助中西艺术形式开展越剧音乐与表演改革

"音乐是戏曲剧种的灵魂所在"[1]。早期越剧表演剧情多以悲剧为主,但伴奏曲调却是〔四工腔〕,该曲调具有活泼、跳跃与欢快的曲式特色,与剧情不相适应。为了改变这一现状,袁雪芬联合琴师周宝财开展曲调与唱腔改革,研发出更加具有抒情意味的〔尺调腔〕〔弦下腔〕与〔六字调〕,让曲调更加悲壮,让剧情更加饱满。同

---

① 胡红萍:《越剧与"上海制造"》,《上海艺术评论》2017 年第 5 期。

时,袁雪芬抛弃以打击锣鼓点为信号的程式化入场方式,采取话剧入场方式,更加符合剧情需要。尝试用西方小型交响乐队为新编越剧伴奏①,实现中西音乐的双强合璧,让剧情更加跌宕起伏,让越剧表演更加具有艺术张力。逐步减少或者冲淡程式化写意性表演模式,将更多的精力用于揣摩人物性格与心理,加之逼真的舞台景境与写实化表演手法,让剧情更加真实与感人。同时,向兄弟剧种昆曲学习,袁雪芬相继聘请朱传茗与郑传鉴等"传"字辈昆曲名家教授名剧目《思凡》中的经典动作身段②,不断丰富新越剧中的"手、眼、身、法、步"等艺术写意表演形式。袁雪芬还注重向电影艺术学习,在观看美国电影《居里夫人》时,被影星葛丽亚·嘉逊的停顿表演深深折服,她在新越剧《断肠人》中饰演方雪影时也尝试采取停顿沉默表演,让观众惊叹不已。

3. 采取意、实结合方式开展舞美与服装改革

女子越剧进入十里洋场的上海后,与各种艺术形式以及兄弟剧种相比,在舞美与表演方面都不尽如人意。为了迎合上海世俗文化与多层次品位的观众群体,以袁雪芬为核心的越剧界开展舞美改革,她们借鉴昆曲的写意舞美设计,从古代经典名画中寻求灵感,结合剧情精雕细琢制作每一个舞台景观,为每一场越剧表演提供"诗情画意"的舞美设计。为了舞台效果,袁雪芬将传统戏剧的水粉妆容,改为更适合舞台表演的油彩妆容。袁雪芬还借鉴传统国画中的仕女形象,与剧务服装人员共同设计或秀逸,或淡雅,或清丽,或柔媚的舞台服装,并根据剧情设计适宜的人物造型、舞美设计、灯光色彩,使之成为舞台艺术整体的有机组成部分。③

(二)袁氏唱腔独门独派

1. 袁派唱腔的出现

"袁派"唱腔是在〔尺调腔〕基础上逐渐形成的,是在越剧改革中不断发展的。

---

① 胡导:《论袁雪芬戏剧观》,《艺术百家》1994年第1期。
② 袁雪芬:《求索人生艺术的真谛——袁雪芬自述》,上海辞书出版社2002年版,第54页。
③ 胡红萍:《越剧与"上海制造"》,《上海艺术评论》2017年第5期。

1943 年 11 月，袁雪芬在出演《香妃》情到深处时，并没有按照原来唱腔进行演绎，而是采取哭腔长音的方式加以处理，在琴师周宝财采取类似于京剧〔二黄〕过门的演奏配合下，出现了如泣如诉琴瑟和鸣的凄戚哀婉旋律，导致袁雪芬与台下观众都泣不成声。袁雪芬与琴师周宝财将这一次即兴创作的唱腔定义为"尺调腔"，并在此基础上不断丰富发展，终于造就了"袁派唱腔"。〔尺调腔〕虽是袁雪芬与琴师周宝财毫无准备地即兴表演，却也证明袁雪芬一直在用真性情唱戏，情到浓时唱腔中必然出现感人至深的曲调。

2. 袁派唱腔的特点

袁雪芬的嗓音条件在越剧演员中并不是最出色的，尤其是高音音域部分并没表现出明亮高亢之感，她却能够自成一派，并且形成三个主要特点。一是以声传情，用情打动观众，尤其是她的在〔尺调腔〕基础上形成的哭腔，有专家曾经概括为"四哭"，分别是《香妃》中的"哭头"、《一缕麻》中的"哭夫"、《梁祝哀史》中的"哭灵"与《万里长城》中的"哭城"，每场戏都有哭的记忆点。二是注重咬字、吐字、归音等发声方式以及韵脚的运用，在字正腔圆中让人感受到越剧的独特魅力。三是袁派唱腔注重运用低音胸腔共鸣，更能够抒发出剧中人内心的哀怨与悲壮之感。袁派唱腔总体特点是：醇厚中带有沉稳、质朴中带有沉郁、委婉中带有圆润，可塑性与抒情性非常强，是越剧唱腔中极其有辨识性与辨识度的一个流派。

3. 袁派唱腔的传承发展

著名戏曲家刘如曾曾讲过：昆曲是"一出戏救活一个剧种"，而越剧则是"一个调发展一个剧种"。这里的调就是袁雪芬与琴师周宝财发明的〔尺调腔〕，尹桂芳、范瑞娟、傅全香、徐玉兰、王文娟、毕春芳、戚雅仙等人都在袁派基础上逐步形成了自己的越剧演绎风格，逐渐形成了越剧的各自流派。袁派唱腔也成为学习越剧必修唱腔。筱水招、李金凤、朱东韵等越剧名角以及年轻演员也都师出袁派，袁派也成为各派唱腔公认艺术流派，为越剧发展打牢根基。

（三）提携后人厚植桑梓

1. 探索男女合演越剧新形式

中华人民共和国成立后，随着男女平等与妇女解放等思想深入人心，在党的关怀下，袁雪芬开始在越剧探索中男女合演。1954 年，在华东戏曲研究院中担任副院长的袁雪芬主抓越剧艺术表演，并开办了第一期越剧演员训练班，通过海选的方式公开选拔男女越剧演员共 60 名，其中涌现出史济华、沈嘉麟、刘觉等著名越剧男演员。袁雪芬不断尝试越剧男女合演形式，并打造出《十一郎》《三月春潮》《桃李梅》等著名越剧剧目。袁雪芬也跟男演员同台演出，先后推出《火椰村》《秋瑾》等多台剧目，在实践中不断寻求男女演出的最佳方式与最优配合。1974 年，在"文革"中遭受迫害的袁雪芬仍坚持培养越剧演员，她相继培养出赵志刚、张承好与许杰等著名越剧男演员，他们成为日后越剧舞台的中流砥柱。

2. 担任"白玉兰"评委会主任培养新人

1995 年起，退居二线多年的袁雪芬开始担任上海白玉兰戏剧表演艺术奖评委会主任。她曾在《解放日报》上撰文，提出力争让该奖项成为"最公正、最纯洁的戏剧大奖"[①]，她通过该戏剧奖项推广并繁荣小剧种的同时，还不断挖掘、保护与历练新人，例如，袁雪芬四大弟子中的陶琪、方亚芬曾获得第 14 届、第 16 届上海白玉兰戏剧表演艺术奖主角奖，真正做到以赛促练、以赛促学的目的。

三、浙江精神视域下的袁雪芬形象

袁雪芬是浙江精神在戏曲艺术领域的践行标杆与弘扬表率。她洁身自好，视人品重于戏品，体现了坚韧不拔与自强不息的浙江精神。她精益求精地对待艺术追求，真诚坦率对待各界民众，彰显了求真务实与追求和谐的浙江精神。她鼎力革新，以热忱的初心使命推动越剧戏改、人改、制度改，彪炳了勇立潮头、锐意进取的浙

---

① 袁雪芬：《上海白玉兰戏剧表演艺术奖简介》，《解放日报》1997 年 5 月 25 日。

江精神。

（一）洁身自好：人品戏品俱佳

1. 身正垂范犹抵万金

袁雪芬用一生践行自己奉行的"做人要做好人，戏也要演好戏"座右铭。袁雪芬刚去学戏时，父亲袁茂松叮咛她洁身自好，自立自强。她牢记父亲嘱托，谢绝一切应酬，专心唱好戏，做好人。晚年担任上海市白玉兰戏剧表演艺术奖评委会主任时，她仍然坚持"请客不到，送礼不要"，恪守评委之本分，努力将该奖项办成"最公正、最纯洁"的戏剧大奖。她的高尚人格影响着一代代越剧人，她也成为浙江人民优秀道德情操的鲜活代表。

2. 为民爱国忠贞不屈

戏曲除了愉悦身心，还有宣传教育的作用。袁雪芬出生的年代战事频仍，国家生灵涂炭，政府鱼肉百姓，官员贪赃枉法，百姓流离失所。具有强烈社会责任感的袁雪芬决定开展越剧改革，她开始主演充满正能量的新编越剧剧目，尤其是 1946 年，袁雪芬成功地将鲁迅的文学作品改编为越剧《祥林嫂》，并不顾戴上"红帽子"的危险，甚至国民党特务盯梢，地痞流氓泼粪，也没有阻止袁雪芬将具有进步意义的越剧新剧搬上舞台，唤醒与激励民众，充分表现出一名为国为民的优秀越剧人的杰出担当，她也为越剧发展指明了一条康庄大道。

3. 引领风尚泽被梨园

优秀的人品给人带来崇高的敬仰与无限的信服。1947 年，袁雪芬发起为越剧发展筹建越剧学校与实验剧场的倡议，她高尚的人品将上海滩最红的越剧演员都聚拢过来了，她们打破门户之见，打破角色大小的戏班旧习，共同排练与义演《山河恋》，克服种种困难，与国民党反动派斗智斗勇，在当时中国社会引起了巨大舆论浪潮，她用"生命创造一项伟大的艺术世界"[①]，她的这种精神深深影响中国戏曲界，

---

① 范克峻：《东方女杰——袁雪芬》，《中国戏剧》2003 年第 9 期。

也为梨园后人做出了杰出榜样。

（二）求真和谐：德艺双馨照人间

1. 艺技求真只求艺术和谐

苏联文艺理论家车尔尼雪夫斯基曾说："艺术来源于生活，而高于生活"。生活是真实的，艺术也应该是真实的。旧时越剧的题材绝大多数来自民间悲惨的故事，讲的就是老百姓的爱恨情仇，生老离别。但在将真实故事改编成为越剧剧目时，却配上欢快明亮且跳跃的〔四工调〕，极其不和谐。袁雪芬结合这一戏剧表演中的现实问题，以求真务实的精神，研究出表达悲怆情感的〔尺调腔〕，通过演员、作曲与琴师的"三结合"音乐创作机制，探索出了一种符合越剧音乐和谐表达的音乐形式，为越剧唱腔改革指明了正确方向，为越剧长久发展奠定了基础。

2. 做人求真力求人际和谐

袁雪芬能够推动越剧音乐大踏步发展得益于她的"人和"思想。1942 年，她拿出自己 90％的收入自费聘请编、导、演、音、美专业人士投身越剧改革，她充分尊重田汉、韩义、刘如曾的编剧意见，将爱国进步内容写入新编越剧剧目中，更写到每名国人观众心坎上。联合越剧"十姐妹"为越剧学校与实验剧场义演《山河恋》时，她只选择微不足道的送信丫鬟角色，把最好的角色让与他人，展现出高尚的人格与追求人际和谐的美好愿景。